JN267915

社会教育計画の基礎

鈴木　眞理
清國　祐二
　　編著

学文社

執筆者紹介

*清國 祐二	香川大学	[第1章]
神部 純一	滋賀大学	[第2章]
久井 英輔	東京理科大学（非常勤）	[第3章]
西井 麻美	ノートルダム清心女子大学	[第4章]
松岡 廣路	神戸大学	[第5章]
岡田 正彦	大分大学	[第6章]
坂口　緑	明治学院大学	[第7章]
山川 肖美	広島修道大学	[第8章]
熊谷愼之輔	岡山大学	[第9章]
望月 厚志	常葉学園大学	[第10章]
守井 典子	国立科学博物館	[第11章]
*鈴木 眞理	東京大学	[第12章]
伊藤真木子	明治学院大学（非常勤）	[特論1]
井上 伸良	武蔵大学（非常勤）	[特論2]

＊印は編者/執筆順

はしがき

　生涯学習や生涯学習社会という言葉が教育行政上に出現してから久しい。社会教育という用語を，何の検討もなしに生涯学習といいかえているというような事例もいまだに存在している。

　生涯学習計画や生涯学習推進計画という用語をみかけることも多いが，生涯学習を支援する中心的な役割を社会教育に期待すると考えるのであれば，社会教育計画のあり方について深い検討がなされる必要があることはいうまでもない。社会教育主事の養成に「社会教育計画」という科目が設定されていることも，そのような考え方の背景があってのことであろう。

　この本は，社会教育計画の策定に際して役立つように編集されたものである。大学生のテキストとしての利用や社会教育主事講習や研修等での利用を想定している。ただ，社会教育についての基礎的な理解を深めてもらうことをかなり意識し，短期的な効用のみを追求してはいないので，そのような利用には向いていないことを，あえてお断りしておくことも必要かもしれない。倉内史郎編『社会教育計画』（学文社，1991年）や倉内史郎・鈴木眞理編『生涯学習の基礎』（学文社，1998年）の考え方を継承し，読者それぞれの深い検討を期待し，そのための基礎的な整理と問題提起を心がけるというスタンスで編集したものである。

　初学の方も利用でき，すでにある程度の基礎ができている人，社会教育の現場にいる人にも意味があるようにするのは，かなり困難なことである。どの程度，どのような方々の役に立つことができるか不安でもあるが，この領域の新進から中堅で構成された執筆者それぞれがさまざまな目配りをして，この1冊の本が仕上がった。多くの方の利用があれば，と願う。

　　2004年初夏

　　　　　　　　　　　　　　　　　　　　編者　鈴木　眞理
　　　　　　　　　　　　　　　　　　　　　　　清國　祐二

目　次

第1章　社会教育と計画 ································· 7

　　1　社会教育と社会教育計画の諸相　7
　　2　社会変動と社会教育計画　12
　　3　社会教育計画における官と民　16

第2章　地域を基盤にした社会教育 ······················· 21

　　1　地域の活性化と社会教育・生涯学習　21
　　2　コミュニティ政策の展開と社会教育　22
　　3　生涯学習のまちづくり政策の展開　23
　　4　「市民参加のまちづくり」に向けて　26

第3章　社会教育と施設 ································· 33

　　1　社会教育・生涯学習のさまざまな場　33
　　2　社会教育施設の多様性　35
　　3　社会教育施設の職員・設備・管理運営　38
　　4　地域住民・利用者の学習ニーズと参加　44

第4章　社会教育と集団・ボランティア ··················· 50

　　1　日本における社会教育の展開と集団　50
　　2　集団と社会教育　56
　　3　グローバル社会における集団活動　60

第5章　社会教育における連携 ··························· 65

　　1　生涯学習社会の創造と連携　65
　　2　生涯学習社会における連携の構図　67
　　3　学社連携から学社融合の理念へ　70
　　4　民間・市民のネットワークと連携　74

5　問われる連携・ネットワークの質　78

第6章　計画立案と調査 …………………………………………………… 83
　　1　社会教育計画と社会教育調査　83
　　2　調査の類型　86
　　3　調査の企画と実施，分析，活用　92

第7章　学習プログラム策定の原理と論理 ……………………………… 99
　　1　学習プログラムと学習課題　99
　　2　社会教育計画のなかの学習プログラム　102
　　3　学習プログラム立案の実際　105
　　4　意識変容をもたらす学習とは　108

第8章　学習者の理解と学習者のニーズ ………………………………… 115
　　1　学習者の特性と学習者理解　115
　　2　学習ニーズの定義と構造　123
　　3　学習ニーズの診断　124

第9章　学習支援の方法 …………………………………………………… 133
　　1　多様な学習方法　133
　　2　個人学習の進展　135
　　3　集合学習の展開　139
　　4　学習支援の方法をめぐる課題　143

第10章　学習機会の設定と学習者の参加 ………………………………… 147
　　1　「学習機会の設定」に関する諸論の展開　147
　　2　学習機会の設定と「調整者と仲介者」
　　　　――社会教育関係職員・行政委嘱委員　151
　　3　学習機会の設定における学習者の参加　154
　　4　学習者の参加と社会教育計画　158

第11章　社会教育における評価 …………………………………… 164
　　1　評価とは何か　164
　　2　社会教育施設と評価　165
　　3　生涯学習の成果と評価　172
　　4　社会教育と評価　175

第12章　社会教育計画を考える視座 ……………………………… 178
　　1　社会教育計画を策定する人　178
　　2　社会教育計画策定に必要な能力　180
　　3　社会教育計画の計画性　183
　　4　社会教育と権利・自由　187
　　5　社会教育・社会教育計画をどう考えるか　191

特論1　データでたどる学習者 ……………………………………… 194
　　1　学習者を経年的にとらえる意味　194
　　2　成人の意識と行動にみる「学習」　195
　　3　「学習者」の意識と行動　201
　　4　学習者の多様な理解に向けて　206

特論2　社会教育施設経営の諸類型 ………………………………… 209
　　1　社会教育施設の経営主体　209
　　2　経営主体別にみる社会教育施設経営　210
　　3　社会教育施設の経営方式　215
　　4　経営方式の多様化の意味と課題　217

〔資　料〕関連法規……………………………………………………221
　　教育基本法＊生涯学習の振興のための施策の推進体制等の整備に関する法律＊
　　社会教育法＊図書館法＊博物館法＊スポーツ振興法

　索　引……………………………………………………………… 239

第1章　社会教育と計画

1　社会教育と社会教育計画の諸相

(1) 社会教育の概念

　社会教育法第2条に規定される社会教育は「学校の教育課程として行われる教育活動を除き，主として青少年及び成人に対して行われる組織的な教育活動（体育及びレクリエーションの活動を含む。）」をその範囲としている。教育基本法第7条には「家庭教育及び勤労の場所その他社会において行われる教育は，国及び地方公共団体によって奨励されなければならない。」とあり，社会教育は家庭や社会をも包摂するきわめて広範な教育活動の総称であり，その解釈も多義的で厳密性に欠ける。

　社会教育は，生涯にわたるあらゆる教育機能の統合と概念化される生涯学習支援システムに包含される一方で，学校の教育課程および日常の生活場面における偶発的学習（incidental learning），必ずしも自覚的な学習ではない独学（autodidaxy）[1]からも区別される。このような現実を直視すると，社会教育計画の目的の根拠となる実態としての社会教育の範囲と計画の妥当性を吟味することが不可欠となろう。

　ジャービス（Jarvis, P.）は，成人教育の多義性が成人教育研究の障害となっていることを指摘し，教育と学習の差違を認識することで成人教育を明らかにしようと試みた。彼は教育を「学習を制度化したもの」と見なし，学習が「社会構造の中に組み入れられた社会現象」として定着したものを教育と呼ぶ[2]。その意味で非定型的におこなわれるインフォーマルな教育および偶発的学習とは一線を画すのである。成人教育と社会教育は同義とはいえないが，ジャービス

の定義は社会教育計画の射程をどこに設定すればよいかを検討する際の基本的視座を示唆している。翻って，彼は教育の定義は誰に対しても開かれており，多かれ少なかれ「個人的な操作的定義」であることから逃れられない現実を認識しつつ，さまざまな人々がその定義に参加することを拒否できないと指摘する[3]。鍵概念の定義の相違は計画化等の意思決定のプロセスで大きな障害となることが予想されるが，逆手にとれば常に共通理解を探る姿勢を誘導し認識の共有化をはかる格好の場になりうる。

宮坂廣作は社会教育の説明原理として自己教育・相互教育の理念が定着していないことを認めつつも，「自己教育というのは学習者の自覚に導かれ，支えられる，きわめてintensiveな学習活動ではあるが，……他者の指導や援助を拒否するものではない。むしろそれらの有効性や必要性を知っているがゆえに，それらを自分の学習計画に積極的に組み込むのが自己教育なのである。」とし，たとえ成熟した学習者に対してでも社会教育行政による学習環境の醸成が忌避されるべきものではないとする[4]。自己教育やself-directed learningが成人に求められる能力であるとして，その能力を行使して学習をすすめる際に，自己の責任で社会教育行政が計画した学習機会を最大限に活用するのであれば，学習者が「教育主体としての権限を委譲」することなく，「自己教育の主体としての権利を……留保」できるという[5]。

ジャービスのいうように，現実に「個人的な操作的定義」が認められる以上，社会教育の多義性が解消されるわけではない。しかし，形態は異なるにせよ，社会教育は学校教育と並び人々の学習活動を支える重要な教育制度であることに疑いはない。積極的に社会や組織，集団の力を個人の学習計画に反映させながらすすめるノンフォーマルな教育活動の総体を指すことの合意は得られよう。

(2) 社会教育計画の概念

教育基本法第7条（既出）および社会教育法第3条の「国及び地方公共団体は，……すべての国民があらゆる機会，あらゆる場所を利用して，自ら実際生活に即する文化的教養を高め得るような環境を醸成するように努めなければならない」と法律では国及び地方公共団体が社会教育の計画に責任をもつことが

明記されており，地方自治法第2条第5項の「都道府県・市町村は地域における総合的かつ計画的な行政の運営を図るための基本構想を定めること」によって計画の策定主体となることが規定されている。

　このことは，学習者の自発性や主体性，自由の尊重という原則と社会教育計画との間に矛盾や葛藤を生じさせないのであろうか。また両者の調和点は見出せるのか，完全なる調和が無理だとすればどのような理解が妥当なのか，が問題となる。鈴木眞理によると，計画につきまとう自由の抑圧はあるにせよ，今日のような民主的な社会においてはそのことを問題視する以上に，「人々の自由・自発性を確保できるような計画のあり方を考えるという視角」を重視する必要があるという。その前提として，「社会の計画化ということなくしては，さまざまな社会変動の中で，人びとの活動は大きな支障をきたし，社会的な不平等・格差の発生・拡大ということにつなが」るという，公共性の範疇で行政が策定すべき計画の妥当性を示した。[6]

　さまざまな立場の者が行政主体の計画に対してそれこそ「操作的な定義」を与えることは容易に予想できる。しかし，それが本質的な議論なのか，批判のためのそれなのかを見極める必要がある。その場合，計画が社会全体の公益につながるかどうかが争点となろうが，いかなる計画も特定の利益団体や政党の利益から完全に中立ではありえない状況のなかでは，行政としては最大限そのリスク回避に努める以外に方法はなかろう。計画には思いがけぬhidden curriculum が潜伏することも予想され，無自覚的，無意図的に教化が進行していく可能性に敏感（sensitive）であることがまずは求められる態度となろう。

　歴史的には，国家が有益な人材を養成するために教育を意図的な教化政策に利用した経緯もあるが，社会の民主化と成熟化がすすむにつれて少なくとも教育が自覚的に教化の手段として利用されることはなくなった。臨時教育審議会以降の生涯学習振興政策がひとびとの学習要求への対応や情報化する社会におけるメタ学習へと軸足を移し，学習環境の整備をおこなったことからも明らかである。一方で，1992（平成4）年生涯学習審議会答申にみられる現代的課題やボランティア活動等への取り組み，2000（平成12）年教育改革国民会議での

奉仕活動の義務化の議論，2001（平成13）年の社会教育法改正による学校教育および家庭教育との機能連携，2003（平成15）年中央教育審議会での教育基本法改正の視点等，学習必要の政策的強化が意識され始めたことも指摘しておく必要があろう。

民間との関係でいえば，1998（平成10）年の特定非営利活動促進法の成立以降，2003（平成15）年末までに約1万5000のNPO法人が認可され，各地で活動を展開している。法人格をもたない市民活動団体がこの何倍，何十倍にも存在することを考慮すると市民活動の急速な広がりが実感できる。行政と市民活動との関係は，緊張・対立関係から，多様な市民活動の普及・支援の関係へ，さらに協働の関係へと発展しているかのようである。PFI（Private Finance Initiative）などへの積極的な取り組みも各地で展開されているし[7]，地方自治法第244条の2の改正で指定管理者（法人その他の団体であつて当該普通地方公共団体が指定するもの）によっても公的施設の管理ができるなど規制緩和がすすんでいる。行財政改革が狙う行政コストの縮減や小さな政府・行政の議論と相俟って，また世論の勢いもかりて官と民の関係が大きく変わりつつある。

この動向は，行政財改革による一律的な行政規模の縮小により公共性の確保にとって不安材料となるが，共生社会の実現のためには避けては通れない課題でもある。「コストの削減と勤労意欲の高揚」と「民間活力の導入と公共サービスの向上」が同時に達成されるものであるのか，行財政改革の視点だけではとらえられない問題がそこには潜むように思える。とりわけ行政とNPOとの協働という枠組みのなかで，ボランタリーな団体が自立に向けて動き出した最中，公共の軸を単純に民間へシフトさせるのではない，新たな公共の軸をつくり出す姿勢が，行政計画にも反映されてしかるべきであろう。

(3) 社会教育計画の範囲と妥当性

国および地方公共団体が社会教育を奨励することが法律で規定されているからといって，社会教育計画に盛り込まれた教育・学習活動のみが社会教育の範疇でおこなわれているわけではない。広義の民間が実施している教育・学習活動も視野に入れつつ，その奨励策を計画に反映させる必要があろう[8]。たとえば

民間教育文化産業が都市部に集中している現実は否めないものの，量的には相当数の学習事業を展開している。市民活動団体も自前であるいは助成金等を得ながら各種の学習会を開催しており，法人格を取得していない団体を含めるとこれも膨大な数の学習機会となる。これらの学習実態にどう向き合うかは，社会教育計画の策定に大きな意味をもってくる。それは民間への介入や調整という視点ではなく，民間の教育活動の正確な実態把握を基礎に，相互補完や競合，棲み分け等の，官民の関係をどう築き，そのなかで行政の役割をどう規定するかということである。都市や地方，人口規模によって状況は全く異なるであろうから，余計にその把握や規定は重要である。

　国や地方公共団体がひとびとの学習活動の支援や学習環境の醸成をはかるという意味で，条件付きではあるが行政が社会教育計画を策定することの妥当性を前項で吟味した。計画主体が行政であるといっても，主旨からいって行政内部で独善的に計画を立案するのではないことは明白である。当該行政区域における広いコンセンサスの形成が不可欠となり，それをもって計画の正当性を担保することが肝要である。具体的な方法としては，社会教育計画に盛り込む事項を社会教育委員の会議等へ諮問したり，同計画の策定委員会等を設置して，いわゆる各号相当委員以外に，公募委員を選任し，実質的な議論へと誘うべきであろう。委員会等の機能が十全に発揮されるためには，公正かつ適正な委員の選任と議題の明確化が重要となる。

　いくら活発に議論が交わされるにせよ，計画は実行に移行されてはじめて意味をもつ。財政的裏付けのない計画は画餅にすぎない。有効な計画策定には，計画の必要性や有効性から論拠を積み上げ財政当局へ切り込んでいく方法と，現実の財政状況を勘案して計画の優先順位を決定していく方法と大きくふた通り考えられる。行財政改革かまびすしき折り，費用対効果の根拠と説明も求められるであろう。最終的な意思決定がどこでなされるかはそれぞれであるが，そこに至るまでの情報収集および整理，提案は，行政全体を見渡しつつ立案に責任をもつ行政職員の腕の見せ所となる。たとえば，社会教育調査の手法を熟知した行政職員が客観データの収集と加工をおこない，現状の行政全体に目配

せをし，実効性のある計画となるような調整をはかり，適正な評価をおこなうことなどである。詳細は後章に譲るが，激変する社会状況のなかで先見性を発揮し，議論のポイントを明確にし，意思決定のプロセスを理解し，フォーマル・インフォーマルな意見交換の場を活用することが，またそこへ向けて仕掛けていくのが行政職員の役割となろう。

2　社会変動と社会教育計画

（1）社会計画の構造

　一般的な理解として，社会教育計画は社会計画の一部を構成する下位計画であり，全体からみれば各論である。国レベルで考えれば全国総合開発計画（「21世紀の国土のグランドデザイン」）が上位となり，社会資本の公正かつ計画的配分を原理として閣議決定される。その下位となる各省庁の計画のなかに教育計画が並び，さらにその下位計画として社会教育計画がある。

　その社会教育計画も10年超のスパンで立案される基本構想，5〜10年程度の長期計画，3〜5年程度の中期計画，それに単年度計画や個々の事業計画，という重層構造になっている。相互に関連する計画が階層化される利点は絶えずチェック機能が働くことにあろう。この構造は自治体レベルでもほぼ同様であり，総合振興計画の下位に教育計画があり，そのさらに下位に社会教育計画がある。単純にいえばそうなるが，実際は縦割りの守備範囲のなかで，各省庁の計画に倣い都道府県の計画が策定され，さらに市町村へと降りていく実情もある。

　地方自治法では国，都道府県，市町村の関係は対等であり，地方分権や規制緩和等の促進などが謳われているものの，長期間中央集権に寄り掛かっていた自治体にとって，税源や財政基盤が未だ国に残存することも手伝い，国—都道府県—市町村というラインから自由ではない。一方で，それは国是としての政策を市町村にまで浸透させるには絶大な効力を発揮することも事実である。しかし，そういった環境のなかで職務経験を積み重ねると，自治体職員でありながら，地域課題への関心や配慮よりも，国の政策への関心の方が強くなり，眼

前の補助金の獲得に英知を注ぐという奇妙な現象が起こってくる。本来，地方の独自性や自主性を発揮するには，従来型の縦関係は望ましくない。地域の特性に鑑みた個性的な社会教育計画の策定が今こそ求められるのである。

　生涯学習モデル市町村事業（1988年から97年まで）によって，全国の多くの自治体で生涯学習推進構想や推進計画が策定された。そこでは生涯学習を全庁的に推進するために，首長をトップとする生涯学習推進本部や推進協議会が設置された。そこで策定された生涯学習推進計画は，当初ひとびとのライフサイクルに着目し，ライフステージごとの諸課題への対応という観点から学習課題を設定するところが多かった。しかし，それでは網羅的かつ総花的な課題となり当該自治体の個性が表出しにくいこともあって，総合振興計画を生涯学習の視点で描き直すところが現れてきた。もちろん，本部長である首長の判断があることや，まちづくりの一貫性が保てることで財政当局への説明原理が明快となることも大きな要因となっている。いずれにしても，計画はねらいと方向性によって，その性格と位置づけが変わってくる。

(2) 社会教育法の改正と計画へのインパクト

　2001（平成13）年に社会教育法が改正されたが，社会教育計画に影響を及ぼしそうな改正点は，第3条で「社会教育が学校教育及び家庭教育との密接な関連性を有することにかんがみ，学校教育との連携の確保に努めるとともに，家庭教育の向上に資することとなるよう必要な配慮をするものとする」という項が加えられた点と，第5条12項に「青少年に対しボランティア活動など社会奉仕体験活動，自然体験活動その他の体験活動の機会を提供する事業の実施及びその奨励に関すること」を盛り込んだ点であろう。

　社会教育のなかに在学青少年および家庭教育の支援を特段に強調するに至った背景には次の2点が考えられよう。フォーマルには学校週5日制の完全実施と学習指導要領の改訂による「総合的な学習の時間」の導入が社会教育への期待として表現されたことである。学校休業日の青少年の活動を地域や社会教育で受け皿をつくって対応することについては依然現場には否定的な見解も散在するが，かといって放置していて事態が改善するはずはない。家庭や子育てが

孤立化するなかで，地域社会が青少年育成にどう対峙するかは喫緊の課題であり，社会教育がその一翼を担っている。一方，新しい教育課程では学校教育の一部が地域に開かれてきており，地域の多様な人材が教育資源として活かされる可能性が増加した。大人の豊富な経験を教育に活かすことは学校教育のみならず，学習成果の活用の観点から社会教育の振興にも大いに有効であろう。

　もうひとつは，青少年を取り巻く社会環境の悪化，加害者および被害者として青少年が犠牲となる事件の増加，虐待等家庭での子育てをめぐる問題，などの社会的要因である。虐待等は私事性を原則とする家庭教育のなかで，時に「しつけ」という言葉でその惨状が隠蔽されることからも表面化しにくく，かつ他者が踏み込み難い領域である。これまで教育の網ですくい上げられなかった層に対して，また教育への不信感を顕わにしてきた層に対して，直接的な教育支援が困難であることは経験上明らかである。とすれば，事態が深刻化する前に察知し，手だてを講ずることのできる，地域のまなざしと関わる力をつけることが肝要となる。社会教育の地域における役割はその重要度を増すと考えられる。いずれにしても，社会教育法に青少年と家庭教育の項が盛り込まれた以上，自治体としては軽視するわけにはいかず，今後の社会教育計画の内容に大きな影響を及ぼすであろう。

(3) 中央教育審議会による教育振興基本計画の提起

　中央教育審議会は2003（平成15）年に「新しい時代にふさわしい教育基本法と教育振興基本計画の在り方について」を答申した。答申では教育基本法改訂の考え方や方針，観点が示されているが，その是非については本章の守備範囲を超えるため，教育振興基本計画とその周辺についてのみ言及を試みる。そこには「教育基本法に示された理念や原則を具体化していくためには，これからの教育に必要な施策を総合的，体系的に取りまとめる教育振興基本計画を策定し，政府全体で着実に実行することが重要であり，そのための法的根拠を明確にする。」と表記されている。これに従って改訂された場合，1990（平成2）年の「生涯学習の振興のための施策の推進体制等の整備に関する法律」（「生涯学習振興法」）と同様に多くの自治体に多大な影響が及ぶ。

中教審でいう教育振興基本計画は，おおむね5年を想定している。「科学技術の進展や，社会や時代の変化」に合わせ，「従来の教育関係の個別の計画」との整合性に配慮する形をとっている。「計画期間内に定期的に政策評価を実施し,その結果を踏まえ必要に応じ見直しを行う」ことは重要な視点であるが，「施策目標のうち可能なものについてはできる限り数値化」することが盛り込まれている。「国民に対する説明責任」であり，「評価結果の積極的な公開」が政府としての義務であるとする。原理的にはすべて正しいわけだが，5年というスパンのなかで，教育の効果が数値としてはじき出される分野がどれほどあるか，ということが問われるべきであろう。

　たとえば，情報リテラシーを高めるために全学校にインターネット環境の整備された情報ルームを設置する，とか，外国語コミュニケーション能力を高めるために15クラスにひとりの割合でALT（assistant language teacher: 外国語指導助手）を配置する，といった場合，双方とも後半の部分は数値目標に相応しい内容であるが，その達成度をもって「高まった」かどうかを正確に測定することはできない。国が策定する教育振興基本計画は，教育環境の整備方針や基本的視座の提示であろうから，結果的に理念的で抽象的な表記となり，詳細な評価にそぐわないものとなろう。しかし，市町村の教育現場では目標に対するより具体的な成果や結果が要求されることは想像に堅い。上記の例を当てるならば，「住民の40％の人がインターネットから情報を得ている」とか「15％の人がTOEICの受験者である」などの測定基準の設定でもしなければ，その測定精度は高められないことになる。

　翻って，費用対効果を測定するやり方は，商品開発や利潤追求のコスト管理の方法であり，客観的な指標のみ教育評価にもちこんでしまうと，数値に置換困難な領域は置き去りにされるおそれがある。そもそも教育には測定困難な領域が多く，「誰が誰を評価するのか」，「本当に適正で客観的な評価はあるのか」など，とりわけ人の意識変容や行動変容については多くの課題を残したままである。また，数値化された評価結果は背景から切り離され，操作的な解釈が入り込み，恣意的な利用の危険性が増すことが予想される。数値は時としてひと

り歩きしてしまう。教育の経済への隷属が取りざたされる場合があるが，その背後には，すべての活動が数値化できたり，貨幣価値に換算できるという，有無をいわせぬ暴力的な経済世界がある。計画と評価は表裏一体であるため，明確な評価基準の確立は急務であるが，この経済社会に潜むhidden curriculumに翻弄されない教育評価の開発が重要な視点となる。

3 社会教育計画における官と民

(1) 社会教育と民間活力

　NPOとの協働が行政の重要課題として論じられるようになってきた。これまで行政セクターで管理運営してきた部門をNPOに委託し，将来的には完全な民間セクターへと移行することが企図されている。委託契約の性格上，管理運営の最終責任は行政に残るという一定の制約があるものの，市民の発想により柔軟な管理運営方式が可能となり，NPOネットワークを利用して市民ニーズにマッチした事業を展開し，かつ事業費や人件費も抑制し，トータルで市民サービスの向上がはかれる，というシナリオである[9]。

　この動向は行財政改革と軌を一にしており，「民間にできることは民間に任せる」という発想をその根幹としつつも，最終的には行政のスリム化をめざしている。地方自治法に定める指定管理者制度の発効により，今後多くの自治体でNPOへの委託による協働が実行に移されると予測される。委託業務がNPOのミッションに合致すれば事業の拡大による質の向上も見込めようが，委託契約関係における行政のミッションの受け皿として機能しているかぎり，行政とNPO，NPOとその会員との間で軋轢が生じるのは火を見るよりも明らかである。そう考えると，行政とNPOとの協働関係が軌道に乗るには，いましばらく試行錯誤の期間を要するであろうし，行政サービスの受益者であるとともに提供者にもなりえる市民の成熟が待たれるところである。

　社会教育の分野で民間といえば，真っ先に社会教育関係団体が想起される。一般にそれらの運営は団体の会費収入と行政や企業からの助成金等で賄われ，

財政規模に合わせた身の丈の事業をおこなっている。一方，受講料収入等で運営する民間教育産業は，採算ベースに乗るか乗らないかという明確な基準によって，つまり教育要求を市場原理で測定し，運営しようとする。その原則は消費者中心主義であり，独立採算の企業としては当然の帰着点である。公的な社会教育においても，人々の高学歴化や生活水準の向上を背景に，学習内容によっては受益者負担の議論も当然あり，検討すべき重要事項である。しかし，公教育として取り組むべき課題であって採算に見合わない分野は相当数存在するわけで，そことどう向き合うかは公共をめぐる議論のなかで慎重に検討すべきであろう。

(2) 社会教育の新たな局面

現在，社会教育部門の首長部局への移管や公民館のコミュニティ・センターへの移行が論じられたり，指定管理者制度により民間との協働がにわかに浮上するなど，社会教育は新たな局面を迎えたといってよい。

その新奇さは，それぞれの目論見が過去において俎上にのぼった時との文脈の違いに現れている。1980年代後半以降，首長のリーダーシップによって全庁的な生涯学習の振興をはかるためにつくられた体制は全部局を巻き込んでいたが，現在は市民へ提供する行政サービスの1セクションとして社会教育が市民学習の部門へ移管されることが想定されている。ついで，社会教育行政による成人教育への干渉に対する異議申し立てとして松下圭一の社会教育行政不要論が提起されたが，現在は行財政改革推進の一環として地元の財源負担を得つつ管理運営を地域に委譲しようとしている。それらの温度差を社会教育職員は十分認識しておく必要がある。

周囲の状況を見渡したときに，その新たな局面は的外れなものなのだろうか。たとえば，コミュニティ・センターの設置が住民自治を具現させるために，あるいは住民の学習権を保障するために有効に機能するのであれば，それは歓迎すべきであろう。そこで住民の総意が形成され，教育計画が立案され，施設計画，事業計画，管理運営計画がともに実行に移されるのであれば，旧習を墨守することはない。また，公民館等の社会教育施設の管理運営をNPOに委託す

ることも法的には可能となった。NPOのなかには，人権問題，環境問題，国際理解・貢献，地域福祉等の現代的課題に取り組む団体が多く，その意味で行政にはない人材とノウハウを蓄積したNPOの活力は魅力的であり，事業の企画や実施においても高いポテンシャルが期待できる。

　一方で，その動きを諸手をあげて歓迎できるかどうか，不安材料も少なくない。高度消費社会のなかで育った権利意識の強い消費者である住民が，実は少数の公的社会教育の受益者に寛大で居続けられるであろうか。自身の関心とミッションに従って活動するNPOのメンバーがジェネラルな関心を持ち続けて多様な事業の展開ができるかどうかにも疑問は残る。また，行財政改革の文脈でいえば，経費の節減を選択するのも市民であれば，ボランティアあるいは低賃金で住民サービスの提供者となるのも市民である。この折り合いをどうつけていくのか先行きは不透明である。NPOは市民活動団体ではあるが，現代的課題への接近は時として政治的中立を保てないことも想定され，行政による委託が彼らの自由な活動に足枷となれば団体本来のミッションを損ね，本末転倒になりかねない。

　社会教育の分野であまり関心を払ってこなかった民間セクターをめぐる近年の動向には目を見張るものがある。これらの状況に関心を向けつつ，議論は慎重かつ緻密に，行動は大胆に行いたいものである。

(3) 社会教育計画における官と民

　以上みてきたように，社会教育計画を立案するにあたり，民間教育文化産業のみならずNPO等の市民活動団体は軽視できない存在となってきた。今後はさらに積極的な連携，協働関係を想定した計画へと姿を変えていくだろう。そこには明るい展望もあろうが，同時に公共の瓦解というリスクも孕んでおり，改革の方向に注意深く目を向ける必要がある。無防備に時流に乗るのではなく，その必然性と期待される効果，予想される課題を明確にし，リスク回避をしながらすすんでいく必要がある。

　公共サービスとは何か，公教育における社会教育の果たすべき役割は何か。古くて新しい命題が今突きつけられており，今一度原点に立ち返り吟味する必

要が出てきた。とはいえ，確実に時代は推移し，情報化，高齢化，国際化など成熟社会の条件はすでに満たしている。低成長社会の雇用不安など解決すべき課題も少なからずあるが，所得水準も安定し，生活は豊かになっている。公教育に要求されるものも同様に変容しており，戦後の社会教育黎明期と比べると雲泥の感がある。

　地域格差はあるにしても，民間が公教育に果たす役割は格段に増し，相対的に行政の役割が縮小する傾向にある。このことは公教育の衰退や不要論を示すのではなく，公教育の総和は一定を保ちながら，官と民との関係に変化が生じているととらえたほうが妥当であろう。そうであれば，社会教育計画の計画主体が地方公共団体（行政）であっても学習者の自由や自発性を担保できる。なぜなら，行政は公教育で保障すべき学習権の全体に目配せをしながら，公教育の総和の計画的配分を社会教育計画のなかではかっていくからである。これからさらに民間活力が強まると仮定するならば，行政は公教育の，いや公共の門番としての役割が強まり，そのための計画はさらに重要性を増すと考えられる。

【清國　祐二】

【注】
1) Candy, P. C., *Self-Direction for Lifelong Learning*, Jossey-Bass Publishers, San Francisco, 1991, p. 18. キャンディによると独立学習（independent learning）は指導領域の一部であり，独学（autodidaxy）とは区別される。両者は学習者が自覚的に学習をすすめているか，そうでないかによるという。
2) ジャービス，P., 黒沢惟昭・永井健夫監訳『国家・市民社会と成人教育』明石書店，2001, p. 14-15.
3) *Ibid.*, p. 17.
4) 宮坂廣作『現代日本の社会教育』明石書店，1987, p. 95-96.
5) *Ibid.*, p. 100.
6) 鈴木眞理「社会教育の計画とは」倉内史郎編『社会教育計画』学文社，1991, p. 19-21.
7) PFIとは，「公共施設等の建設，維持管理，運営等を民間の資金，経営能力及び技術的能力を活用して行う手法」（内閣府民間資金等活用事業推進室）を指す。
8) カルチャーセンターや企業等，社会教育関係団体だけでなく，1998（平成10）年制定の「特定非営利活動促進法」以来めざましい進展をしているNPO等のボランタリー

セクターや地域における地縁組織も含める。
9) NPOの通称としての市民活動団体を意識して市民と使っているが，後述の住民ととくに区別して使ってはいない。

キーワード

社会計画（総合振興計画）　教育計画・生涯学習推進計画　社会教育計画の原理
学習者の自由・自発性　　社会教育行財政　　指定管理者制度　　民間活力の導入

この章を深めるために

(1) 社会教育計画の構造について簡潔に述べなさい。
(2) 社会教育計画と学習者の自由・自発性の関係について検討しなさい。
(3) 社会教育計画における官と民の関係について検討しなさい。

【参考文献】

鈴木眞理（編集代表）「シリーズ生涯学習社会における社会教育」（全7巻）学文社，2003
倉内史郎・鈴木眞理編『生涯学習の基礎』学文社，1998

第2章　地域を基盤にした社会教育

1　地域の活性化と社会教育・生涯学習

　地域の教育力の低下が叫ばれるようになってからだいぶたつ。1996（平成8）年の中央教育審議会答申「21世紀を展望した我が国の教育の在り方について（第一次答申）」によれば，地域の教育力の低下は，「大きくは，戦後の経済成長の過程で，社会やライフ・スタイルの変容とともに生じてきたもの」であり，「都市化や情報化の進展によって，かつては息苦しいとまで言われた地域社会の地縁的な結びつきが弛緩していったことなどの事情が大きくかかわっている」という。

　こうした状況のなかで，家庭内暴力，少年非行，引きこもり等，とくに青少年問題の深刻化にともない，近年，「地域の活性化」，そして「地域の教育力の再建」が緊急の課題となっている。ここでいう「地域の活性化」とは，「人々がいきいきと暮らすことのできる地域づくりをすること，住みよい地域をつくること」[1]であり，それは地域の経済や産業の活性化だけでなく，「地域のもつ文化や住民間のコミュニケーション，自然環境も重要な要素」[2]となる。また，「地域の教育力の再建」とは，「従来，いわば無意図的に行われてきた地域における教育・学習を，その衰退を自覚して改めて意図的につくり出していこうとする運動」[3]と定義される。

　「地域の活性化」に対して，社会教育・生涯学習の観点からは現在，まち全体で生涯学習を推進しようという「生涯学習のまちづくり」が多くの市町村で展開されている。生涯学習は，「地域の活性化」にどうかかわっているのであろうか。この点については，たとえば，「生涯学習は，地域の活性化のために，

……住民が地域への親近感や連帯感を高め，人的なネットワークを広げさせる働きを持つべきだ。……さまざまな地域課題について，住民が学習し，主体的に解決していこうとする知的土壌をつくりあげていくのが，生涯学習ではないか。さらには生涯学習は，まちづくりに直接かかわっているボランティア活動やNPO（民間非営利組織）活動を促進していくことで，地域の活性化に関わっていく必要がある」[4]こと等が指摘されている。「地域の教育力の再建」も，こうした「地域の活性化」があってこそ可能となるだろう。

2　コミュニティ政策の展開と社会教育

わが国の高度経済成長政策は，1960年代後半以降，急激な都市化の進行，地域の連帯感や地域組織の崩壊，地域文化の衰退等，さまざまな問題を生み出した。こうした状況のなか，自治行政においては，住民の行政参加，地域住民団体の組織化，コミュニティ施設の整備等による地域の再編を意図した，コミュニティ政策が展開されてきた。

日本において「コミュニティ」の概念が行政上の問題として考えられるようになったのは，1969（昭和44）年の国民生活審議会調査部会コミュニティ問題小委員会報告「コミュニティ——生活の場における人間性の回復」が出されてからだといわれる。

この報告を契機に自治省（現総務省）は，「コミュニティに関する対策要綱」を1971（昭和46）年に作成した。そして，それをもとに83のモデル・コミュニティが指定され，「住民が快適で安全な日常生活を営むための基礎的な単位として豊かな個性とまとまりのあるコミュニティを形成するための生活環境の整備」と「婦人層や若い世代の人々も積極的に参加する各種の開放的なコミュニティ組織によるコミュニティ活動の展開」を柱とするコミュニティ政策が展開されていくことになるのである。また，自治省だけでなく，他の省庁や都道府県・市町村でもそれぞれ独自にコミュニティ政策を打ち出すようになった。

こうしたコミュニティ政策に対しては当時，社会教育関係者のあいだに，大

きく肯定論と否定論という対照的な二つの考え方がみられた。たとえば前者では，地域的利害意識を「特殊的」な状態から「普遍的」な状態へ変化させるのに社会教育が果たす役割は大きく，コミュニティ形成は社会教育によって推進される，等の点が強調される。一方，後者では，コミュニティ計画の策定や活動において，特定の組織・団体のみが重視されかねない危険性の指摘や，市民による自主管理が強調されるコミュニティ・センターに対して，公民館運営審議会や専門職員の存在意義の強調，等がなされている。また，これらの他に「財政効率追求」や「市民参加論」の立場から，社会教育によらないコミュニティ形成論も存在している。[5)]

このように，コミュニティ政策と社会教育との関係については，実に多様な議論が存在している。しかし現在では，地域における市民生活の充実のために，互いに協力できるところは協力し合いながら事業がおこなわれるようになってきている。

3 生涯学習のまちづくり政策の展開

1987（昭和62）年の臨時教育審議会「教育改革に関する第3次答申」は，「生涯学習のまちづくり」を，はじめて行政レベルの課題として打ち出したことで知られている。この答申では，「生涯学習社会にふさわしいまちづくりは次のような視点をふまえつつ進めることが必要」だとして，以下の6点をあげた。すなわち，(1) 地域の人々が充実した生活を目指して，多様な活動を主体的におこなえるような学習の場の整備，(2) 情報化，国際化，成熟化，高齢化などの時代の変化に対応した生涯学習プログラムの開発整備，(3) 趣味等を生かした自発的学習活動が，社会生活のなかで生かされるような環境の整備，(4) 教育・学習活動の一層の活性化を促すため，民間施設を含め，教育・研究・文化・スポーツ施設の相互利用を促進するとともに，各分野の人材の有効活用をはかる，(5) 快適な空間やゆとりの時間の確保，人々の多様な学習活動を支える社会生活基盤の整備をはかる，そして (6) 生涯学習の多様なまちづくりを

すすめるため，生涯学習に取り組む市区町村のなかから，特色あるものをモデル地域に指定する，である。

この臨教審の答申を受けて，文部省（現文部科学省）は「生涯学習のまちづくり」をすすめるために，1988（昭和63）年より「生涯学習モデル市町村事業」を開始した。モデルに指定された市町村は，まち全体で生涯学習が推進できるよう「生涯学習のまちづくり推進本部」を設置し，また，「学社連携」，「学習情報提供・相談」，「ボランティア」，「学習プログラムの開発・実践」，「地域ぐるみの社会参加活動の実施」等，10事業のなかから2つ以上を選択して事業をおこなうことになった。事業が終了した1997（平成9）年までに，モデルに指定された市町村は約1000にも及び[6]，そのなかから注目すべき事業も数多く生まれた。

こうして，多くの地域で「生涯学習モデル市町村事業」が展開されることにより，「生涯学習のまちづくり」という用語が全国的に定着するとともに，「生涯学習都市」を宣言する市町村も急増することになる。宣言をした市町村は，1979（昭和54）年に静岡県掛川市が宣言をして以来，2002（平成14）年6月現在までで170近くに及んでいる。

しかし一方，これまでの「生涯学習のまちづくり」の特徴として，(1) 総合的にすぎる施策であった，(2) イベント中心の施策が多くみられた，(3) 推進体制の整備に力が注がれた，(4) 全体として事業展開がパターン化していた，ことが指摘され，「生涯学習の施策推進にあたっては，住民の側の主体的・能動的姿勢と自律的組織活動はもちろん，首長のリーダーシップとそれを支える職員，さらにそのブレーン的な存在の役割が重要であり，学校をはじめとする地域の諸機関との連携を効果的に進め，その経験の蓄積を有効に活用することが必要不可欠である」とされることもある[7]。

また，「生涯学習モデル市町村事業」が，「従来の教育委員会が，主導した事業が多かったことから，まちづくりが『教育事業』に偏して」[8]しまったと，事業の問題点が指摘されることもある。

1999（平成11）年に出された生涯学習審議会答申「学習の成果を幅広く生か

す──生涯学習の成果を生かすための方策について──」でも，臨教審のいう「生涯学習のまちづくり」の趣旨は，「行政の各部局が連携しながら，まち全体で生涯学習に取り組む体制を整備していこうという『生涯学習のためのまちづくり』というものであった」とし，これからの「生涯学習のまちづくり」は「『生涯学習のためのまちづくり』から『生涯学習によるまちづくり』への意識の転換が必要」であると述べている。

　そして同答申では，(1) 生涯学習が盛んであること自体が，地域が活性化しているかどうかの重要な指標であり，生涯学習によって育成された住民のネットワークは，さまざまな地域活動の基盤となる。(2) 都道府県・市町村が抱える現代的課題の解決は，行政部局のみの対応では限界があり，住民自らが学習し，主体的にかかわることが不可欠である。(3) 地域づくりにおいては，事業等のソフトが重要であるとの認識が広まっている。それゆえ，さまざまな領域での住民の活動の蓄積，人間関係の広がり，まちづくりのためのリーダー・支援者の養成が課題となっている。そして，(4) 地域の教育力を高めるためには，地域社会が生涯学習の推進を前提とした地域づくりをすすめることが必要である，との理由から，「生涯学習の振興，特に学習の成果を地域社会に生かすことを促進することが，地域社会に活力を取り戻す上で，大きな役割を果たす」と述べ，学習成果の活用の促進が「地域の活性化」にとって重要な意味をもつことを指摘したのである。

　以上のように，「生涯学習のまちづくり」は，「行政主導のまちづくり」から「市民参加のまちづくり」へとその重点が移っているところに特徴があり，地域づくりにおける市民参加はもはや行政施策において常識となっているとまでいわれるようになっている。ただ，「生涯学習のまちづくり」を効果的にすすめていくには，「生涯学習のためのまちづくり」と「生涯学習によるまちづくり」の両面からのアプローチが必要であり，それは，市民と行政のパートナーシップのなかで実現されていくものであることは，いうまでもない。

4 「市民参加のまちづくり」に向けて

「市民参加のまちづくり」に,これからの社会教育・生涯学習はどうかかわっていけばよいのだろうか。以下では,(1) 地域課題の発見,(2) 自立した市民の育成,(3) 学習成果の活用支援の3点に焦点をあてて考察する。

(1) 地域課題の発見

よりよいまちづくりをすすめるには,その過程のなかで「地域課題」を発見し,解決していくことが必要となる。その際の社会教育・生涯学習の重要な役割は,市民に,「地域課題」についての学習を促し,彼らがその学習成果を生かして主体的に「地域課題」の解決に取り組むのを支援することである。

「地域課題」とは,「地域住民の共同的生活課題,すなわち多くの地域住民が共通して直面していると同時に,その解釈が個人的には不可能であって,地域住民の共同の取り組みによってはじめて可能となるような生活課題」であり,その課題には,すべての地域が共通に抱えている課題とある特定の地域のみが抱えている課題の二つがある。

では,「地域課題」には具体的にどのようなものがあるのか。その分類の仕方にはいろいろあるが,一つは,現在,生涯学習の「現代的課題」といわれているものが参考になろう。またより具体的には,たとえば,① 狭い意味での地域の生活環境にかかわる課題,② 地域産業の振興にかかわる課題,③ 地域の教育にかかわる課題,④ 地域の文化にかかわる課題,⑤ 地域の社会関係にかかわる問題,⑥ 地域の政治・行政にかかわる課題,といった分類がある。

こうした「地域課題」を発見するには,何よりもまず,市民一人ひとりが身近な地域について知ることが重要となる。そのためにはたとえば,市町村が出しているさまざまな統計資料を使って,年齢別人口や家族構成等を調べることで「地域の特性」を明らかにしたり,地域の学習機関の事業内容・参加者数や市民の自主的な学習・活動状況等を重ねあわせることにより「市民の生活関心」を明らかにする等,地域に対して「分析的な視点」をもつことが必要となろう。

(2) 自立した市民の育成

学習プログラムの企画・運営への参画　「まちづくりとは人づくり」だとよくいわれる。これには二つの考え方があり，その一つは「まちづくりの究極の目標は，よりよい市民を育てること[11]」である。この「よりよい市民」は「自立した市民」と理解できる。では，「自立した市民」とはどういう人なのか。

わが国に根付いてきた自立の概念は，「他の力によらず自分の力で身を立てること」といった立身の思想に基づくものであり，主に身体的・経済的自立を意味していた。

これに対して，障害者が地域社会のなかで主体的に生活できる条件の獲得をめざし，1970年代のアメリカでめざましい進展をとげた「自立生活運動」の理念は，これまでの自立の概念を大きく転換させるものであった。「自立生活運動」のなかで示された自立概念は，「人間らしく生きる権利[12]」としての自立だったのである。

新しい自立観の鍵を握るのは，「自己決定権」の行使である。すなわち，「自立」とは，自己決定・自己選択を通じて，自らの人生を主体的に生きていく行為そのものであり，身体的自立や経済的自立を超えて，自ら「生活の質」を高めていこうとする行為として理解されるのである。

今後，社会教育・生涯学習がとくに重視すべきなのは，こうした「精神的自立」である。したがって自立を促進するためには，自己決定・自己選択といった個人の主体性を高めることを考慮に入れた学習機会を提供することが必要となる。これに対して，ローウィとオコーナー（Lowy, L. and O'Connor, D.）は，「教育活動を通して個人的利益を得るための鍵は，自身の生活状態に関して個人的自己管理及びコントロール感を強化すること[13]」であり，そうした個人の自主性を高めるためには，「教育計画者は，教育プログラムの立案，展開，評価に，高齢者が多数参加する方法を多く取り入れていくべきだ[14]」と主張した。この学習における自己主導性の強調は，社会教育・生涯学習そのものの効果を高めるばかりでなく，学習成果を生かしながら，生活を管理していく能力の向上にもつながるであろう。

では，社会教育・生涯学習事業は，これに十分に応えうる機会を提供してきたのだろうか。たとえば，公民館の事業についてはこれまで，館側が事前に企画した学級・講座を提供することが多く，市民の側からみれば受け身の学習が多かった，との指摘がよくなされてきた[15]。しかし最近では，たとえば，公民館の「企画委員会」委員を多くの市民に委嘱し，事業の企画・運営にかかわらせる等，市民参加を意識した事業も徐々に増えてきている。今後も，そうした機会が公民館等社会教育・生涯学習機関で，積極的に取り入れられていくことが期待される。

　「参加型学習」の導入　個人の自主性を高める学習方法として，近年注目されているものに「参加型学習」がある。「参加型学習」にまだ定まった定義はないが，「市民参加のまちづくり」という文脈においては，「学習者の社会参加をねらいとする学習であり，またその参加を実現するための多様な方法・手法によって特徴づけられる学習[16]」とされる。

　「参加型学習」は，それを広義にとらえれば，参加の程度によって「参集型学習（一方的な講義型の学習）」，「参与型学習（部分的に組み込まれている話し合い学習や，分科会や全体会で構成されるような学習）」，そして「参画型学習（学習は自身が学び合う場を，学習支援者とともに主体的に創り出し，次の行動につなげていくことができるような「包括的」な学習）」の三つの型がある[17]。

　これらのうち，「参与型」から「参画型」へのスムーズな移行のためには，「参与型学習」の段階で，学習者が，学習機会の企画・運営のためのノウハウを身につけておくことが必要となる。その学習を効果的におこなうために，学習支援者が果たす役割は大きい。しかしこれまで，「参加型学習」の問題点として「適切な指導者がいない」ことが指摘されることも多く[18]，今後の「参加型学習」の充実にとって，学習支援者の養成は重要な課題となっている。

(3) 学習成果の活用支援

　1999（平成11）年の生涯学習審議会答申「学習成果を幅広く生かす——生涯学習の成果を生かすための方策について——」では，「行政がこれまで行って

きた施策の中心は学習機会の提供であったが，これからは，生涯学習の成果の活用促進にも力を入れる必要がある」ことが指摘された。学習機会の整備のみならず，学習によって得られた知識と経験を地域のなかで自由に生かせる環境の整備の必要性が強調されたのである。

では，どうすれば市民の生涯学習成果と活用の機会とを結びつけることができるのだろうか。以下では，地縁団体とボランティアに焦点をあてながら，「市民参加のまちづくり」に向けての学習成果の活用方策について考察する。

地縁団体の活性化と公民館　「地域の活性化」や「地域の教育力の再建」には，地域における市民の連帯感や自治活動の促進が欠かせない。そのためには，たとえば，町内や集落の自治組織と公民館等との連携により，自治活動のリーダー養成や研修の機会をつくるとともに，学習を通じた市民同志や市民と職員との交流の機会を創出することが必要となる。というのも，こうした経験が仲間意識や連帯感の形成につながり，それがまちづくりの基礎となるからである[19]。

たとえば，長野県茅野市には84の公民館分館（自治公民館）があり，本館や地区館と密接に連携しながら，各館それぞれが特色のある活動をおこなっている。分館の基本理念は，市民による「自主運営，自主管理，自主財源，自主活動」であり，そこでは，市民の自主的な学習や地域活動が活発に展開されているのである。

現在，茅野市は，「福祉・環境・教育」を重点課題とする「パートナーシップのまちづくり構想」を打ち出し，市民・民間主導，行政支援によるまちづくりを推進している。その際，市民主導の組織によるさまざまな活動は，茅野市のまちづくりに大きな役割を果たしてきた。こうした地域づくりのための市民活動の背景には，やはり，地域に根ざした分館を中心に展開されてきた，活発な公民館活動があったといえよう[20]。

ボランティア活動の促進　近年，学習成果を何らかの形で生かそうとする人が増えてきている。たとえば，『平成13年社会生活基本調査』によれば，過去1年間に何らかの「ボランティア活動」をおこなった人は約3263万人，行

動者率は28.9%である。これは，1996（平成8）年と比較して，すべての年齢層で上昇している。こうした動向に対して，これまでの社会教育・生涯学習は，人を育てることは得意でも，育てた人材を活用することは不得意だ，といわれることが多かった。

　文部科学省は，1959（昭和34）年に公示された「公民館の設置及び運営に関する基準」を見直し，2003（平成15）年6月に新しい「公民館の設置及び運営に関する基準」を告示した。そしてそのなかに，「公民館はボランティアの養成のための研修会を開催する等の方法により，奉仕活動・体験活動に関する学習機会及び学習情報の提供の充実に努めるものとする（第5）条」という規定を，新しく追加した。今後，公民館がボランティアの養成に果たす役割は，ますます大きくなろう。

　また公民館は，ボランティアを養成するだけではなく，養成した人材の活用にも積極的にかかわっていかねばならない。活用支援策としては，たとえば，学級・講座やイベント等の公民館事業や公民館の運営にボランティアを参画させることや，「人材バンク」や「生涯学習ボランティアセンター」を設置すること等が考えられる。

　これらのうち「生涯学習ボランティアセンター」を設置するメリットとしては，① 各種のボランティア団体やボランティアの人数や活動内容がわかり，情報交換や交流等も可能となる，② ボランティア活動の支援・援助に関する予算を効率的に使える，③ ボランティアの養成や研修を効果的に実施できる，④ ボランティア活動に関する身近な情報収集や相談体制を整備しやすい，⑤ ボランティアが安心して活動できる諸条件の整備が可能となる，といったことがあげられる。[21]

　もし，公民館が生涯学習ボランティアのセンターとしての機能をもち，学習機能と活用支援機能を合わせもつことができれば，公民館は，まさに「学び」と「活用」を結びつける重要な役割を果たすことになる。

　たとえばそこでは，学ぶ者と活用する者がともに集い，それぞれが必要な情報を入手するとともに，市民同志の情報の交換・交流が盛んになされるであろ

う。そしてそのなかで，学ぶ者は活用への期待を高め，活用している者は新たな学びの場をみつけながら，「学び」から「活用」へ，そして「活用」から新たな「学び」へという流れが自然な形でおこなわれていくのではないだろうか。

　そうなれば公民館は，豊かな「学び」と豊かな「実践」を創出する場として，これまで以上に，「地域の活性化」のためには欠かすことのできない施設となるであろう。

【神部　純一】

【注】
1) 岡本包治編著『生涯学習振興計画の構想と実践』ぎょうせい，1993, p.264-265.
2) *Ibid.*, p.265.
3) 日本生涯教育学会編『生涯学習事典』東京書籍，1990, p.116.
4) 讃岐幸治・住岡英毅編著『生涯学習社会』ミネルヴァ書房，2001, p.177-178.
5) このあたりについては，鈴木眞理「社会教育の周辺——コミュニティと社会教育のあいだ・再考」『社会教育学・図書館学研究』第11号，1987, p.54-55を参照.
6) 福留強編著『まちづくりボランティア——生涯学習社会の地域アニメーター』ブックハウスジャパン，2001, p.52.
7) 鈴木眞理「地域振興と生涯学習」鈴木眞理・小川誠子編『生涯学習をとりまく社会環境』（シリーズ生涯学習社会における社会教育第3巻），学文社，2003, p.208-209.
8) 福留強，*op.cit.*, p.53.
9) 松原治郎・鐘ヶ江晴彦『地域と教育』（教育学大全集9），第一法規出版，1981, p.120.
10) *Ibid.*, p.121.
11) 福留強，*op.cit.*, p.49.
12) 折出健二『人間的自立と教育』青木書店，1984, p.11.
13) ルイス・ローウィ，ダーレン・オコーナー著，香川正弘・西出郁代・鈴木秀幸訳『高齢社会を生きる高齢社会に学ぶ——福祉と生涯学習の統合をめざして』ミネルヴァ書房，1995, p.188.
14) *Ibid.*, p.189.
15) 今野雅裕編著『公民館子育て支援活動』日常出版，2002, p.12.
16) 遠藤克弥監修『新教育事典』勉誠出版，2002, p.387.
17) 廣瀬隆人・林義樹・澤田実・小野三津子『生涯学習支援のための参加型学習のすすめ方——「参加」から「参画」へ』ぎょうせい，2000, p.106.
18) たとえば，学習方法開発研究会『参加型学習とラベルワーク〜理論・実際・応用〜』

2001, p. 85.
19) 大槻宏樹編『コミュニティづくりと社会教育』全日本社会教育連合会, 1986, p. 68.
20) 茅野市の21世紀の福祉を創る会・日本地域福祉研究所編『福祉21ビーナスプランの挑戦――パートナーシップのまちづくりと茅野市地域福祉計画』中央法規, 2003, p. 196-214を参照.
21) 岡本包治・結城光夫編『学習ボランティアのすすめ――生涯学習社会をめざして』ぎょうせい, 1995, p. 183-184.

キーワード

地域の教育力　地域の活性化　コミュニティ政策　生涯学習のまちづくり　市民参加のまちづくり　精神的自立　参加型学習　地域課題　学習成果の活用

この章を深めるために

(1) あなたの住んでいる地域の「地域課題」は何だろうか。それを把握するための方法も含めて, 考えてみなさい。
(2) あなたの居住地の公民館に出向き, 学習成果の活用方策の有無について調べなさい。あればどのように支援しているのかを確認し, どのような意味があるのか改めて考えてみなさい。

【参考文献】

鈴木眞理・小川誠子編『生涯学習をとりまく社会環境』(シリーズ生涯学習社会における社会教育第3巻) 学文社, 2003

倉沢進・小林良二編『改訂版・地方自治政策Ⅱ　自治体・住民・地域社会』放送大学教育振興会, 2004

第3章　社会教育と施設

1　社会教育・生涯学習のさまざまな場

(1) さまざまな社会教育施設とその範疇

人々の自発的な学習活動は，数え切れぬほどさまざまな場面で展開されている。したがって社会教育にかかわる施設と一口にいっても，社会教育活動の振興を主目的としている施設なのか，他の主目的があるが実質的に社会教育活動にかかわっている施設なのか，あるいはそのような目的を全く意図していないが結果としては人々の自発的な学習の場を提供している施設なのか，などさまざまなケースが考えられる。

通常「社会教育施設」という場合，社会教育活動の支援・振興を主目的として設立される，一般の利用に開放された施設のことを指す。具体的には，公民館，図書館，博物館，青少年教育施設（青年の家，少年自然の家，児童文化センターなどの総称），女性教育施設（女性教育会館，女性センター，男女共同参画センターなどの名称の施設），スポーツ施設，文化施設（文化センター，文化会館，市民会館などの名称の施設），生涯学習センターなどがこの範疇に含まれる。

なお，「社会教育行政所管の施設」として社会教育施設の定義が示されることもあるが，この定義の場合には，民間が設立する博物館で博物館法における登録等をおこなっていないもの，スポーツ施設や文化施設など自治体によっては首長部局が所管するものなど，社会教育施設とはいえなくなるものもでてくる。すなわち「施設が実際にどのような意図で設立されているか」「法制度による施設の位置づけがどのようになっているか」など，どこに重点を置いて社

会教育と施設の問題を考えるかで，その範疇には違いが生じてくるのである。

(2) 社会教育施設とその類似概念

上述の社会教育施設に対し，社会教育活動の支援・振興が主目的ではないが実質として社会教育事業にかかわっている施設を，社会教育関連施設と呼ぶことがある。総務省所管のコミュニティ・センター，厚生労働省所管の勤労青少年ホーム，働く婦人の家，児童館など，さまざまな施設がこの概念のなかに入る。これらを社会教育関連施設と呼称するのはあくまで，教育・学習支援を主目的とする社会教育施設を中心として考えた場合のとらえ方である。

社会教育施設，社会教育関連施設以外に，「生涯学習施設」「生涯学習関連施設」といった用語が使用されることがある。これらの概念は，カルチャーセンターなどの民間教育施設，(生涯学習支援を担う諸施設の一環としての) 学校，稽古事などの個人教授所，書店といったように，人々の学習活動にかかわる施設・場をより広くとらえようとするときに用いられる。ただしこれらの概念が実際に指し示す範囲は論者によって異なることが多く，一般的に用法の定まった概念とは言い難い。施設の範疇に関するこれらの概念，とくに生涯学習 (関連) 施設という概念が使用される場合，厳密な定義づけにその意味があると考える必要はない。これらはむしろ，人々の自発的学習の場の広がりやその多様性を理解するときに，便宜的に使用される概念といえる。

以下では，基本的に社会教育施設に限定して述べていくことになるが，さまざまな学習機会のなかでどのような位置を占めているか (占めるべきか)，という観点から個々の社会教育施設を把握するためにも，学習の場の広がりとその多様性を理解しておくことは必要である。学習者が学習機会を複数選択することが現代においてはむしろ普通であるとするならば[1]，社会のなかに存在するさまざまな学習支援機能のあくまで一要素として，社会教育施設の役割を見定めていく視点が重要だと考えられる。その意味では，単一の社会教育施設が利用者の学習の全面にかかわらねばならないといったようなとらえかたも当然，人々の学習の実態を理解したものとはいえないだろう。

2 社会教育施設の多様性

(1) 学習活動の多様性と施設の多様性

　社会教育施設の範疇にかぎっても，そのなかにはすでにみたようにさまざまな種類の施設が含まれる（近年における各種社会教育施設数の推移については表3-1参照）。これらはいくつかの枠組によって類型化されるだけでなく，同種の施設のなかにも無視できない違いが存在する。多様な形でおこなわれる人々の学習活動を支援するために，それぞれの歴史的経緯をもってさまざまな施設が設立されるようになり，それらが「社会教育施設」という範疇で括られている，という点を改めて確認しておく必要があろう。

　以下，各種の社会教育施設について，学習支援の内容，対象者，対象圏域など重要となる類型的枠組を通して把握していく。この類型的把握はあくまで，どのような学習の場，支援のあり方が実際に社会において求められているか，という根元的な問題と切り離して考えることはできないものである。

表3-1　社会教育施設数

	公民館（類似施設含む）[1]	図書館	博物館（類似施設含む）[1]	青少年教育施設	女性教育施設[2]	スポーツ施設[2]	文化施設[2]
1987	17,966 (566)	1,801	2,311 (1,574)	1,053	199	45,458	782
1990	17,931 (584)	1,950	2,968 (2,169)	1,154	213	－	1,010
1993	18,339 (777)	2,172	3,704 (2,843)	1,225	224	52,038	1,261
1996	18,545 (726)	2,396	4,507 (3,522)	1,319	225	60,143	1,549
1999	19,603 (806)	2,593	5,109 (4,064)	1,263	207	61,010	1,751
2002	18,819 (872)	2,742	5,363 (4,243)	1,305	196	61,011	1,832

注：1)　（　）内は類似施設の設置数。
　　2)　「女性教育施設」，「スポーツ施設」，「文化施設」はそれぞれ，文部科学省『社会教育調査報告書』における「婦人教育施設」(1999年度まで)，「社会体育施設」と「民間体育施設」，「文化会館」に相当する数値を記載している。以下の表も同様。
出典：文部科学省『社会教育調査報告書』各年度版。

(2) 学習支援の内容

　まず，施設の設置目的からみた場合，支援対象となる学習活動のタイプが比

較的特定される施設と，あまり特定されない施設とに分けられよう。たとえば図書館や博物館は基本的に，書籍や特定領域の資料などを中心とした学習支援が，設置の目的として定められている。[2] 図書館における書籍等の閲覧，貸出やレファレンス・サービス（参考業務），あるいは博物館における資料の展示とその案内・解説などは，施設の有する書籍や資料を軸として展開されているものといえよう。スポーツ施設や文化施設も，その設備からみて対象となる活動内容が比較的特定されているものといえる。

これらに対し，公民館や生涯学習センターは基本的に，特定の学習活動に焦点を絞らないことにその特性があるといえる。[3] もちろん公民館が地域の状況に応じて特定の学習活動を重点的に支援する，といったことは当然あるが，それはあくまで実際の施設運営のあり方の問題であり，公民館が総合的な学習支援のための施設であるという点に変わりはない。

社会教育施設の教育事業には，地域住民や利用者に対して公民館が活動場所や設備を貸す，あるいは図書館が閲覧・貸出サービスをおこなう，博物館が資料を展示する，といった基本的な事業だけでなく，施設の側から主体的・積極的に利用者に働きかける事業もさまざまに存在する。公民館における諸種の学級・講座・講演会・講習会の実施，図書館・博物館における講演会，講座，出版・広報活動などが，その例である。このような社会教育施設の側からの主体的な教育活動のあり方もまた，施設の性質によって異なってくる。図書館，博物館のように所蔵する資料によってあらかじめ活動内容の領域が定まっている施設では，各々の専門領域の特性を生かした事業の比重が大きくなる傾向があるが，他方，公民館や生涯学習センターのように多様な活動の場に開かれた施設では，利用者のニーズを反映させる事業の比重が大きくなる傾向がある。もちろん，施設の種別だけで事業と利用者ニーズとのかかわりが決まるわけではなく，個々の施設の物的・人的条件や地域の特性も，大きい影響を与えているといえる。

(3) 施設の対象者・対象圏域・設置主体

次に，施設の対象者という観点で社会教育施設をみると，設置の目的におい

て主たる対象者の属性が特定されているか否か，という点が重要となろう。特定の属性の施設利用者を想定していない公民館，図書館，博物館，スポーツ施設，文化施設などに対し，主たる対象者の属性が特定された施設としては，青少年教育施設や女性教育施設などがある。青年の家は勤労青年を主対象として当初想定していた施設であるが，現在では学校の課外活動，大学生の利用といった，在学青少年の団体宿泊訓練や野外活動が利用の大部分となっている。少年自然の家は，小中学生の自然体験，宿泊・集団生活体験による学習を目的とした施設であり，実際には学校単位で利用されることが多い。また，女性教育施設は主に女性の学習活動・社会活動の拠点として設置されている施設であり，1977年の国立婦人教育会館（現国立女性教育会館）の設立以降，各地での設置がすすんでいる。

　社会教育施設とその対象圏域との関係も，施設によって異なってくる。これは施設の種別による違いもあるが，それ以上に施設の設置主体に対応した違いといえよう。

　たとえば公民館は，市町村あるいはより小さい範囲を対象圏域とした施設である。それに対し生涯学習センターは，都道府県に設置する生涯学習推進のための施設として，学習情報提供や学習相談，学習需要の把握や学習プログラムの研究・企画，指導者・助言者の養成・研修など，多様で広域的な機能を有する存在となることが想定されていた[4]。しかし，実際には市町村立の生涯学習センターも各地に設置されてきている。市町村立の場合は，実質的に公民館と機能が重複することも少なくない。

　また，図書館の場合は，市町村立の図書館は地域住民の身近な施設である「第一線図書館」として，他方都道府県立図書館は，市町村立図書館の活動をバックアップし，連絡・調整・協力の媒介機能を果たす「第二線図書館」として，位置づけがなされることが多い。

　設置主体の違いに関連して，同一種の社会教育施設においても，制度上の位置づけが異なる場合が少なくない。たとえば文化施設のように，同じ公立の施設でも管轄が教育委員会か首長部局かによって大きく二分される場合がある。

この違いは，文化施設のあり方を教育・学習支援としてとらえるか，それとも芸術文化支援としてとらえるか，というように自治体政策における施設の位置づけにかかわっており，管轄の違いにより文化施設の事業の傾向差もみられる。また，博物館についてみると，博物館法の対象となる博物館は，都道府県教育委員会の審査を受けて登録原簿に登録される必要が定められている（博物館法第10〜12条）が，国立の博物館，教育委員会所管以外の公立博物館などはこの登録がおこなえないため，博物館法第29条の規定により，いわゆる博物館相当施設として指定を受けることができるとされている。しかしこれらの登録，指定にかかわらないが実質的に博物館としての機能をもつ施設も多く，それらは博物館類似施設と呼ばれる。実際には，博物館と呼ばれる全国の施設のうち約80パーセントはこの類似施設である[5]。

3 社会教育施設の職員・設備・管理運営

(1) 社会教育施設職員とその専門性

社会教育施設のあり方をとらえる視点としては，これまでにもふれてきた機能的側面（諸種の教育事業）だけでなく，人的側面（職員）や物的側面（建造物・敷地・設備）の重要性もしばしば指摘される。もちろん，これらの諸要素は複雑に結びついているが，とくにその人的側面は，社会教育施設の有する存在意義・利点としてたびたび主張されてきたといっていいだろう。

地域住民ないし利用者の社会教育活動を適切に支援できる専門性をもった職員が配置されている，という点は社会教育施設がまさに社会教育施設たる存在意義として重視されてきた。したがって専門的職員の配置という側面は，社会教育施設とその他の施設とを区分する指標として言及されることも多かった。典型的には，公民館とコミュニティ・センターとの差異がそれにあたる[6]。

具体的に社会教育施設の職員についてみてみると，公民館，図書館，博物館にはそれぞれ，公民館主事，司書，学芸員がいわゆる指導系職員として置かれている。またその他の社会教育施設にも，指導系職員がしばしば置かれている

表3-2　社会教育施設職員数

	公民館(類似施設含む)	図書館	博物館(類似施設含む)	青少年教育施設	女性教育施設	スポーツ施設	文化施設
1987	48,798(17,774)	14,609(6,046)	19,586(3,063)	6,141(2,590)	703(83)	247,113(40,285)	6,624(327)
1990	50,431(18,427)	16,331(6,784)	23,961(3,665)	6,716(2,828)	788(169)	─	9,496(1,043)
1993	52,960(19,374)	19,339(7,958)	29,341(4,313)	7,382(3,021)	1,145(273)	369,344(60,719)	13,064(1,524)
1996	54,767(19,470)	22,057(9,045)	35,201(5,269)	7,979(3,066)	1,123(253)	371,929(60,850)	15,865(1,672)
1999	57,110(18,927)	24,922(10,249)	40,462(5,983)	8,018(2,860)	1,003(295)	356,405(61,841)	18,170(1,688)
2002	57,907(18,591)	27,276(11,364)	43,054(6,351)	8,118(2,921)	1,088(290)	329,048(58,862)	18,198(1,592)

注：（　）は指導系職員の数。ここで指導系職員とは，公民館における公民館主事，図書館における司書および司書補，博物館における学芸員および学芸員補，その他の施設における指導系職員を指す。
出典：表3-1に同じ。

（職員数およびそのなかの指導系職員数については表3-2参照）。

　しかし一口に指導系職員といっても，その資格規定や専門性の内実，職員設置が一様に整備されたものであるとはいえない。たとえば，図書館や博物館に関しては，司書（および司書補），学芸員の資格要件は法に明記され（図書館法第5条・第6条，博物館法第5条・第6条），その養成課程についても省令で定められているなど，専門的職員としての制度的な裏付けは比較的明確である[7]。これに対し公民館主事については，これを専門的職員として位置づけようとする考え方もあるが，現状としてはその資格要件や養成課程について社会教育法に明確な規定はなく，専門的職員としての制度的な裏付けがあるとはいいにくい。何らかの資料を専門的に扱うという点で機能・目的が比較的特定された図書館・博物館と，総合的な学習支援・振興にかかわる公民館とでは，職員の専門性を規格化しうる度合いに必然的に違いが生まれてくるということであろう。

　また，専門性の内実をめぐる議論以前に，実態として社会教育施設に指導系職員がどの程度配置されているかという問題がある。たとえば公民館についてみると，専任の公民館主事が1人も置かれていない館が7割以上を占めている（表3-3参照）。博物館でも，登録博物館や博物館相当施設はともかく，博物館類似施設の場合は，学芸員が置かれていない館も少なくない。

　さらに，各種社会教育施設職員の勤務形態の実態をみると，公民館のように

職員の約半数が非常勤で占められている施設もある。その他の施設でも，非常勤職員の占める割合は決して無視できる数ではない（表3-4参照）。非常勤職員

表3-3 専任公民館主事数別の公民館数（類似施設含まず）

	0人	1人	2人	3人	4人	5人	6～10人	11人～	計
1987	13,204	2,806	781	320	164	93	70	2	17,440
1990	13,000	2,818	837	359	167	77	86	3	17,347
1993	13,079	2,816	963	349	167	81	105	2	17,562
1996	13,425	2,709	963	392	161	73	96	0	17,819
1999	14,188	2,522	902	329	149	82	81	4	18,257
2002	14,164	2,327	846	306	160	60	74	10	17,947

出典：表3-1に同じ

表3-4 各社会教育施設の専任職員・兼任職員・非常勤職員数

		1987	1990	1993	1996	1999	2002
公民館 （類似施設 含む）	専任 兼任 非常勤	14,100 12,434 22,264	14,183 12,842 23,406	14,686 12,550 25,724	14,679 12,405 27,683	14,376 13,036 29,698	14,075 12,946 30,886
図書館	専任 兼任 非常勤	12,003 1,119 1,487	13,097 1,128 2,106	14,444 1,242 3,653	15,754 1,282 5,021	16,185 1,558 7,179	16,290 1,682 9,304
博物館 （類似施設 含む）	専任 兼任 非常勤	13,705 2,857 3,024	16,193 3,783 3,985	19,253 4,526 5,562	22,150 5,116 7,935	23,827 6,295 10,340	24,068 6,777 12,209
青少年 教育施設	専任 兼任 非常勤	3,743 1,129 1,269	3,969 1,334 1,419	4,155 1,436 1,791	4,051 1,518 2,410	4,158 1,475 2,385	4,063 1,563 2,492
女性 教育施設	専任 兼任 非常勤	376 117 210	463 76 249	587 100 458	669 126 328	581 162 260	602 183 303
スポーツ 施設	専任 兼任 非常勤	160,277 37,602 49,234	― ― ―	242,420 46,147 80,777	230,290 48,994 92,645	204,243 54,268 97,894	174,886 54,686 99,476
文化施設	専任 兼任 非常勤	5,010 1,118 496	6,731 1,118 496	8,892 2,116 2,506	9,605 2,589 3,671	10,731 2,957 4,482	10,372 3,119 4,707

注：「専任」： 常勤の職員として発令されている者
　　「兼任」： 当該施設以外での常勤の職員で兼任発令されている者
　　「非常勤」：非常勤の職員として発令されている者
出典：表3-1に同じ

については，場合によっては専任職員よりも学習支援のノウハウに詳しいこともある地域の人材を活用でき，かつ彼・彼女ら自身の生涯学習の場ともなる，というメリットも認められるが，自治体経費削減にともなう社会教育行政の後退という側面も当然指摘されよう。

いずれにせよ社会教育施設職員の専門性（あるいは施設職員の十分な配置）という論点は，そもそも学習者に対する望ましい支援をいかに提供できるか，という総合的な課題の一環である。その観点からみれば，職員の専門性のあり方や職員の配置実態を，それ自身で独立した問題として論じることはできないだろう。むしろ，施設の物的・人的・機能的側面を一体としてとらえ，またその施設の存在する地域の特性をふまえたうえで，必要とされる職員のあり方を考えていく姿勢が必要であろう。

(2) ハードとしての社会教育施設

一方，社会教育施設の物的側面に関してみると，「公民館の設置及び運営に関する基準」「公立博物館の設置及び運営に関する基準」といった文部省告示などでその標準が定められていた。これらは，建造物や設備の最低基準，すなわち物的側面での社会教育施設の整備と平準化を押し進める役割を果たし，社会教育施設が整備されていなかった時期においては，大きな意義を有してきたといえよう。

しかし90年代以降，物的側面から施設の運営のあり方へと，これらの基準における重点が移される傾向にある。[8] たとえば「公民館の設置及び運営に関する基準」は2003年に改定され，建物の面積や各種の部屋・教具・器材の整備など，純粋に物的側面に関する規定を主とするものから，公民館の各種事業の推進を求めるものへと基準自体の性格が変化した。このような変化は，社会教育施設の物的側面が大きな議論とならなくなりつつある状況を反映しているといえる。

また，社会教育施設の物的側面における近年の動向として，複数の社会教育施設同士，あるいは社会教育施設とそれ以外の施設とが同一敷地内・同一建造物内に設けられる，などのいわゆる施設の複合化があろう。この背景としては，

施設用地・建造物の効率的利用といった財政的便宜を自治体がはかろうとしていることがあげられる。

(3) 施設間の連携とネットワーク化

　上記の複合型施設化の動向の背景には財政的効率化という意図があるにせよ，これを施設間の「連携・ネットワーク化」という観点からみたとき，この動向はむしろ施設の運用を柔軟化していくうえでのメリットを有しているともいえる。そもそも人々の学習活動の広がりを考えたとき，すでに述べたとおり社会教育施設の個々が地域住民や利用者の学習を一つの施設内で完結したものとして扱うことは不可能である。その意味で，施設の複合化のみならず，社会教育施設間の連携によって，あるいは連携の取り組みを緩やかに体系化するネットワーク化によって，地域社会における社会教育施設の学習支援がより効率的・多様な形でおこなわれることは，今後社会教育施設がめざす方向の一つとして考えられよう。

　連携・ネットワーク化の取り組みは，同種の社会教育施設間，異なる種類の社会教育施設間，さらには社会教育施設と学習支援にかかわるその他のさまざまな施設（学校・大学・カルチャーセンターなど），といったように多様な施設がかかわりうる。また市町村だけでなく，県レベルのような広域的なネットワーク化もみられる。連携・ネットワーク化の試みの具体例としては，部屋や設備の相互利用，事業の共催，職員の交流・情報交換，管理事務の共同化による効率化，学習情報の共有などがあげられる。

　しかし，このような連携やネットワーク化によってそもそもどのようなメリットが学習支援においてもたらされるのかが不明確なままに取り組みがおこなわれ，その結果，計画が行き詰まってしまうケースも少なくないといわれる。[9]　メリット，意義が明確にならない状況での連携・ネットワーク化の試みは，得てして施設職員の事務的負担をただ増やすだけの結果になりがちである。また，仮に社会教育施設のネットワーク自体が有効なものとして成立したとしても，それを地域社会における学習活動のすべてをカバーできるシステムとしてとらえるべきではないし，またそのようなシステムがそもそも現実にありえないこ

とはいうまでもない。施設の連携とネットワーク化はあくまで，学習支援を効率的かつ多様におこなうことにより，地域社会における学習の場をより豊かにする方策の一つとしてとらえられるべきものであろう。

(4) 社会教育施設の管理運営主体

　社会教育施設の運用の柔軟化につながりうる近年の動向としては，上述の連携・ネットワーク化の他にも，地方自治体が全額出資する財団法人などに公立社会教育施設の管理運営が委託される例があげられる。このような管理運営の委託は，とくにスポーツ施設や文化施設に多くみられる[10]。1998年の生涯学習審議会答申「社会の変化に対応した今後の社会教育行政の在り方について」では，それまで文部省が消極的であったこのような管理運営の民間委託に関し，施設の機能の高度化や住民サービスの向上のためにはむしろ効率的な場合もあると述べられ，社会教育施設の管理運営方式を自治体が自主的に判断し選択することが提言されている。

　社会教育施設の管理運営を委託する形態は，予算に関する制約（単年度主義，入館料等の収入を自治体の一般会計に組み入れる公金管理の原則など）や行政職員に関する制約（定期的な人事異動など）に縛られずに，自律的かつ柔軟に施設が活動できるという長所が指摘されうる。しかしこれらの長所が，資金運用の不透明性，民主的コントロールの届きにくさなどの問題につながる可能性もある。またこれらの問題点を回避するために行政が委託団体に対する規制を強める場合や，委託団体に関する設置条例が職員体制や資金運用の柔軟性を十分に保証していない場合には，かえって委託形態の長所が生かされないことも考えられる。

　行政直轄以外の管理運営形態としては，上記の財団法人などの他にも，官民共同出資のいわゆる第三セクターによるものや，民間非営利団体（NPO）によるものなどがある。また，2003年9月施行の地方自治法改正による指定管理者制度においては，株式会社などの民間営利事業体が公立社会教育施設の管理・運営をおこなうことも可能となっている。しかしいずれにせよ，これらの管理運営形態の違いのみが社会教育施設の運用の柔軟化を左右すると考えるのは，

単純な見方であろう。各々の施設が目標とする事業のあり方や，各々の自治体の社会教育行政を取り巻く制度的環境からみて，適合的な管理・運営形態が総合的に判断されるべきであろう。

4 地域住民・利用者の学習ニーズと参加

(1) 社会教育施設の事業と学習ニーズ

社会教育施設の事業展開のあり方をとらえる際には，単に地域住民あるいは利用者に対してどのような支援ができるか，という一方向の関係性をみるだけでは不十分である。社会教育施設が地域住民・利用者の意思をどのように反映させ，あるいはその積極的な参加をどのような形で取り入れているのか，という双方向の関係性についても，確認しておく必要があろう。

まず，施設の教育事業の計画・実施に際して，地域住民・利用者の学習ニーズを反映させることが重要であるのはいうまでもない。しかしそれぞれの社会教育施設の本来の設置目的に照らした場合，ニーズの多い分野の学習機会を重点的に提供するという原則だけで十分なのかは，議論の余地があるところである。たとえば，公民館の事業内容が教養・趣味講座中心となりがちで，民間のカルチャーセンターの事業と大して変わるところがないという批判（いわゆる「カルチャー・センター化」批判）[11]は，地域住民の学習ニーズに対応することによってかえって「実際生活に即する教育，学術及び文化に関する各種の事業を行」う（社会教育法第20条）という公民館本来の目的との乖離が生じているのではないか，という点を指摘したものである。女性教育施設でも，重点的に扱われるべきとされる女性学，男女共同参画などに関する講座の集客力が少なく，むしろパソコン関連や趣味の講座に多くの利用者が集まる，という傾向がみられ，女性教育施設の本来のあり方との乖離という点で見すごせない問題となっている[12]。

利用者のニーズへの対応なくしては施設の事業展開は成り立たない。他方，ニーズの少ない学習内容ではあっても（あるいはニーズが少ないがゆえにこ

そ)，施設側からみて重要であると考えられればその学習機会を社会教育施設が積極的に提供するべきである，というとらえ方もできる。このような利用者のニーズへの対応をめぐる問題は，前述した職員の専門性をどのようにとらえるかという点とも大きくかかわる，困難な課題である。各々の社会教育施設本来の目的と利用者のニーズの相互をどのように位置づけるかは，事業を計画・実施していくうえでつねに念頭に置かねばならない問題といえよう。

(2) 審議会・協議会の制度とその意義

地域住民の意思を施設運営に反映させるための制度化されたルートとしてよく言及されるのが，公民館に設置される公民館運営審議会（社会教育法第29～31条），公立図書館・博物館にそれぞれ設置される図書館協議会（図書館法第14～16条），博物館協議会（博物館法第20～22条）などである。これらの審議会・協議会の委員は，学校教育および社会教育の関係者，学識経験者から，設置自治体の教育委員会によって委嘱・任命される。公民館運営審議会の委員の場合は，これらに加え「家庭教育の向上に資する活動を行う者」もあげられている。これらの審議会・協議会は，現在いずれも任意設置となっている。

このような審議会・協議会については，制度的に一定の住民参加を保障するという点での意義が認められるが，現実としては，住民意思の反映という目的が十分に果たせておらず形骸化している，と指摘されることも少なくない。ながらく全ての公民館において必置とされてきた公民館運営審議会も[13]，地方分権推進委員会の勧告を受ける形で，1999年以降任意設置となり，住民意思を施設運営に反映させる手法は自治体の自主的判断に委ねられる形となった。このような経緯からみても，社会教育施設運営における住民意思の反映という理念とその実現化について，再考しなければならない問題は大きいといえる。

(3) 社会教育施設とボランティア

社会教育施設の運営への住民参加のあり方に関しては，施設とボランティア活動との関連もとりあげる必要があろう。社会教育施設とボランティアのかかわりはさまざまであるが，近年注目されているのが，地域住民等がボランティアとして社会教育施設の管理・運営に何らかの形で参加する，というケースで

ある。前述の審議会・協議会の制度は，施設の活動を実際の地域住民（あるいは利用者）の要望により近づけていくための方策，いわば手段としての住民参加という側面が強いのに対し，施設ボランティアの取り組みには，手段としての住民参加だけでなく，施設運営への参加自体が住民にとっての学習，社会的活動の場になりうるという，目的としての住民参加の側面もあるといえる。

現在，社会教育施設の約半数でボランティアが受け入れられている。施設におけるボランティアの活動内容は美化活動，会場整理などの補助的業務から，広報活動や教育活動への協力，さらには事業の企画立案・運営への参加などまで多岐に渡る。つまり，職員が主導でおこなう活動，職員とボランティアの共同的活動，あるいはボランティア主導の活動など，施設の管理運営方針の決定にボランティアがかかわる度合いにもさまざまなケースがある。

施設側のこのようなボランティア受け入れの意図として多くあげられるのが，「施設の活性化につながる」「学習成果や能力を生かす場を提供する」「ボランティア活動を生涯学習の場として提供する」「施設の職員体制の不備を補う」等の理由である。1986年の社会教育審議会社会教育施設分科会報告「社会教育施設におけるボランティア活動の促進について」では「ボランティア活動を通して自己の成長を図る」という考え方がとりあげられ，「施設の人的，物的体制の不備を補完する役割をボランティアに期待してはならない」という理念が提示されている。しかし施設側としては，地域住民との交流の機会，職員に与える刺激などの面と同時に，業務の補完労働力という面も，ボランティアの大きなメリットとしてとらえているのが実態である[14]。

一方，地域住民など社会教育施設のボランティア活動に参加する側は，抽象的な社会貢献・生きがいを求めているというよりも，施設の具体的な活動自体に関心をもっている傾向が強いと考えられる[15]。したがってボランティアを補完人員としてのみとらえることは理念として問題があるだけでなく，ボランティア側の参加意識の実態からみても問題を孕んでいる。社会教育施設のボランティア受け入れが補完労働力の確保という側面をもつことはある程度必然である。しかし，ボランティア自身にとっての学習活動としての側面や，ボランテ

ィアと職員の相互作用の側面を常に留意しなければ，学習機会の多様な提示，実質的な住民参加のルートの確保といった，受け入れ事業の有する可能性を生かせなくなるおそれがあるだろう。

(4) 住民参加の可能性

　以上のような住民参加の問題は，事業のあり方，職員の専門性のあり方とも密接にかかわっている。「まず職員の専門性ありき」の議論には問題があるが，施設の運営や事業内容が住民の参加によって支えられているということが，直ちに施設職員の役割がなくなることを意味するともいえない。たとえば，職員の有する経験・知識と住民の要望とを照らし合わせ，対話・議論を経ることで，より望ましい施設運営，事業展開につながるケースも当然考えられる。また一見「参加」の意義とは矛盾するような，職員主導による住民参加事業が，時間を経ることによって，住民の積極的な反応を得ることもあるだろう。住民の意思反映，施設の管理運営への住民参加との多層的なかかわりを抜きにして，職員の専門性，事業を論ずることはできないだろう。

　ただし，住民の意思や参加を基盤に据えた社会教育施設の活動は，予定調和的な状況のみを結果するものではない。実質的な住民参加がおこなわれたとしても，それが必ずしも円滑な事業展開をもたらすとは限らない，という点に注意しなければならない。

　たとえば，上に述べた職員と住民との対話・議論が，つねにスムーズにすすむとは限らない。また，住民参加という発想はしばしば一枚岩の住民意思を前提視したものになりがちであるが，現実には施設の運営をめぐって住民同士が考え方の違いにより対立し，施設の事業継続自体が危うくなる例もある[16]。社会教育施設運営への住民参加の取り組みは，職員と住民の，あるいは住民同士のコンフリクトの可能性を，潜在的に有しているのである。むしろそのような可能性があるからこそ，社会教育施設のあり方を不断に見直していく契機として，あるいは住民自身が自らの意見の多様性を確認しつつ活動していく契機として，住民参加の仕組みは重要性を有するのではないだろうか。

【久井　英輔】

【注】
1) 鈴木眞理「留置調査の結果に見られる特徴」倉内史郎他『生涯学習の生態学——成人学習の個別化状況を探る』野間教育研究所，1993，p.15.
2) 図書館法第2条では，「図書，記録その他必要な資料を収集し，整理し，保存して，一般公衆の利用に供し，その教養，調査研究，レクリエーション等に資する」ことが，図書館の目的として定められている。また博物館法第2条では，「歴史，芸術，民俗，産業，自然科学等に関する資料を収集し，保管［中略］し，展示して教育的配慮の下に一般公衆の利用に供し，その教養，調査研究，レクリエーション等に資する」ことや，資料に関する調査研究をおこなうことが，博物館の目的として定められている。
3) 公民館の設置目的としては，社会教育法第20条に「市町村その他一定区域内の住民のために，実際生活に即する教育，学術及び文化に関する各種の事業を行い，もつて住民の教養の向上，健康の増進，情操の純化を図り，生活文化の振興，社会福祉の増進に寄与すること」が定められている。またその具体的な事業内容としては，各種の学級・講座・討論会・講習会の開催や，体育・レクリエーション，各種団体・機関との連絡，住民への集会場所の提供などがあげられており（社会教育法第22条），多面的に地域の社会教育活動の支援を担うことが公民館の機能として想定されている。
4) 中央教育審議会答申「生涯学習の基盤整備について」1990．90年代以降各地に生涯学習センターが設置されるようになったのは，この答申における「生涯学習推進センター」設置の提言の影響が大きいといえる。生涯学習センターに関して詳しい設置基準などの規定はとくに存在せず，その厳密な範疇は近年の諸調査などをみても必ずしも明確ではない。ここでは生涯学習センターを，総合的に学習支援を担う社会教育施設であるが，社会教育法上の公民館として設置された施設ではないもの，としてとりあえずとらえている。
5) この登録・指定制度は，博物館が都道府県教育委員会から専門的・技術的な助言を受けられる制度であるが，実際には制度の形骸化が指摘されており，あえて登録・指定制度を利用しない博物館も多い。
6) 松下圭一『社会教育の終焉』筑摩書房，1986，p.25-30.
7) なお学芸員補については，その資格要件が博物館法第6条に「大学に入学することのできる者」と規定されているのみであり，専門的職員としての制度的裏付けがあるとはみなしにくいといえる。
8) 守井典子「生涯学習支援の施設体系」鈴木眞理・守井典子編『生涯学習の計画・施設論』（シリーズ生涯学習社会における社会教育第6巻）学文社，2003，p.66.
9) 井上講四「生涯学習施設ネットワーク化の課題」岡本包治編『生涯学習施設ネットワーク化——意義・実践・効果』（現代生涯学習全集2）ぎょうせい，1993，p.53-55.
10) 近年の文部科学省の『社会教育調査報告書』をみると，公立スポーツ施設の約1/4，公立文化施設の約1/3が，委託形態をとっている。
11) 松下，op.cit., p.46-53.
12) 全国婦人会館協議会『女性関連施設に関する総合調査　〈学習・研修〉事業に関する調査報告書』1999，p.12-17.

13) 戦後初期の文部次官通牒「公民館の設置運営について」(1946年)では，公民館運営の主体となるべき「公民館委員会」は原則として住民選挙によって選出された委員で構成すると記されていた。1949年制定の社会教育法において公民館運営審議会が必置とされた背景には，公民館が制度化される初期の段階で，このような住民参加を重視する方向性が示されていたことが大きく影響していたといえよう。
14) 受け入れ状況やその理由の傾向は，施設の種類によっても大きく異なる。社会教育施設におけるボランティア受け入れ状況の詳細については，鈴木眞理『ボランティア活動と集団──生涯学習・社会教育論的探求』学文社，2004，p.113-132．
15) 文化施設のボランティアの意識に関する例として，地域創造『公共ホール・劇場とボランティアに関する調査』1997，p.22．
16) その実例を紹介したものとしては，衛紀生「公設民営劇場へのステップ──変化の時代の公共文化施設」『都市問題』第90巻第7号，1999，p.78-80．

キーワード

社会教育施設　　社会教育関連施設　　対象者と対象圏域　　専門的職員
連携・ネットワーク化　　管理運営主体　　学習ニーズ　　住民参加　　ボランティア

この章を深めるために

(1) 本文であげた施設のほかにどのような生涯学習の場があるか，できるだけ多くあげなさい。また，自分の住んでいる自治体に設置されている社会教育施設とどのように関連しているか考えなさい。
(2) 自分の身近にある社会教育施設をどれか一つ選んで，事業内容やボランティア活動の受け入れなどの学習支援についてどのような方法で，どのようなしくみでおこなわれているか調べなさい。

【参考文献】

岡本包治編『生涯学習施設ネットワーク化──意義・実践・効果』(現代生涯学習全集9)ぎょうせい，1993
小林文人・佐藤一子編『世界の社会教育施設と公民館』エイデル研究所，2001
鈴木眞理・守井典子編『生涯学習の計画・施設論』(シリーズ生涯学習社会における社会教育第6巻) 学文社，2003

第4章　社会教育と集団・ボランティア

1　日本における社会教育の展開と集団

(1) 第二次世界大戦前における団体中心の活動

　日本の社会教育の特徴を，第二次世界大戦の前と後とに分けて考えてみると，戦前は，団体中心の活動が社会教育の大きな領域を占めており，戦後は，施設中心の活動に一つの柱を置いて社会教育の活動が展開してきているととらえることも可能であろう。

　明治時代以降，農村を中心に青年教育の組織化がすすみ，とくに日清戦争後の明治30年代以降は，地域青年団体の数も急激に増加した。それと並行して，地域の婦人団体も数多く組織され，このような団体がこの時期の社会教育活動の中心となっていた。

　しかしながら，この時期，青年団体・婦人団体は，地域網羅組織が原則であり，自由な市民文化の下で自主的な集団活動が営まれていたとは言い難い。碓井正久は，戦前のわが国の社会教育は，「民衆の心身の啓培をはかりつつも，その啓培した結果を全面的に体制目的に占有するという意味での'教化'活動にほかならなかった」[1]と述べている。これらの団体が教化の手段と目されたそもそもの要因は，日露戦争後の農村における疲弊にある。当時の政府は，「自治民育」や「経済と道徳の調和」を標語に地方改良運動を展開することで農村の建て直しをはかろうとしたが，それは，ムラ秩序を再編・強化することに主眼が置かれており，その担い手として社会教育団体が動員されたことが，国民教化網形成の始まりであるという議論もある[2]。

　しかし，この時期の活動は，団体活動ばかりでなく，たとえば成人に目をむ

けてみると、大正末期の1923年にわが国初の成人教育講座が文部省からの委嘱で大阪で始まっているのをみることができる。すぐ後に東京でも開催されるが、この成人教育講座の内容は、東京のものは、市民的教養に重点が置かれた講座講演主義的事業であり、大阪のものは、学校拡張運動としての学校中心社会教育の推進であったとされている[3]。講座を基にした集団活動も皆無ではなかった。しかし、戦前の日本では、社会教育における集団は、青年団体・婦人団体についてふれたように、自由で平等な市民の集まりとして学習を展開していたのではなく、国家の教化事業に利用されていた側面が強いものであったといえる。

(2) 戦後社会教育と団体の位置の転換

第二次大戦後の日本では、憲法（1946年公布1947年施行）、教育基本法（1947年公布施行）を基礎に、1949年に社会教育法が制定され、この法律を柱として、社会教育の展開がはかられることとなる。

社会教育法第2条は、「学校の教育課程として行われる教育活動を除き、主として青少年及び成人に対して行われる組織的な教育活動」を社会教育と規定している。さらに、第3条では、国および地方公共団体の任務について、その中心は、「社会教育の奨励に必要な施設の設置及び運営、集会の開催、資料の作製、頒布その他の方法により、すべての国民があらゆる機会、あらゆる場所を利用して、自ら実際生活に即する文化的教養を高め得るような環境を醸成する」ことに置かれ、国民の学習活動に対する支援であることが規定されている。

社会教育施設としては、図書館、博物館、公民館が教育基本法で言及されていたが、社会教育法で公民館についての規定がなされた（第5章）ほか、図書館、博物館が「社会教育の機関」として位置づけられ、図書館法（1950年）、博物館法（1951年）の制定を背景に、戦後の社会教育は、施設中心の活動を展開する方向に向かった。

社会教育に関与する団体と教育行政との関係については、戦前の教化的社会教育のあり方を反省して、教育は不当な支配に服するべきではないとして、教

育の目的を遂行するために必要な諸条件の整備確立を教育行政の役割とする教育基本法の精神にもとづき，国および地方公共団体は社会教育関係団体に対して不当な統制支配や干渉をおこなわない（社会教育法第12条）とした姿勢を具現化している。ここで述べられている「社会教育関係団体」とは，社会教育法第10条で規定されている社会教育に関する事業をおこなうことを主としている団体であり，たとえば青少年に関するものとしては，子ども会，地域青年団，ボーイスカウト・ガールスカウトなどを，青少年以外のものとしては，PTA，地域婦人会などをあげることができる。

　戦後において，社会教育の団体が民主的に学習をおこなうための方法として，占領軍総司令部（GHQ）により日本に紹介されたものとして，グループ・ワークをあげることができる。グループ・ワークは，遊びやゲームに野外活動の要素を加えた教育プログラムと青少年自身が活動の運営をおこなうパトロール・システムを特徴とするボーイスカウト運動のなかで培われた，子どもたちの自発的な仲間集団を活用し間接的に大人が指導するといった小集団指導法が，後にアメリカでグループワーク理論として整備され，それが，戦後，日本に占領軍総司令部（GHQ）によってもたらされて，社会教育の集団学習の主流的方法となったという[4]。グループ・ワークの特徴としては，小集団を活用することがあげられる。具体的には，ゲーム，話し合い，芸術活動などが含まれる。その活動は，小集団内の自発的な人間関係や，グループとの一体感，メンバーとリーダー間の相互作用，メンバーの興味・関心と動機付け，個人的・社会的価値にも目を向けた指導性，などを活用することで優れた展開が期待される。また，実際の社会において活動を展開することが重要なファクターとなっているとされている[5]。

　自主的な集団学習はさらに，「生活記録運動」や「共同学習運動」，「うたごえ運動」などの名称の下で全国的に展開されていくようになる。これらの運動は，青年や女性を中心に，身近な地域や生活のなかから学習の課題を見つけ出し，話し合いなどをもとに集団学習をおこなう活動であった。とくに，1950年代からは，青年団や婦人会などの場で，身近な生活課題などをもとに話し合

いなどをすすめる方法としての共同学習が盛んになった。日本青年団協議会による「共同学習運動」は、青年教育の振興、青年学級振興法の制定（1953年）と、それに対する反対運動という歴史的文脈のなかで位置づけられるものでもある。

さらに、社会教育関係団体に対して、具体的にどのような方法で教育行政が支援していくのかも、戦後の重要な課題の一つであった。制定当初の社会教育法は、憲法第89条の「公金その他の公の財産は、宗教上の組織若しくは団体の使用、便益若しくは維持のため、又は公の支配に属しない慈善、教育若しくは博愛の事業に対し、これを支出し、又はその利用に供してはならない」という規定を厳密に履行しようとして、社会教育関係団体への補助金支出を禁止する（第13条）措置をとっていた。このような姿勢は、「ノーサポート・ノーコントロール」の姿勢としてとらえられている。

しかし、1959年の社会教育法の改正によって、「教育の事業」を狭くとることにより、社会教育関係団体に対する補助金支出の禁止が解除され、憲法第89条に違反しない補助金が支出できるようになった（第13条の改正による。ただし、補助金交付の場合には、「あらかじめ、国にあっては文部科学大臣が審議会等（略）で政令で定めるものの、地方公共団体にあっては教育委員会が社会教育委員の会議の意見を聴いて行わなければならない」という留意すべき条件が加えられている）。具体的には、教育、スポーツ、芸術、文化などの領域において、法人格を有するか、法人格を有しなくても地域的普遍性や過去に堅実な実績のある社会教育関係団体の事業で、次にあげるような事業は補助金の対象としてもよいとされた[6]。

① 図書、記録、視聴覚教育などの資料を収集し、作成し、社会教育関係団体相互の間で貸借する事業
② 社会教育活動の普及、向上又は奨励のためにする社会教育関係団体もしくは一般人に対する助言、社会教育関係団体間の連絡調整
③ 機関誌の発行、資料の作成配布の方法による社会教育に関する宣伝啓発活動、社会教育に関し相談に応じる事業
④ 図書、記録、視聴覚教育資料を人々の利用に提供する事業、資料展示・

展覧会，協議会，体育大会，リクリエーション大会の開催
　この改正により，行政による社会教育関係団体への支援としては，社会教育法第11条に規定されている求めに応じたかぎりでの「専門的技術的指導又は助言」に加え，一定の財政的支援もその内容に入れられることとなった。これは，「サポート・バット・ノーコントロール」への転換である。
　戦後社会教育における団体は，戦前のあり方を克服して，統制的な支配を受けることなく，人々による自由な学習活動の推進と，民主的な運営の下に活動をおこなうことが保障されるものと位置づけられている。そして，教育行政の役割としては，公的な基準に照らして補助することも含めて，社会教育関係団体の活動を支援していくことが求められているのである。

(3) 集団形成に関する課題と近年の社会教育の動向

　戦後においては，「個人の尊厳を重んじ」，「個人の価値をたっとび」教育をおこなうことが大切であると教育基本法で示されている。これは，戦前の個人を無視した集団主義への反省にもとづいているといえる。社会教育の領域でも，個人学習の支援が強調され，学習相談や学習情報提供サービスの必要性が強調されつづけてきた。これも，個人の学習ニーズを重視することの一環といえるだろう。しかし，個人を尊重することと，極端に集団を排除し，個人主義に陥ることとは同じではない。教育は，人と人とのかかわりを抜きにしては成り立たない。たとえ独学のような形態であろうとも，学びを導いてくれる図書であれ，作品であれ，そこには間接的な他者とのかかわりが存在している。実際には，人は日常において，家庭をはじめ，地域や学校，会社などさまざまな場で多様な集団に属して生活をおこなっているが，その集団を通して，集団の保持する規範や価値を習得して自己を確立していくのみならず，他者からの承認を得たり，他者との信頼を築くことによって，さらなる活動を発展させ，自己実現に至ることができるなど，人は，自らの成長の支えを集団の他者から得てもいるのである。
　しかし近年，とくに青少年の間で他者との関係を築くことを苦手とする傾向が顕著になってきていることが指摘され，とくに地域での人と人との交流やつ

ながりは極端に希薄になってきているとされている。また，社会の基盤となる集団である家庭において，教育機能が低下している点も強調されている。

　これらの問題解決の糸口として注目されるようになったものに，奉仕活動・体験活動がある。1999年の生涯学習審議会の答申「生活体験・自然体験が日本の子どもの心をはぐくむ」は，道徳観や正義感など，子どもたちの心の成長において，地域での生活体験や自然体験が欠かせないと指摘し，さまざまな体験の機会を提供することを提言した。また，2002年の中央教育審議会答申「青少年の奉仕活動・体験活動の推進方策等について」では，奉仕活動と体験活動は，体験そのものが望ましい人間形成を導くと同時に，相互に支え合う意識の共有を可能にするとして，そのような意識を基盤として人々が連帯して地域社会での団体活動に取り組むことにより，個人が生涯にわたってより良く生き，より良い社会を作るといった「新たな『公共』」を作り出す鍵となるとしている。そして，このような「新たな『公共』」の社会が成り立つために欠かせないのが，生涯にわたる学習であるとして，学習に裏打ちされた団体活動の重要性を示している。

　2002年の中央教育審議会の答申において，地域の団体活動としてとくに言及されているのが，ボランティア活動とNPO（特定非営利活動法人）活動である。1998年に特定非営利活動促進法（NPO法）が成立し，社会教育の推進をはかる活動をおこなうものが特定非営利活動のなかに位置づけられている。これらの活動をおこなう団体については，近年，社会教育の推進に重要な役割を担っているとみなされるようになってきている。1998年に出された生涯学習審議会答申「社会の変化に対応した今後の社会教育行政の在り方について」では，近年の動向として，ボランティア団体をはじめとするNPOによる活動などの新たな団体活動が盛んになってきている点をあげており，社会教育行政の今後の課題として，伝統的な社会教育関係団体や町内会などの地縁による団体に加え，ボランティア団体をはじめとするNPOと「新たなパートナーシップ（対等な立場から相互に連携・協力しあう関係）」を構築することをあげている。

このような状況を踏まえた社会教育法の改正が2001年におこなわれた。この改正により，市町村の教育委員会の事務（第5条）に「青少年に対しボランティア活動など社会奉仕体験活動，自然体験活動その他の体験活動の機会を提供する事業の実施およびその奨励に関すること」が新たに加えられた。また，このような方向にそって，社会教育主事の資格取得の際に，ボーイスカウトやガールスカウトのリーダーや青年海外協力隊の隊員などの集団活動の経験を実務経験として評価することが可能であるようになった。

　さらに，2003年6月に文部科学省により「公民館の設置及び運営に関する基準」が改訂された。新たに盛り込まれた内容としては，公民館の地域の学習拠点としての機能・地域の家庭教育支援拠点としての機能の充実，およびボランティア養成のための研修会開催などによる奉仕活動・体験活動の推進をあげることができる。この改訂により，公民館が地域の学習拠点としての役割を果たすために，学校や他の社会教育施設，社会教育関係団体，NPOなどの民間団体，官公署などと連携して，多様な学習機会を提供することが奨励されている。

　このように，人と人とのかかわりのなかで，人は社会的役割を自覚したり，自らの知識をうまく活用していくことができるなど，集団を通して学習をすすめていくことの重要性が改めて注目されている。そして，そのような学習を支援していくことが，教育行政の支援者に求められているといえよう。

2　集団と社会教育

(1) さまざまな集団と学習支援

　今日の社会教育の活動では，さまざまな集団の形態を考えることができる。
　集団は，①血縁・地縁に基礎を置くもの，と②特定の関心・契約にもとづく原理で形成されるもの，とに分けることができる。[7] ①には，家族集団や親族集団などの血縁による集団と，特定地域の仲間集団といったものから，子ども会や青年団などの組織的なものまで含めて，特定地域の居住者によって形成され

る，地縁による集団が含まれる。一方②には，ボーイスカウトやボランティア活動団体，特定の学習活動をおこなう集団，NPO（non-profit organization），NGO（non-govermental organization：非政府組織）[8]など，明確な共通の目的意識をもっている人々により形成される集団が当てはまる。

　血縁・地縁にもとづく集団に関しては，近年，都市化がすすみ，従来の地縁による人間関係が成り立たなくなっている地域が増えていることや，核家族化の進行により家庭のあり方が大きく変わってきていることなどが指摘されている。

　このような変化にともない，今日では，公民館や生涯学習センターなどを地域の学習拠点として，地域や家庭の新たな生活課題に応えていく消費者教育や家庭教育などの講座を開設したり，情報提供や学習相談をおこなうなどに加え，地域の民間団体が実施するさまざまな体験活動に助成をおこなったり，地域での支援ネットワークの形成を助ける，学校と社会教育との連携・融合をはかるなど，さまざまな形での学習の支援がはかられている。これらの役割が公民館などに求められている背景には，血縁・地縁にもとづく集団の教育力が衰退していることがあげられるであろう。

　特定の関心・契約にもとづく集団に関しては，集団活動の取り組みとして注目されているものの一つに，ボランティア活動をあげることができる。この点については，後に取り上げてみてみたい。

　また，近年注目されている集団活動の形態として，NPOの活動をあげることができる。1998年に特定非営利活動促進法（NPO法）が公布され，一定の要件を満たす団体に法人格が付与されることとなった。この法律では，NPOの活動を「ボランティア活動をはじめとする市民が行う自由な社会貢献活動」（第1条）としてとらえて，その活動として，まず12の分野が規定された。法改正により，2003年からは，さらに五つの活動が加えられた。これらの活動は，「学術，文化，芸術又はスポーツの振興を図る活動」との規定がなされている。2001年の内閣府の調査は，実際におこなわれている活動において，社会教育の推進をはかる活動が少なくないことを指摘し，NPO法人の良さとし

て，多様性・個性・創造性・先駆性・機動性・柔軟性・人間性をあげ，NPO法人は，「社会的な使命を実現したいという，一人ひとりの"思い"や"志"に支えられて，市場では提供できない社会サービス等を民間で供給する仕組・事業体[9]」であるとしている。

2000年度からは，文部科学省生涯学習政策局社会教育課を主管として，「生涯学習分野のNPOの連携によるまちづくり支援事業」がおこなわれた。この事業の目的は，公民館を活用しながら，リサイクル活動や景観保存，国際交流など地域の活性化をはかる活動をおこなっているNPOについての情報提供や活動への住民参加をうながし，フォーラムを開催するなどして地域住民の学習意欲を喚起し，学習活動を活性化することに置かれている。ここでは，NPOは，社会教育関係の実際の活動の場を地域住民に提供するとともに，住民が社会とかかわりを持ちながら活動する機会を拡大することにより，生涯学習活動を促進する社会づくりの役を果たしているととらえられている。このように，旧来からの地縁にもとづく団体にかわるような形でNPO活動が注目されてきているが，さまざまな性格をもつ集団が社会教育活動においては，それぞれ独自の意味をもつと考えることが必要であろう[10]。

なお，NPOは，NGOと並んで，国内での活動ばかりでなく，国際社会での活動においても重要視されてきているが，これについては，後にふれることになる。

(2) ボランティア活動を通じて学ぶ

ボランティア活動は，その公共性・自発性・無償性・継続性などが特徴とされている。しかし，ボランティア自身を考えてみると，ボランティア活動は，社会参加や自己啓発の機会になっていたり，自己を振り返ったり，生きがいをもたらすものとなっているなど，生活の指針をもたらしてくれる重要な活動となっていることが少なくない。このような点に着目して，生涯学習審議会は，1992年の答申「今後の社会の動向に対応した生涯学習の振興方策について」において，「当面重点を置いて取り組むべき課題」の一つに，ボランティア活動を位置づけた。そこでは，ボランティア活動と生涯学習との関連について，

①ボランティア活動そのものが自己開発，自己実現につながる生涯学習になる，② ボランティア活動をおこなうために必要な知識・技能を習得するための学習として生涯学習がある，また，学習の成果を生かし，深める実践としてボランティア活動がある，③ 人々の生涯学習を支援するボランティア活動によって，生涯学習の振興が一層はかられる，の3点をあげている。

　このように，ボランティア活動は，活動のなかで，知識・技能の習得と活用をうながし，自己の成長に導く学習活動であるという側面をもつと考えられる。

　国立科学博物館は，1986年から教育ボランティア制度を導入しており，日本における博物館のボランティア活動の先導的存在と目されている。この教育ボランティア制度は，アメリカのボランティア活動をモデルにしながら，基礎的な「教育ボランティア志願者研修」とすでに活動している者の資質の向上，リフレッシュを目途とした「教育ボランティア研修」による独自の教育ボランティア研修をおこなうなど，ボランティア活動をおこなう人自身の学習活動を充実させる工夫をおこなっている。このような研修による学習機会が設定されていることとあわせ，日々のボランティア活動での実践が，教育ボランティアをおこなう人にとっての学習・相互学習につながっている様子について，「活動しながら，見学者の質問から学習したり，教育ボランティア同士で展示の指導助言の方法などを学習し合ったりしている。また，教育ボランティア同士が，活動に参考となる新聞・雑誌や本などについて意見交換したりして，互いに刺激をし合いながら，それを活動に活かしている」[11]と紹介されている。

　さらに，ボランティア活動は，それ自体が学習の場であるとともに，個々人の学習成果を生かしつつ社会に参加しながら，継続して学習を深めていく集団活動であるととらえることもできる。1999年の生涯学習審議会答申「学習の成果を幅広く生かす ── 生涯学習の成果を生かすための方策について ── 」では，ボランティア活動をするには，活動に関連する知識技能の習得のための学習が必要であることや，活動に参加することで，さらに学習が発展していくという側面をとらえて，ボランティア活動は，ボランティアが学習成果を生かし，体験的にその学習成果を深める実践の場であるとしている。そして，ボランテ

ィアを志向する社会というのは，共同体社会への共感を基に，個々人が自主的に社会の営みに参加し，他者に貢献することに価値を置いた社会であるとして，ボランティア活動が，より専門的に問題解決に向かい，継続する活動であるためには，NPOによる公益的な活動へと進展することが求められるとしている。他者や社会に貢献する活動を通して，学習の継続や深まりがあることが，ボランティア活動が，生涯学習であるとされる所以である。

3 グローバル社会における集団活動

(1) 今日求められるグローバルな連帯

　国際化がすすむ現代の社会では，国境を越えた集団活動が活発におこなわれるようになってきている。日本も，発展途上国を対象に多額の資金によるODA支援を続けているなど，そのような活動を積極的にすすめているが，なかでも教育は，基礎教育に対する支援などをはじめ，活動の重要な領域の一つとみなされている。

　国境を越えた集団活動において，文化や教育の側面がますます重要視されるようになってきている要因の一つは，「グローバル化 (globalization)」について，教育や文化的活動の果たす役割の重要性が主張されるようになってきていることにある。

　グローバル化の議論では，これまでは，主に経済や情報といった領域への注目がなされていたが，近年，経済・技術・文化・情報・ガバナンス（統治）などの領域で国別の枠を越えた，地球規模の集団に依拠して規範や枠組みを考える必要があるとするグローバルガバナンスなどの考えが注目を集めている。

　グローバルガバナンスの考えは，理念としては，世界人権宣言で示された人権思想を基盤として，方策としては，国連憲章で示された，「諸国間の平和的且つ友好的関係」を基にしたグローバルな連帯による共同および個別の行動をとることで社会的権利を実現することをめざしている。そして，グローバルな連帯は，国や地域を問わず，人々の選択の幅を広げていくことで生活を豊かに

し，さまざまな価値観を共有することで，世界の人々が共に「人間開発（human development）」に取り組むことを可能にするとされる[12]。「人間開発」の概念は，社会の豊かさを，物質的・経済的豊かさだけで考えるのでなく，「教育を受け文化的活動に参加できること」や，「自由に政治的・文化的活動ができて自由に意見が言えること」，「社会の一員として認められ，自尊心を持てること」などこれまで数値化されなかった文化・教育の領域などを加えて把握するものであり，文化や教育の重要性に着目しようとするものである[13]。このような立場にたって活動の推進をはかっている機関に，UNDP（国連開発計画）や，「すべての人（万人）のための教育」[14]を推進しようとするUNICEF（国連児童基金）・UNESCO（国連教育科学文化機関）をあげることができるが，これらの機関では，地域で活動をすすめるには，実際に地域の人々と協働するNGOの活動が欠かせないとしている。

(2) 国境を越えた集団としてのNGOの活動

UNDPは，1999年の報告書[15]において，今日では，NGOは，多くの国の開発活動に多大な貢献をなしているとしている。専門知識を用いて，現場で活動に従事する人たちがインフラをより良く利用できるための支援をおこなうというNGOの役割を評価しているのである。

近年の国際政治では，NGOを中心としたネットワークが，国境を越えた連携を通じて「トランスナショナル・シビルソサエティ（TCS）」を形成し，軍縮・人権・環境・開発・エイズなどの地球規模の問題において，グローバルな規範形成に参画するなどしており，国際社会の新たな主体として重要な位置を占めつつあるとされている。TCSの特徴として，次の2点をあげることができる[16]。

① 国家や市場経済とは区別されるグローバルな集団において，人々の民主的な連帯を基盤として，活動な議論がなされる場を形成し，民主的な文化形成を可能にする。

② 人権や連帯，社会への民主的参加を原則とする民主的な制度を社会に形成する道筋をつくる。

このように，民主的な社会の形成に寄与するとみなされているNGOであるが，現実には，日本のNGOを含め，これまでの発展途上国支援は，必ずしも成功しているものばかりではない。また，計画段階では予想もできなかったことが，現地で活動をすすめることではじめてみえてくるといったことも少なくない。しかし，NGOでの活動を通じた経験や知識は，活動を通じて参加者が得た学びとして，集団の貴重な資源となっており，このような学びが，さまざまな人々や団体の間で共有されることにより，さらに問題解決を導くための新たな学びの場面が形成されているといえる。NGOなどの国境を越えた集団活動を通じて，グローバルな学習ネットワークが構築されていっていると考えることができる。

　近年，国際機関などがNGOと協働する傾向は，ますます強まっているが，NGOなどの国境を越えた集団活動は，人々が国際的に連携することを通じて，経済や情報の領域において重要な役割を果たしているばかりでなく，人権についてなどの新たな価値観の共有化をグローバル社会にもたらしているとみなすことができる。

　身近な課題から，グローバルな問題まで，さまざまな領域において集団活動がみられるのが，現代社会の特徴の一つである。このような集団活動を通じて，人々は，学習をおこなっている。集団活動は，自らの学習をすすめるとともに，学習の成果を活かす場でもある。それだけでなく，活動を通じて，学習をさらに深め発展させていくことを可能にする生涯学習の場でもある。

　今日の社会は，他者と連携することがむしろ困難な状況にあるといえるかもしれない。しかし，ボランティア活動やNPO・NGO活動などにみられる学習を基盤とした集団活動は，異なる文化や立場の人々の間であっても，異なる価値を認めたり，価値の共有化を可能にし，学習のネットワークの量的拡大と質的深化をもたらしうるものとなっている。集団は，これからの社会教育においても重要な役割を演ずるものとなっていくことと思われる。

【西井　麻美】

【注】

1) 碓井正久編『社会教育〈戦後日本の教育改革　第十巻〉』東京大学出版会，1971，p. 10. なお，碓井は，戦前の日本の民衆教育（社会教育）の特質を，官府的民衆教化性，非施設・団体中心性，農村地域性，青年中心性，とまとめている。碓井正久「社会教育の概念」長田新編『社会教育』（教育学テキスト講座第14巻）お茶の水書房，1961, p. 30-31.
2) 大蔵隆雄「通俗教育期──国民教育と社会教育」国立教育研究所編『日本近代教育百年史　第七巻　社会教育1』国立教育研究所，1974, p. 395.
3) 倉内史郎「社会教育期」国立教育研究所編 *op.cit.*, p. 1121.
4) 田中治彦『ボーイスカウト』中央公論社，1995, p. 162-167.
5) Reid, Kenneth E., *From Character Building to Social Treatment*, Greenwood Press, 1981. 大利一雄訳『グループワークの歴史』勁草書房，1992, p. 145-147.
6)「社会教育法等の一部を改正する法律および同法施行令等の一部を改正する政令等の施行について」（各都道府県教育委員会あて社会教育局長通達）1959年4月30日，「社会教育関係団体に対する助成について」（各都道府県教育委員会あて社会教育局長通知）1959年12月14日。
7) 鈴木眞理「生涯学習を支える団体活動」元木健・小川剛編『生涯学習と社会教育の刷新』（生涯学習実践講座⑤）亜紀書房，1991, p. 109-122.
8) NGOは，政府の立場ではない活動であるということを強調しており，「非政府機構」「非政府（民間）団体」とも称される。
9) 内閣府国民生活局編『NPO活動の発展のための多様な評価システムの形成に向けてNPOの評価手法に関する調査報告書』財務省印刷局，2003, p. 9-10.
10) このことについては，鈴木眞理「生涯学習における変革と安定をめぐる問題」鈴木眞理・梨本雄太郎編『生涯学習の原理的諸問題』（シリーズ生涯学習社会における社会教育第7巻）学文社，2003, p. 169-182も参照。
11) 国立科学博物館『国立科学博物館教育ボランティア活動10年のあゆみ』1996, p. 50.
12) 国連開発計画（UNDP）編『人間開発報告書1999　グローバリゼーションと人間開発』国際協力出版会，1999.
13) 国連開発計画（UNDP）編『人間開発ってなに？──ほんとうの豊かさをめざして』2003, p. 5.
14) 1990年にタイのJomtienで開催された世界会議において提唱された。人権の観点から，基礎教育の推進を目指している。人々の基本的学習ニーズをみたす基礎教育は，生涯学習と人間開発が基盤とされ，貧困に起因する問題などの解決においても重要な役割を果たすとされている。
15) 国連開発計画（UNDP）編『人間開発報告書1999　グローバリゼーションと人間開発』*op.cit.*, p. 126.
16) 目加田説子『国境を越える市民ネットワーク　トランスナショナル・シビルソサエティ』東洋経済新報社，2003, p. 2.

キーワード

集団　ボランティア　青年団体　婦人団体　社会教育関係団体　NPO　NGO　ノーサポート・ノーコントロール　サポート・バット・ノーコントロール　グローバル化

【参考文献】

金子郁容『ボランティア――もうひとつの情報社会』（岩波新書）岩波書店，1992
鳥越晧之編『環境ボランティア・NPO の社会学　シリーズ環境社会学』新曜社，2000
ラヴェル, C. H., 久木田由貴子・久木田純訳『マネジメント・開発・NGO ――「学習する組織」BRAC の貧困撲滅戦略』新評論，2001
鈴木眞理『ボランティア活動と集団――生涯学習・社会教育論的探求』学文社，2004

第5章　社会教育における連携

1　生涯学習社会の創造と連携

(1) 社会教育に求められるもの

　現代では，学習はあらゆる人々の生活に不可欠なものと認識されている。「生涯学習社会」の創造もまた，そのような認識のなかで重要な社会的課題とされてきた。「人々が生涯のいつでも自由に学習機会を選択して学ぶことができ，その成果が社会において適切に評価されるような生涯学習社会」(1992年生涯学習審議会答申) は，社会教育を推進しようとする組織，とりわけ，社会教育行政の大きな目標となっている。

　しかし，その実現は簡単ではない。生涯学習支援の本質を要素化して整理すると，〈障害の有無・民族の違い・所得の格差・老若男女にかかわらず，あらゆる人々が学習者になりえること〉，〈人々が，多元的かつ多様な課題を意識化し，望む学習活動を選択するだけの力量を備えること〉，〈潜在的ニーズをも含む多様な学習ニーズに対応する学習機会が，人々の利用可能なものとして，社会のなかに十全に配されること〉などが考えられる。また，人々の自由に選択した学習が社会で適切に評価されるには，〈価値の多元化を保障する評価システムの構築〉も必要であろう。これらが，いずれも現代社会において不十分であることはいうまでもない。依然，生涯学習社会は現実との落差の大きい理想といえる。

　第二次世界大戦後，社会教育行政は，社会教育法第3条 (国及び地方公共団体の任務) に謳われた「環境醸成」をめざし，「社会教育の奨励に必要な施設の設置及び運営，集会の開催，資料の作製，頒布」をおこなってきた。公民館・博

物館・図書館が設置・運営され，社会教育関係団体の育成に資する支援もおこなわれてきた。それらは，たしかに生涯学習社会の基礎づくりという意味で，一定の貢献をしてきたということができる。

しかし，果たしてこのような方法・枠組みで，生涯学習支援の本質を実現しえるのだろうか。たとえば，〈障害の有無・民族の違い・所得の格差・老若男女にかかわらず，あらゆる人々が学習者になりえること〉を実現することさえ，社会教育行政の単独の力では無理であろう。福祉・市民部局あるいは民間の社会教育推進組織や権利擁護団体等の協力があって，はじめてマイノリティの学習支援は充実したものとなる。また，〈潜在的なニーズをも含む多様な学習ニーズに対応した学習機会〉が，従来の社会教育施設の守備範囲を大きく超えたものであることは指摘するまでもない。生涯学習社会を実現するには，どのような体制が必要となるのであろうか。

〈連携〉は，こうした問題意識に応えようとする実践的方策におけるキーワードのひとつである。連携には，社会教育の新しい方法・枠組みとして，あるいは，生涯学習社会を実現する仕組みとして，今日，大きな期待が寄せられている。

(2) ラングランからの継承課題

さかのぼると，1965年に提起されたラングラン（Lengrand, P.）の「生涯教育（Lifelong Integrated Education）」の理念も，連携の重要性を指摘するものであった。ラングランは，ユネスコという国際舞台を利用して，急激な社会変動への適応，成熟社会における人間らしさの実現をめざして，「一生という時系列に沿った垂直的次元」と「個人および社会の生活全体にわたる水平的次元」における「統合（integration）」の必要性を説いた。すなわち，子どもからおとなまで必要な教育を受けるためには，社会に存するあらゆる教育がシステムとして統合されることが必要であるとした。統合は，機能を高めるために，二つ以上のものを合わせて一つのまとまりあるものにすることを指示する用語である。それゆえ，複数の教育主体の解体・結合が意図されているかにみえるが，ラングランの生涯教育論を日本に紹介した波多野完治によれば，統合は，社会に存

するあらゆる教育が個人を中心に連関するという意味に解される。ラングランは，生涯教育という理念の提示を通じて，多様な学習支援主体が連携することの必要性を説いたといえる。[1]

　日本では，その後，とりわけ，1970年代以後，政策決定に強い影響力をもつ社会教育審議会，中央教育審議会，あるいは臨時教育審議会や生涯学習審議会等の諸答申を通じて，独特な生涯学習支援システムが構築されてきた。当初は，財界からの影響が強く，必ずしも公教育に整合的ではないということや，個人に学習成果を還元する発想が強いという問題も指摘された。今もなお，生きがいや自己実現を強調する心理主義的傾向は残っている。

　しかし，統合を推進するものとしての連携が重視されてきたという点においては，ラングランの理念を正統に受け継いできたともいえる。連携のありようを見極め，いかにその理念を発展的に受け継ぐかが，今日の課題である。

2　生涯学習社会における連携の構図

(1)「ネットワーク型行政」と拡張する連携の枠組み

　今日の連携がどのように構想されているのかは，1998年の生涯学習審議会答申「社会の変化に対応した今後の社会教育行政の在り方について」にまとめられている。社会教育法改正を含む抜本的な提言が盛り込まれたため，総体としては賛否両論の評価を得たが，近未来の連携の構図を描くものとなっている。

　「生涯学習社会においては，各部局の展開する事業や民間の活動が個別に実施されると同時に，こうした活動等がネットワークを通して，相互に連携しあうことが重要である。これからは，広範な領域で行われる学習活動に対して，様々な立場から総合的に支援していく仕組み（ネットワーク型行政）を構築していく必要がある。」

　同答申は，「地域住民の多様化・高度化するニーズへの対応」「地域社会及び家庭の変化への対応」「生涯学習社会の構築に向けた社会教育行政」「地方分権・規制緩和の推進」「民間の諸活動の活発化への対応」という課題意識のも

と，住民参加を基本に地域の特性を生かしたネットワーク型行政の構築を提案した。ネットワークは，一般に，階層型組織ではなく，網目状の組織のことをさすが，種々の含意があり，ネットワーク型行政の本質は必ずしも明瞭ではない。しかし，同答申は，行政に対して大きく二つの変革を求めている。

　ひとつは，行政内で散在する多様な教育的活動を効果的に提供するために，人材の育成に責任をもつ教育委員会と地域の活性化に広範な責務を負う首長部局等他部局の連携をすすめること，つまり，行政内の連携である。社会教育行政は「生涯学習振興行政の中核」に位置付けられ，たとえば，教育委員会と他部局の合同の生涯学習推進会議を企画運営することや行政内の多様な学習情報を一元的に管理する等の具体的活動を通じて，「積極的に連携・ネットワーク化に努めていかなければならない」とされた。また，従来，連携の乏しかった都道府県・市町村間の「広域的連携」の重要性も併せて指摘され，行政内連携を妨げる種々の規制を緩和しようとする姿勢が打ち出された。

　そして，もうひとつは，行政以外のセクター（社会的領域）との「パートナーシップ」の形成である。高等教育を利用したリカレント施策（大学の科目等履修制度・夜間大学院などの活用）やカルチャーセンターなどの民間教育事業者および市民団体・NPO法人との共同事業が推奨され，行政セクターと大学や民間・市民のセクターとの連携促進が，今後の社会教育行政の追究すべき課題として提示された。

　従来は，教育委員会の内部での連携，とりわけ，学校教育所管部局との連携を中心に社会教育行政の役割は問われてきた。しかし，今日では，新たな行政責任として，社会のあらゆる集合（セクターまたはネットワーク）との連携（一般行政と教育行政，行政と民間教育文化産業，行政と市民・NPO団体，行政と高等教育機関）が求められているということである。

(2) メタ・ネットワーク構想としての理解

　ネットワーク型行政という考え方は，同時に，行政以外のセクターによる相互の連携を重視するものでもある。「様々な立場から総合的に支援していく仕組み」を構築することは，行政を中心とする一極集中のヒエラルキーを形成す

るという意味ではない。複数の学習支援ネットワークが重層的に連携し，それらと行政がさらに連携することを通じて，総合的な学習支援がすすめられるということである。

現代日本における学校と学校外に散在する学習場面の多様さ（正規の学校教育の課程，公開・開放講座，大学のエクステンション活動，公民館，図書館，博物館，女性センター，障害者福祉センター，高齢者教育機関，スクールビジネス，通信教育，企業内教育，公共職業訓練，専修学校，サークル，ボランティア・地域団体，地縁団体，社会教育関係団体，マスメディアなど）をふまえると，そうした理解はいわば当然であろう。フォーマル・エデュケーション（学校の正規教育のような高度に定型化・制度化された教育）だけではなく，ノンフォーマル・エデュケーション（学校外の組織的な教育）やインフォーマル・エデュケーション（家庭教育や企業のOJTなどの定型化されていない教育）[2]が，それぞれ自立・自律的に展開され，同時に，自由な連携によって新たな教育・学習が創出されることが，人々の学習環境を豊かにするといってよい。ネットワーク型行政というアイディアは，多様な学習支援組織の連携を土台として，あるいはその促進を目的に構想されたものと理解されなくてはならない。いわば，ネットワークとネットワークをつなぐという意味で，メタ・ネットワーク構想と呼べる背景をもっている。

そのように考えると，「生涯学習振興行政の中核」に位置づく社会教育行政は，必ずしもメタ・ネットワーク構想の唯一の核ではない。学校，一般行政，民間教育事業者，市民団体等の他セクターの自立性を尊重しつつ，協力関係を築くことが求められる。同答申において強調される他セクターとの「パートナーシップ」は，メタ・ネットワーク構想としてのネットワーク型行政理解に立つと，きわめて重要な姿勢といえる。

今日，連携は，社会教育行政を中核とする行政内のネットワーク化，行政セクターとそれ以外のセクターのネットワーク化，そして，行政以外のセクターによる相互のネットワーク化という広範な構図において企図されている。しかし，行政，とりわけ社会教育行政には，他セクターとの関係において，従来の姿

勢または体質を抜本的に変革することが求められているということができよう。

3 学社連携から学社融合の理念へ

(1) 戦後の連携忌避の姿勢

　教育界において連携の重要性が指摘されたのは，実は，近年のことではない。とりわけ，学校教育と学校外教育の連携の重要性は，理論としては早くから提示されていた。たとえば，すでに20世紀初頭には，デューイ（Dewey, J.）によって，学校と社会の連携を基底とする進歩主義教育観がうち出されている。また，ラングランの生涯教育論が日本に紹介されてからは，学校教育と社会教育は「車の両輪」といわれてきた。

　しかし，第二次世界大戦以前の軍国主義体制下，政・財・宗教界と教育の癒着による弊害を経験した日本では，戦後，連携は注意を要するものとして，少なからず制限されることとなった。関連法制にみられる〈連携〉の制約を，やや意味を拡張して指摘すると，日本国憲法（1946年公布）第19条（思想及び良心の自由），23条（学問の自由）は，国および地方公共団体の教育内容への介入を禁止するものであり，教育基本法（1947年制定）第8・9・10条の付帯禁止条項によって，教育行政と政治・宗教・一般行政との関係に制約が加えられた。また，同法第6・7条は，学校教育と社会教育を構造的に弁別し，社会教育法（1949年制定）第23条は，さらに，営利活動・特定政党・特定宗教への支援・援助を禁止した。法制上，行政と民間，教育行政と一般行政の無制限な連携は禁止され，学校教育と社会教育も構造的に差異化されているのである。

　もちろん，これらの法律は，いずれも，国権による教育への過剰な介入や特定の社会勢力による支配あるいは操作を忌避することを目的とするもので，連携をまったく否定するものではない。実際の運用過程において，教育運動の左翼化あるいは中央集権のヒエラルキー構造のなかで，いわば「羹に懲りて膾を吹く」のごとき連携忌避の姿勢が形成されてきたのである。

(2) 学社連携という考え方

こうした姿勢の修正を企図し，教育界において連携が改めて注目されるようになったのは，1971年の社会教育審議会・中央教育審議会の両答申からであるといわれている。学校教育への過大な期待に対する反省に立って，家庭教育・学校教育・社会教育の有機的な統合の必要性，すなわち，学社連携への基本的な考え方が打ち出された。この時点では，家庭を含む学校外教育を子どもの発達環境として重視する姿勢が提示されたに過ぎなかったが，1981年の中央教育審議会答申および臨時教育審議会（1984～87年）の4次にわたる提言によって，それは，より具体的かつ発展的に引き継がれていく。

中央教育審議会答申「生涯教育について」は，すでに1970年代後半にみられた学校による社会教育施設の利用や学校体育施設開放事業の実態をふまえ，以下のように提言した。

「学校関係者は，社会教育の機能について理解を深め，社会教育の各種の施設や機会を子どもの発達段階や地域，学校の実情にそくしつつ，より積極的に活用すべきである。また，社会教育関係者も，学校に対して積極的に情報を提供すると共に，学校の側からこうした動きに対して進んで協力することが望まれる。」

答申は，学校教育の充実に重点をおきつつも，施設の相互利用と関係者の情報交換を，学社連携のかたちとして強調した。

また，1984年に内閣総理大臣（中曽根康弘）の諮問機関として設立された臨時教育審議会も，「生涯学習体系への移行」を前提として，「学校の施設開放」「学校教育活動への地域住民の参加」「地域施設の学習の場としての活用」等を提言し，さらに「民間活力の導入」を強調した。同審議会は，民間教育文化産業の伸張をふまえて拡張的に社会教育の概念をとらえたうえで，学校と社会教育が連携することの必要性を説いたといえる。

もちろん，当時の連携は，「学校教育と社会教育のいずれか一方が主体となって，他方がその活動に協力する」という考え方が主流で，余計な仕事としての双方の負担感が増し，かえって連携がスムーズにすすまなかったとも指摘さ

れた[4)]。たしかに，連携の本格化は，1990年代後半，「学社融合」論の登場を待たねばならない。しかし，このように，今日の生涯学習振興政策の基盤を築いたといわれている答申等に後押しされて，1980年代に，連携に向けての一歩が踏み出されたといえる。

(3) 学社融合──質の転換と構図の拡張

学社連携を超克する「学社融合」という考え方が打ち出されたのは，審議会レベルでは，1996年の生涯学習審議会答申「地域における生涯学習機会の充実方策について」においてである。同答申は，これまで「必要な連携・協力は必ずしも充分でなかった」との反省に立って，「それぞれの役割分担を前提とした上で，そこから一歩進んで，学習の場や活動など両者の要素を部分的に重ね合わせ……（略）……学社連携のもっとも進んだ形態」としての「学社融合」を提示した。国立青年の家，少年自然の家などの実践をふまえて，単に学校と社会教育施設の相互利用だけではなく，学校で活用しやすい学習プログラム・教材の共同開発など，両者が協力して教育実践を作り上げることを推奨した。

近年では，小中学校と公民館の協力による「通学合宿」と呼ばれる体験学習や，博物館の学芸員と教員の連携による環境教育，高齢者教育施設利用者と農業高校教員の連携による園芸実習など，同答申のいう「一歩進んで」をめざした実践が生まれている[5)]。「学校週5日制」や「総合的な学習の時間」の導入はそうした傾向に拍車をかけるものであり，2001年には「ボランティア活動など社会奉仕体験活動，自然体験活動その他の体験活動」を学校と社会教育行政の双方が協力して推進することを明記した学校教育法・社会教育法の改正もおこなわれた（学校教育法第18条の2，社会教育法第5条）。また，社会教育法第3条においては，社会教育・学校教育・家庭教育のあいだに密接な関連があり，それらの連携・相互関係への配慮が重要であることも明記された。学社融合の考え方にもとづき，徐々に基盤が整備され，連携の質が変わってきたといえる。

一方，連携の枠組みにも変化が生じている。山本恒夫は，学社融合には二つの枠組みがあると分析した。ひとつは，社会教育行政によって把握されている「地域で行われている社会教育」と学校教育との融合，もうひとつは，「社会の

中の教育・訓練・学習活動」と学校教育との融合である。山本は，前者の融合を現実的としながらも，いずれは後者，すなわち，社会教育行政の守備範囲を超えておこなわれている「スポーツ活動，文化活動，趣味，レクリエーション活動，ボランティア活動など」と学校教育が融合するかたちが進展すると予想した。教育の充実のためには，社会教育施設との一歩すすんだ連携だけではなく，他セクターのノンフォーマル・エデュケーションまたはインフォーマル・エデュケーションと学校教育との融合が必要であると考えたのである[6]。学社融合は，連携先の高い自立性を必ずしも必要としないだけに，より拡張的に構図を描ける自由度の高い考え方といえる。

　そうした発想と，今日のネットワーク型行政という考え方あるいはメタ・ネットワーク構想が，軌を一にすることはいうまでもない。社会教育行政や民間教育団体を軸とした多様なセクターの連携・融合の構図，すなわち，ノンフォーマル・エデュケーションとインフォーマル・エデュケーションの融合も，当然，期待されるものとなる。すでに，1970年代後半，イリイチ (Illich, I.) は，その著『脱学校の社会』(東洋・小澤周三訳，東京創元社，1977) において，近代学校の教育スタイルのオルターナティブとして「ラーニング・ウェブ論」を提起したが，その理念がようやく現実化しうるものとして意識されるようになってきたということである。

　〈学社〉ではなく〈融合〉に視点を定めることによって，社会教育を軸とするより広範かつ柔軟な連携の構図を描くことができるようになってきた。連携は，学校と社会教育施設の枠組みで始まったが，今日では，学校も，社会教育施設や社会教育関係団体との連携だけではなく，教育組織としては制度化のすすんでいない集団（たとえば，町内会，ボランティア団体，スポーツクラブ，趣味のサークルなど）とも連携をすすめ，融合としての教育を生みつつある。そして，社会教育（行政・関係団体）も，連携という姿勢で，学校以外のセクターとの関係を構築しはじめている。学社連携から始まった連携志向の動きは，ようやく全方向的な連携・ネットワーク化の動きへと展開し始めたといえるだろう。

4　民間・市民のネットワークと連携

(1) 民間教育文化産業と社会教育

　連携推進の動きのなかで，民間教育文化産業，とりわけ営利目的を否定しない民間教育事業者と社会教育行政の連携は，鈴木眞理が「社会教育行政は，その成立の当初，カルチャーセンターの成立・存在を予測していなかった」と指摘するように，蓄積のない連携構図のひとつといえる。文部科学省『平成14年度社会教育調査報告書』によると，教育委員会，公民館，社会体育施設が，2001年度，カルチャーセンター，アスレチッククラブ，語学学校などの民間教育文化産業に，学級・講座あるいは研修事業や相談事業を委託した件数は，それぞれ，1万8000件，6500件，5600件で，総事業数に占める割合は，9.1％，1.3％，3.4％に過ぎない。すでに指摘したように，社会教育法第23条第1項の公民館の禁止行為，「もっぱら営利を目的として事業を行い，特定の営利事業に公民館の名称を利用させその他営利事業を援助すること」の禁止の規定によって，戦後，社会教育行政は，民間教育文化産業との連携を忌避する傾向にあった。それゆえ，委託というかたちの連携が，依然として低調なことは首肯しうるところであろう。

　しかし，1990年の生涯学習振興法（「生涯学習の振興のための施策の推進体制等の整備に関する法律」）成立後，連携への規制は徐々に緩和され，民間教育事業を受け入れる素地がつくられてきたともいえる。1991年，文部省生涯学習局生涯学習振興課に民間教育事業室が設置され，1994年に同課課長補佐から，営利事業も社会教育の一部との意見表明がされた。そして，1995年には，同局局長から，社会教育法第2条の「社会教育」に民間の営利社会教育事業者が行う組織的な活動が含まれることを認める通知が，都道府県教育委員会教育長に出された。民間の教育事業が質量ともに拡大し，人々の学習環境に不可欠なものとなるにつれて，社会教育の概念を，そうした営利事業を含めて再構築しようとする動きが生まれてきたのである。

　そうした国レベルでの動きと同期をとって，地方公共団体でも変化が起きて

いる。1990年代に入ると，カルチャーセンターなどの民間教育事業者の参加を得て，生涯学習推進連絡協議会や市民講師登録バンク運営委員会を組織化する動きが，主として都道府県・政令指定都市レベルでみられるようになる。あるいは，民間教育文化産業の学習情報を組み込んで県の生涯学習情報誌を作成するという事例や社会教育行政中心の生涯学習フェアにおいて民間教育文化産業の「一日体験会」を開催するという県もあらわれている。地方公共団体においても，行政と民間教育文化産業の距離は徐々に縮まってきたということができる。

　もちろん，なおも，教育行政の公共性・公平性の原理と民間教育文化産業の基盤にある市場原理との不整合は，深刻な課題として残る。特定の民間教育事業者と連携することが他の事業者に不公平感を与える危険性，流動的・表面的学習ニーズに対応した学習活動が増加する危険性，あるいは学級・講座・部屋利用の有料化・高額化の危険性などは注意を要する事柄である。しかし，生涯学習社会を創造しようとする立場においては，より積極的に，以下のような問いの立て方をすることが求められるであろう。

　すなわち，〈行政セクターを中心に提供される学習機会だけではなく，市場として拡張する民間教育文化産業の学習機会をも，あらゆる人々が利用・活用して当たり前であり，その実現を阻んでいるものは何か，どのような支援システムが必要とされるのか〉というものである。たとえば，民間の教育・学習市場の周辺に置かれがちな人々（日本語能力の低い人，障害のある人，経済的に劣位にある人など）が，そうした機会を主体的に利用し，より多角的な評価のなかで学習をするようになるにはどうしたらいいのであろうか。そのような問いを立ててこそ，1960年代のアメリカ黒人公民権運動に端を発する行政による積極的優遇措置（affirmative action），あるいは，行政と民間教育文化産業の連携による学習支援情報の統合的管理，社会教育行政と社会福祉領域の連携，学習者参加による評価システムの構築などの必要性が理解されることとなる。

　民間教育文化産業と社会教育行政の連携は，ようやく始まったばかりである。それゆえ，両者は，原理的課題の調整という政治的次元と，互いの実践が活性

化され，融合としての新しい実践が生まれる方策開発という実践的次元において，いまだ協議すべき段階にある。しかし，こうした協議・連携の姿勢こそが，行政と民間教育文化産業のそれぞれのアイデンティティを問うこととなり，各領域の学習をより活性化することになる。また，これまで互いに異質であっただけに，より斬新な教育・学習の領域を創造する可能性もある。デュアルにすすんできた互いの事業計画策定のあらゆる過程において，慎重に連携をすすめることが，新たな生涯学習支援を創造することになると考えねばならない。

(2) 市民のネットワークと社会教育

　生涯学習を支援するメタ・ネットワーク構想のなかで，とくに注目されているのが，市民のネットワーク，とりわけ，1995年の阪神淡路大震災以後，急速に活発化しているNPO（non-profit organization: 非営利組織）の存在である。行政セクター，営利セクターと鼎の形式をとる市民セクター（非営利セクター，ボランタリーセクター，インディペンデントセクターなどとも呼ばれる）の中核として，その成長が期待され，1998年には，そうした団体に法人格を与える特定非営利活動促進法（NPO法）が制定された。2003年には，全国で1万3000強のNPO法人が，福祉・医療・保健・まちづくり・地球環境保護・子育て支援・国際支援などの多種多様な分野で活躍している。

　もちろん，本来，NPOとは，営利を直接の目的とせず，公共性を有すると社会的に認知されているところの機関・団体を広く包含する概念である。サラモン（Salamon, L. M.）は，「(i) 組織の形態をとっており，(ii) 政府組織の一部を構成せず，(iii) 組織の理事に利潤を分配せず，(iv) 自律的に運営されており，(v) 公共目的のために活動している」という5原則を有する団体を，NPOと定義する。[8] その考えに従えば，一部の学校や病院もNPOであり，NPO法人だけではなく財団法人や社会福祉法人などの公益法人，さらには，法人格のないボランティア団体，市民団体，職能団体あるいは地縁団体も一定の自立・自律性があれば，NPOなのである。それゆえ，人々の学習支援の母体という観点では，こうした広い意味でのNPOに注目することが必要となる。

　これらのなかには，スタッフ・ボランティアのリクルートや養成あるいは一

般への活動理解促進のために，自ら教育事業を企画運営しているものもある。また，その活動は，いわゆるレイヴ（Lave, J.）やウェンガー（Wenger, E.）の主張する「状況に埋め込まれた学習」（佐伯胖訳『状況に埋め込まれた学習』産業図書，1993）の宝庫であり，インフォーマル・エデュケーションや偶発的な学習（incidental learning）の母体にほかならない。さらに，NPO同士の情報・物資・人材などの相互交換を基調とするネットワーキングと呼ばれる社会行動も，重要な学習機会とされている。規模が大きく安定したインターミディアリ（intermediary）と呼ばれる中間支援組織に至っては，NPOや活動団体を育成するインキュベート（孵化）機能ももっており，社会教育行政の主務のひとつである社会教育・生涯学習を推進する団体・組織の育成という役割を担っているとさえいえる。社会教育の領域では，従来，社会教育法第10条によって規定される社会教育関係団体が，行政にとって支援すべき民間・市民活動と意識されてきたが，今日では，上記のような広範かつ多様なNPOを，学習の場または学習支援の組織と認知すべき状況にある。

　しかし，そうした認知は，NPOを新たな社会教育関係団体に加えるという意味ではない。1980年代中葉，「市民文化活動」の自主性・自立性を強調して，社会教育行政の終焉を告げた松下圭一の批判を，改めて傾聴する必要があろう。松下は，1971年の社会教育審議会答申と1984年の社会教育推進全国協議会『社会教育ハンドブック（改訂版）』の双方に対し，「社会教育行政理論は，保・革を問わず，それに職員の意識も含めて，行政つまり〈官〉の立場にあり，市民から出発していないのではないか」[9]と指摘した。社会教育行政の機能のほとんどを市民に委ねることを強調した松下に，連携という発想は見受けられないが，行政ネットワークの傘下に市民セクターを参加させるまたは巻き込むという官治的発想をきびしく批判したということができる。

　今日では，一定の関係を築くことを前提に，こうしたNPOが社会教育推進の中心となる可能性を認め，NPOへの社会教育行政の権限の一部委譲を是認する言説も生まれている。黒澤惟昭は，ボランティアを中心とする市民社会に期待するなかで，「NPOを中核として行政と営利企業のパートナーシップの成

立の可能性が大きい」と指摘し，NPOを媒介とする社会教育のネットワーク化の可能性に注目する。末本誠も，「従来の公民館などでの無料原則を廃止することを求めているのではない」としつつ，「従来の国家関与型の条件整備論」を批判して，NPO・市場原理と触れつつ新しい社会教育組織原理を創出すべきであると説く。従来の社会教育行政を中心とする考え方は，NPOの台頭によって徐々に崩れ，行政とNPOがどのような関係性を構築するかに争点は移りつつあるといえる。[10]

また，2003年には，地方自治法も「普通公共団体は，公の施設の設置目的を効果的に達成するため必要があると認めるときは，条例の定めるところにより，法人その他の団体であって当該普通地方公共団体が指定するもの（以下本条および第244条の4において「指定管理者」という。）に，当該公の施設の管理を行わせることができる」（第244条の3）と改正された。生涯学習センターや公民館などの社会教育施設が行政外のセクターによって管理運営される可能性を拓く「指定管理者」制度が打ち出されたのである。実施にあたって種々の問題が予想されるが，NPOが公民館を運営する時代は，すぐそこまで来ているともいえる。

つまり，NPOを中心とする市民のネットワークを第二の社会教育推進機関と認知し，社会教育行政あるいは民間教育文化産業との連携を構想することが求められるということである。NPO，従来の社会教育関係団体，民間教育文化産業あるいは営利団体の有する学習機会を，学習者の利用しえるものとして統合するのは，社会教育行政ではなく，NPOを中心とする新しい社会教育推進ネットワークであるかもしれない。いずれにせよ，NPOの存在抜きには，生涯学習支援のありようを語れない時代を迎えつつある。

5 問われる連携・ネットワークの質

生涯学習社会の創造に資する連携は，このように，行政，民間・市民，さらにここでは触れることのできなかった高等教育を要素とする広範な構図のもと

に，徐々に具体化されつつある。しかし，問題は，学習支援の内実を決定するところの連携のありよう，すなわち，形成されるネットワークの質である。

理念的には，特定の価値・情報の普及を目的合理的に追求するネットワーク，いわば，〈目的合理的ネットワーク〉もあれば，構成要素（参加者や組織）の間のコミュニケーションの豊かさを重視し，思考のゆらぎや創造性に価値をおく〈プロセス合理的ネットワーク〉も想定しえる。前者であれば，支援によって生まれる学習の成果が評価の指標とされる。それゆえ，連携の相手・内容・形式が目的によって合理的に選択されることで，構成要素間の関係はヒエラルキー組織に準じたものとなる可能性が高く，教育システムの強化という意味合いが強まることとなる。他方，後者であれば，参加者間のコミュニケーションを通じて関係の流動化がおこり，組織の「中心と周辺」構造の形成・再生を抑制する作用が働くこととなる。その結果，価値・情報を伝達する機能は低下するかもしれないが，かえって学習目的・課題・方法の決定過程における柔軟性・多様性は増すこととなろう。形成されるネットワークの質によって，学習支援の様態と機能が大きく異なってくることはまちがいない。

それゆえ，つねに，ネットワークの質がいかなるものか，生涯学習支援の本質という観点から問われなくてはならない。〈目的合理的ネットワーク〉か，〈プロセス合理的ネットリーク〉か，あるいは，さらにそのオルターナティブがありえるのか，連携が具体化される過程で求められるのは，まさにこうしたネットワークの質の見極めであろう。

近年，連携を推進する文脈において，「協働（collaboration）」という考え方が喧伝されている。それは，1950年代「共同学習」運動にみられたような，目的や立場を共有する成員の同質化を基調とする「共同」や，農業協同組合に象徴されるような，目的を共有するものどうしの当事者ネットワークとしての「協同」という意味ではない。「協働」は，異質な集団どうしが，それぞれの利害をふまえ役割を分担しつつ，大きな目的を共有して協調的に事業展開をおこなうというものである。とくに行政とNPOの連携においては，双方の関係が一定の質で固定化されるのを避けるために，事前にしっかりと契約を結ぶこと

や事業展開の期間を限定することなどが重要であるともいわれている。

　しかし，実際には，NPOの脆弱な経済基盤という現実と行政改革の動向のなかで，アウトソーシング（out sourcing）と呼ばれる外部委託が安易におこなわれ，NPOの下請け化が進行しているとの危惧もある。これにより，NPOが行政ヒエラルキーの底部に位置し管理の対象になるというだけではなく，行政を中心に築き上げてきた諸活動そのものが弱体化し，結果として，豊かな生活・社会環境の崩壊を招くということも考えられる。また，網目状に広がる〈リゾーム型（根茎型）〉[11]を標榜してきたNPOのネットワークですら，補助・委託の名の下に下部組織を間接的に支配し，新たなヒエラルキー組織を形成するものも生まれている。楽観的に，ヒエラルキー組織からネットワーク型の組織への移行を現代日本の特徴ととらえる向きもあるが[12]，果たして，事はそのように理想的にすすんでいるといえるだろうか。連携によって逆行または退行する危険性，すなわち，より巨大なヒエラルキー組織が出現する危険性も，一方で，冷静に見て取る必要があるだろう。

　連携は両義的である。1970年代初頭，持田栄一が看破したように，生涯学習支援システムは，「情報化・管理社会の支配—秩序のカナメ」に堕するかもしれない[13]。あるいは，安易な連携が社会教育行政を中心とする学習支援活動を弱体化させてゆくということも考えられる。それらをふまえて，あるいは，それらに対して何らかの対応を検討しながら，連携はすすめられなくてはならない。

　そうした意味では，学習すること自体に意味があるとされた古いタイプの学習社会ではなく，学習者自身が学習支援のあり方や自己の学習活動を管理・評価しえる新しい学習社会を実現する必要性が高まっているともいえる。あらゆる学習支援の過程に学習者自身がコミット（参加・関与）することを前提とするなかでこそ，生涯学習支援の本質に資するネットワークの質が，学習者自身あるいはネットワークの参加者によって，より批判的に見極められることとなる。今後は，障害の有無・民族の違い・所得の格差・老若男女にかかわらず，あらゆる人々が学習支援活動にコミットすることを目的とする支援実践の重要

性が，ますます高まることとなろう。

　連携・ネットワークがどのような質のものとして具体化するかは，いまだ定かではない。しかし，少なくとも生涯学習社会の創造をめざす文脈においては，〈連携促進〉と〈学習者のコミット支援〉が新たな「車の両輪」と認識されなくてはならない。

【松岡　廣路】

【注】
1）ラングランの生涯教育論については，波多野完治『生涯教育論』小学館，1972参照。「統合」概念は，第3回成人推進国際委員会のユネスコ事務局長への勧告（1966）参照。松岡廣路「生涯学習論の生成と展開」鈴木眞理・松岡廣路編『生涯学習と社会教育』（シリーズ生涯学習社会における社会教育第1巻）学文社，2003に訳出されている。
2）こうした分類は，いまだ明瞭な概念規定をともなっていないものの，クームスの提起以後，教育概念を，学校教育や教師による意図的教育の枠から解放する目的で多用されつつある。Coombs, P.H., *The World Education Crisis*, Oxford University Press, 1968, 池田・森口・石附訳『現代教育への挑戦』日本生産性本部，1969参照。
3）1974年の社会教育審議会答申「市町村における社会教育指導者の充実強化のための施策について」を契機とする派遣社会教育主事制度（1974〜1998）は，結果として学社連携に重要な役割を果たしたといえる。
4）渋谷英章「学校教育と学社融合」日本生涯教育学会編『学社融合の生涯学習』（日本生涯教育学会年報第17号）1996，p. 17-30および清水英男「地域における生涯学習推進と学社融合」*op.cit.*, p. 43-61参照。
5）鈴木眞理・佐々木英和編『学校と社会教育』（シリーズ生涯学習社会における社会教育第2巻）学文社，2003に，新しい動向が紹介されている。
6）山本恒夫の連携・融合構想は，山本恒夫『21世紀生涯学習への招待』協同出版，2001参照。
7）鈴木眞理「生涯学習支援に関する民間営利機関の役割」鈴木眞理・津田英二編『生涯学習の支援論』（シリーズ生涯学習社会における社会教育第5巻）学文社，2003, p. 54. 社会教育行政が民間営利団体を受け入れる過程も詳述されている。
8）Salamon, Lester M. *Holding the Center, America's Nonprofit Sector at a Crossroads*, 1997, 山内直人訳『NPO最前線』岩波書店，1999, p. 14.
9）松下圭一『社会教育の終焉』筑摩書房，1986, p. 187-188.
10）黒澤惟昭「社会教育とボランティア・ネットワーキング」日本社会教育学会編『ボランティア・ネットワーキング』（日本の社会教育第41集）東洋館出版社，1997, p. 12-30および末松誠「社会教育の組織原理としてのボランティア問題」日本社会教育学会編，*op.cit.*, p. 91-100参照。

11) 今日のNPOを中心とする市民活動の起点といわれる「新しい社会運動」の組織的特徴のひとつ。「新しい社会運動」とは、1960年代後半より主に欧米で隆盛した市民運動の社会学的総称で、権力や産業社会への抗議を中心とする旧来の社会運動とは異なり、自らのアイデンティティや自己決定を重視しつつ、オルターナティブな政策・施策の提言を活動の中心とする。
12) 現代の社会組織の俯瞰を試みた朴容寛は、ネットワーク組織を、「道具的ネットワーク」「戦略的ネットワーク」「相互行為的ネットワーク」の三形態に分類し、近年は、「相互行為的ネットワーク」が、民間・市民組織・行政において徐々に再生されていると、やや楽観的に分析している。朴容寛『ネットワーク組織論』ミネルヴァ書房、2003, p.10-15.
13) 持田栄一「教育の『現代的位相』」持田栄一『持田栄一著作集第6巻』明治図書、1979, p.121.

キーワード

生涯学習社会　連携　ネットワーク型行政　メタ・ネットワーク
パートナーシップ　学社連携　学社融合　民間教育文化産業　NPO　協働

この章を深めるために

(1) 社会教育行政と民間教育文化産業の連携事例を探して、それがさらに発展するためには、何が必要かを具体的に考察しなさい。
(2) 学校・社会教育関係団体・NPOの連携による実践例を探して、それが何のための、どのような質の連携であるのかを考察しなさい。

【参考文献】

鈴木眞理・津田英二編『生涯学習の支援論』(シリーズ生涯学習社会における社会教育第5巻) 学文社、2003
金子郁容『ネットワーキングへの招待』中央公論社、1986
日本社会教育学会編『ボランティア・ネットワーキング』(日本の社会教育第41集) 東洋館出版社、1997

第6章　計画立案と調査

1　社会教育計画と社会教育調査

(1) 社会教育計画策定の前提

　行政が担う社会教育事業は，公的な事業であり，そこには税金が投入される。したがって，社会教育計画の策定にあたっては，その計画が公的な社会教育との整合性をもち，実施される各事業が全体として体系性や発展性を備え，事業の予算や人的資源は合理的かつ効率的に運用されることが必要である。

　社会教育計画は長期計画・中期計画・年度計画・個別事業計画などいくつかのレベルで作成される。社会教育計画が備えるべき性質——体系性や発展性，合理性，効率性など——は，基本的に，各レベルでの計画それぞれが備えている必要がある。

　それでは，社会教育計画がそのような性質を備えるために，計画策定の段階でどのような条件が必要であろうか。最も重要な点は，計画が十分な量と信頼に足る質を有する資料にもとづいて策定されることであろう。計画の基礎に十分な資料が準備されることによって，計画策定にあたっての恣意性を排除し，計画の意義や根拠を客観的に示すことができる。

　社会教育計画に用いられる資料を，表6-1に掲げた。資料は，その内容によって大きく三つに分けてとらえられる。まず，学習者の学習実態とニーズに関する資料である。生涯学習の概念では，学習者が自主的・自発的に学習活動を進めていくことを基本と考える。したがって，生涯学習社会の文脈のなかで社会教育計画を策定する場合には，まず何より学習者の学習実態と学習ニーズに重要な位置づけが与えられる必要がある。次に，教育の実態および動向に関す

表6-1 社会教育計画に用いられる資料

○ 学習者の学習実態と学習ニーズに関する資料
・学習内容の実態とニーズ
・学習方法の実態とニーズ
・学習場所・施設・設備の実態とニーズ
・学習レベル・接続・移行の実態とニーズ
・学習情報の実態とニーズ
・学習評価・成果活用の実態とニーズ　など

○ 教育の実態と動向に関する資料
・中長期計画など社会教育行政の方向性を示す資料
・年間事業計画など社会教育事業の資料
・社会教育の施設や設備，職員など教育資源の資料
・予算等社会教育財政に関する資料
・社会教育関連事業に関する資料
・学校教育および学社連携・融合の状況に関する資料
・民間教育事業所に関する資料
・広域事業や国の施策動向などに関する資料　など

○ 地域に関する資料
・地勢的・自然的特性に関する資料
・人口に関する資料
・産業・経済に関する資料
・首長部局における行政・財政に関する資料
・地域の文化や風土に関する資料
・住民の生活行動や生活意識に関する資料　など

る資料である。この場合，中心となる資料は社会教育に関する資料であるが，生涯学習支援システム整備の観点からは，学校教育の資料（学社連携・融合を含む）や民間教育事業所の資料も視野に入れる必要がある。最後に，地域に関する資料がある。計画策定の背景となる資料であり，生涯学習を取り巻くさまざまな社会状況が検討されるべきである。

(2) 社会教育資料と社会教育調査

　社会教育資料として利用可能な資料にはさまざまな種類がある。社会教育の位置づけや全国的動向などについては，関連の図書や雑誌が多く活用されるであろうし，計画に直接的に影響するのは，地域総合計画や教育基本計画といった基本計画であろう。また，地域住民の学習実態や学習ニーズに関する調査や

受講者の受講後の満足度調査の結果が参照されることもあろう。さらに，客観性には欠けていても，これまでの経験の蓄積をもつ，担当者間での討議や意見交換が示唆を与えることもあろう。このように，社会教育資料にはさまざまな内容があり，社会教育計画への反映の仕方も多様であるととらえることができる。

　それでは，社会教育資料のなかで，社会教育調査によって得られたデータは，どのような特質をもつのであろうか。社会教育調査は未収集の資料を収集するため，あるいは既存の資料についてより新しい資料や質の高い資料を得るために，組織的・科学的にデータを収集し分析することととらえられる。

　また，今日の社会教育計画は，生涯学習社会における社会教育計画という視点を明確にもって作成される必要がある。生涯教育・生涯学習論の提唱から約40年が経過するなかで，生涯学習の考え方は着実に私たちの生活に溶け込んできた。実際におこなわれている学習活動やそれに対する支援体制には課題を残すものの，私たちの社会はおおむね生涯学習社会に移行したといえよう。

　生涯学習社会における社会教育計画を考える際には，いくつかの視点を明確に意識する必要があると考えられる。

　第一は，学習者中心の視点である。1981（昭和56）年の中央教育審議会答申「生涯教育について」では，生涯学習について，人々が基本的に自発的意思にもとづいておこなうものであり，必要に応じ自己に適した手段方法を選んでおこなう学習活動ととらえている。生涯学習が私たちの生活にとって有益なものとなり生涯学習活動が活性化するためには，この自主性・自発性が十分に発揮されることが必要である。したがって，生涯学習社会における社会教育計画を考える際には，学習活動の主役である学習者がおかれている状況やもっている学習ニーズなどがもっとも重要な条件として検討される必要がある。それらを説得力のあるデータとして収集し分析することが社会教育調査の重要な役割となる。

　第二は，広範な生涯学習の領域のなかで社会教育をどのように位置づけるかという視点である。当然のことながら，人々の多様な生涯学習活動のすべてを

社会教育が担えるはずもなければ，その必要もない。今後は，社会教育の領域でどのような学習機会を提供し，それがどのような学習者によって利用されるのかを一定の限定性を意識しつつ明確に示していくことが必要だと考えられる。すなわち，「いつでも，誰でも，どこでも」学べるという生涯学習の理念をふまえつつも，実際に社会教育事業にあてられる資源（費用，人材，施設など）には明らかに限界があることを考えれば，公的な社会教育の領域において提供すべき事業の中身が問われることになる。その際に社会教育調査は，明確な問題意識をもって予測的・探索的視点を組み込んで実施することにより重要な指針を提供することが期待される。

2　調査の類型

社会教育調査は，いくつかの観点から類型化することができる。表6-2はその類型である。ここでは，実際に調査を企画・実施していく際に検討すべき事項として，調査目的，調査内容，調査方法の三つの観点から調査を分類してみよう。

(1) 調査目的

調査目的は調査の性格を大きく規定する。調査目的が明確でなければ，調査項目も編成できないし，分析の視点も明確にならない。ところが，実際の調査では，必ずしも調査目的が明確でない，あるいは，調査目的が適切に調査項目や分析に結びついていない事例もみられる。社会教育調査の有効性を高めるためには，まず，調査の企画時点で調査目的を明確にすることが求められよう。

調査目的による分類についても，さまざまな視点から分類が示されているが[1]，社会教育計画の策定に携わる関係者にとっては記述的調査，探索的・予測的調査，評価的調査が重要と考えられるであろう。

社会教育調査で明らかにすべきことは，まず，実際に事業なり学習活動なりがどうなっているかということである。これに対応するのが，記述的調査である。記述的調査では，ひとまず教育的意図や展望は考慮に入れず，実態を客観的に記述することを目的とする。全国規模での記述的調査の代表例として，文

表6-2 社会教育調査の類型

○調査目的の観点から
　・記述的調査　実態を客観的に記述する
　・探索的・予測的調査　明らかでない事項を探索し，あるいは今後の動向を予測する
　・評価的調査　教育・学習に関連する評価を行う
○調査内容の観点から
　●実態か意識か
　・実態についての調査　学習に関する実態を明らかにする
　・意識についての調査　学習に関するニーズや意識を明らかにする
　●学習の諸側面
　・学習活動（学習内容，方法，レベル，場所，時間帯，……）
　・学習情報（情報源，情報量，メディア，……）
　・学習評価（診断的・形成的・総括的，自己評価・他者評価，……）
　・学習施設・設備
　・団体・グループ　など
○調査方法の観点から
　●事例研究的調査
　・少数の事例について詳細に調査
　・インタビュー，逐語記録，参与観察などの手法を使用
　●統計的調査
　・標本の抽出→全数調査と標本調査
　・標本抽出法→有意抽出，無作為抽出，クオータ・サンプリング
　・無作為抽出法→単純無作為抽出，系統抽出，多段抽出，層化抽出など
　・データの収集法→面接法，集合法，配布回収法，電話調査法，メール等の活用など
　・単発調査か継続調査か

部科学省が実施している「社会教育調査」があげられる。「社会教育調査」は1955（昭和30）年度から当初は3～5年度ごと，1975（昭和50）年度からは3年度ごとに実施されており，施設数や職員数，学級・講座数，参加者数などを定期的に調査している。社会教育事業の全国的動向を量的に把握するためには有効な資料である。

　記述的調査は，自治体単位でも実施される必要がある。その場合には，より詳細に記述的データを収集する必要がある。たとえば，教育事業については，事業数のみならず事業の内容，方法，位置づけなどについて具体的なデータを集め，学習者の学習実態についてもデータを収集する必要があろう。調査対象

の標本数が多い場合には，悉皆調査をおこなうことは難しいので，調査票等を用いた統計的調査として実施することになろう。

記述的調査の意義は，社会教育計画の策定において，基礎的なデータを客観的な形で示すことにある。したがって，主要な事項については，定期的にデータを収集し，当該事項の動向や基本的性質を正確に把握することが望ましい。

記述的調査とならんで重要な調査目的となるのが，現時点で明らかでない事項について探索し，今後の動向を予測することである。たとえば，これまでおこなっていない学習者の学習ニーズ調査を実施する場合には，探索的調査という位置づけになる。探索的調査の場合には，何を探索するのか，そのためにはどのような項目についてどのように尋ねればよいかについての明確な理解が必要になる。その場合，先行の類似調査についてレビューをおこない，それを当該調査対象に適用するうえでの課題や修正を必要とする点について十分検討することが必要である。

また，調査によって予測をおこなおうという場合には，単一の調査のみで十分な予測をおこなうことは難しく，継続的にデータを収集し蓄積していくことも必要になる。これまでのところ，生涯学習の分野では，このような継続的調査が十分おこなわれているとは言い難い。一つには，生涯学習の分野ではマーケティングなどの分野に比べて精密に市場を予測して対応しようという意識が低かったことが原因であろう。また，社会教育関係職員の配置転換のスパンが短いため，社会教育行政がおこなう調査については，担当者が変わると調査の意図や項目が変えられてしまい，継続的にデータを蓄積することができていない点も指摘できよう。

実際に社会教育事業のなかで実施できる事業の数，内容などには当然限界があり，公的な社会教育の分野で提供する学習機会は限定して考えていかなければならない。この課題に対応するためには，人々の学習ニーズ・学習実態について科学的に予測し，事業の転換の効果や課題について探索する探索的・予測的調査の重要性が強調される。

3つ目の重要な調査目的をもつものとして，教育・学習に関連する評価を取

り扱う評価的調査があげられる。実際にもっともよくおこなわれているのは，学習プログラム終了時に実施されるアンケート調査である。実際に事業に参加した人から具体的情報を収集し，それ以降の事業の改善に資するという観点は重要である。しかし，受講者は特定のプログラムに対して積極的に参加した，全体からみればごく一部の人に過ぎず，受講者の意見のみによって事業の妥当性を主張し，事業改善の方策を決定することはできない。

また，近年は事業が適切に実施されていることを示すために，自己点検・評価や他者評価も実施されるようになってきている。この評価に際してしばしば調査がおこなわれる。自己点検・評価の場合には，評価の枠組み自体を自ら作成し，それへの対応を考えつつ事業を実施し，最終的に点検・評価することになる。社会教育行政でも点検・評価の重要性についての認識は高まりつつあり，質の高い点検・評価をおこなうことで，たとえば目標を設定する中長期計画と具体的実施・評価・改善としての単年度計画との関係を精密に検討することが重要である。

(2) 調査内容

調査内容については，まず，調査するのが，実態なのか意識なのかという点が問題になる。実態についての調査は，たとえば，学習の内容や方法，場所，時間帯，目的，レベル，費用などについて実態を明らかにする。その際，通勤や通学，購買行動，レジャー活動などの生活行動についても取り上げることがある。意識調査については同様の項目についてニーズを尋ね，あわせて学習の満足度や学習観，価値観なども検討する。

同じ項目，たとえば学習内容について，実態を聞くのかニーズを聞くのかあるいは双方を調査する必要があるのかという点は，調査企画のうえで重要である。実態に関しては，これまでにおこなわれた学習活動等についてある程度正確なデータを手に入れることができる。実際におこなった活動であれば，その内容や方法，時間帯などは比較的正確に想起することができるので，誤差が生じにくいという利点がある。しかし，学習実態は回答者を取り巻く学習環境（施設やプログラム，人間関係など）によって影響を受けているので，その点

を考慮に入れて分析する必要がある。

　意識調査については，学習活動に関するニーズを主体としてデータを収集するため，社会教育事業の計画という観点からは，直接参考にしやすいデータである。しかし，意識調査では学習ニーズの広がりと強さの双方を適切に測定するための工夫をおこなう必要がある。たとえば，学習内容のニーズについて尋ねる際に単数回答で設問するともっとも重要なニーズしか測定できない。一方選択数の制限を設けない複数回答によって尋ねると，実際の学習行動には結びつきそうにない項目まで選択される傾向がある。実際に行動に移される確率の高いものを抽出するためには，「もっとも学習したいもの」や「上位三つまで」をあげるような制限を設けることも考えなければならない。

　実際の調査においては，まったく実態のみあるいは意識のみを尋ねる調査は少なく，実態と意識を取り混ぜて設問する調査が大半を占めている。その場合には，これまでに述べた実態調査と意識調査のデータの性格をふまえて，当該の項目について実態を聞くのか意識を聞くのか双方を聞くのかを綿密に検討することが望ましい。

　調査内容については，実態と意識の問題に加え，具体的に学習にかかわるどのような側面を調査するのかが重要である。まず，学習の内容や方法などといった学習活動自体に関する項目があり，それと関連する形で学習情報や学習評価，学習施設・設備，団体・グループなど，現在あるいは今後の学習活動に影響を与える項目が配置される。必要性を考慮し，これらの項目のなかからどの部分に重点をおいて調査をおこなうかが調査の企画において重要である。調査票による調査の場合には，面接調査か自記方式の調査かなど調査方法による違いもあるが，概して調査項目は回答者の負担を考えて精選する必要があり，調査目的を達成するための調査内容の編成は難しい課題となる。

(3) 調査方法

　調査方法については，まず事例研究的調査とするか，統計的調査とするかという問題を考える必要がある。

　事例研究的調査においては少数の事例について詳しく調査をおこなうことに

より質的な部分にまで踏み込んだ精密な分析をおこなうことができる。たとえば，ある学習者の当該学習プログラムでの学習活動について，学習者が作成した作品やレポート，感想文などを分析したり，プログラムの様子をビデオなどに記録して逐語記録を作成したり，さらには学習者の基礎的データやこれまでの学習経験などについて調査紙やインタビューによって明らかにするなど，いくつかのデータを詳細に収集して組み合わせることにより学習者の学習活動について詳しくかつ踏み込んだ分析が可能になる。しかし，当該の事例がどの程度の代表制をもつのか，また社会教育計画の策定において統計的調査と比べ事例研究的調査にどの程度の重み付けを与えるべきかについては概括的に論じることはできず，個別に検討すべき課題である。

　統計的調査は，これまでの社会教育調査においてしばしば利用されてきた調査手法である。統計的調査には，標本の抽出にかかわって全数調査と標本調査がある。全数調査は対象者全員を対象としておこなう調査であり，たとえばある学習プログラムの参加者全員を対象にプログラムに関する満足度調査をおこなうといった例をあげることができる。これに対し，標本調査は，対象者のなかから標本を抽出して実施する調査であり，母集団の大きい調査の場合この手法がとられることが多い。標本抽出の方法については，調査担当者が適当に対象者を選ぶ有意抽出法，無作為に抽出する無作為抽出法，その組み合わせであるクォータ・サンプリングなどがあり，標本の偏りを防ぐという意味でほとんどの調査で無作為抽出法が用いられている。しかし近年，個人情報保護法が施工されるなどプライバシーの保護が厳しく求められるようになり住民登録や選挙人名簿などのデータが公開されなくなってきており，標本の抽出に困難が増している。また，無作為抽出の場合，母集団が小さければ系統抽出などにより無作為抽出がおこなわれるが，母集団が大きければ多段抽出や層化抽出がおこなわれる[2]。

　標本抽出がおこなわれると，実際にデータを収集することになる。データの収集には，いくつかの方法がある。面接調査法は，調査者が1対1の形でインタビューして調査票に記入していく方法である。集合調査法は，調査対象者に

1カ所に集合してもらい，その場で回答を記入してもらう方法で，講座等の受講後の調査はこの形をとることが多い。調査者が調査票を配布してまわり一定の調査期間後に回収する方法が配布回収法（留め置き調査法）である。郵送法では，調査票の配布・回収を郵送でおこなう。また，調査対象者に直接電話をかけ調査者が回答を記入する電話調査法もある。今後はＥ－メールやインターネットを活用する調査も実施されることになろう。

　調査の企画にあたっては，単一の調査のみを問題にするのではなく，先行の調査を参考にし，今後の調査計画を考慮に入れるなど，当該調査の位置づけを明確にしておく必要がある。

　たとえば，単発調査では，1回の調査で調査する必要のある項目を網羅する必要があるが，継続調査をおこなう場合，複数回調査して変化を測定する項目を設定することも考えられるし，1回ごとに限定した調査項目を実施してそれぞれについて詳細なデータを収集することもできる。同様に，同一時点で多様な層の調査対象者を調査する横断的調査もあるし，特定の調査対象者について一定の期間ごとにおこなう縦断的調査もある。調査企画においては，これらの条件を考慮に入れて当該の調査で最低限入れる必要のある項目を精選する必要がある。

3　調査の企画と実施，分析，活用

(1) 調査の企画と実施をめぐる問題

　調査の企画から実施，分析，活用に至るプロセスは相当量の業務を含み，かつ先行の業務によって後続の業務が規定されるので，あらかじめプロセス全体を見通して調査計画を立てておくことが望ましい。調査にかかわる業務の流れを図6-1に示した。もっとも重要なのは調査の企画の時点でその後の分析や活用の計画が精密に決められていることである。ただ実際には，調査の業務を進めるなかで常に方向修正をおこなう必要が生じてくる。

　調査を企画するにあたって，もっとも重要な点は，その調査によって何を明らかにしようとするかという調査目的と，調査目的を達成するための調査項目

```
調査の企画
   ↓         ・調査項目の決定
              ・データ収集方法の決定
              ・調査実施スケジュールの検討
              ・分析計画の策定
              ・予算等の決定　など

調査の実施
   ↓         ・プリテスト
              ・調査票の修正
              ・本実施
              ・データ入力
              ・データの処理

調査結果の分析
   ↓         ・単純集計
              ・クロス集計
              ・多変量解析
              ・検定　など

調査結果の活用
              ・社会教育計画への反映
              ・調査結果の公表
              ・調査報告書の刊行
              ・調査データの共有や調査結果についての交流　など
```

図6-1　調査にかかわる業務の流れ

の編成および分析計画の策定である。調査は，可能な限り綿密に，繰り返し，標本数を多くして実施するに越したことはないが，実際には調査に投入できる予算や労力には限りがあり，調査回答者の負担を考えると調査票の項目数を制限しなければならない。ほとんどの調査はこのような限定された条件の下で企画・実施せざるをえない。このことを考慮に入れると，一つの調査で明らかにする事柄はできるだけ限定し，絞り込んだ調査票を作成すべきである。

　そのためには，漠然と抽象的な質問をするのではなく，問題意識を明確にし，具体的な仮説を設定し，それを検証するような調査が望ましい。たとえば，「住民の学習関心はどうなっているか」という関心は具体性に欠け，それを

「住民のなかでもこの層の学習者は」とか「もっとも重要な学習関心に限定する」というように絞り込むことで何をどのように明らかにするかを検討する必要がある。

調査の企画においては，担当者の主観的判断や偏った想定を排除することも重要である。担当者はある部分は明確に意識して，ある部分は無意識のうちにそのような判断や想定をおこなっている。とくに無意識の部分では，誘導的な設問をしてしまう危険が高い。たとえば，担当者がおこないたい事業について「現在Aへの関心が高まっています。Aに対応する事業は必要だと思いますか」と設問すれば，「必要でない」という回答はしにくいために，回答を操作してしまうことになる。主観や想定による誤りを回避するためには，複数の人間が検討し，意見を交換することによって調査票のチェックを綿密におこなうことが望ましい。

調査の企画から実施，分析，活用に至る過程にはかなりの量の業務が含まれ，それらの業務すべてについて詳しい知識や技術を習得することは難しい。そこで，1人で調査全体を担当するのではなく，チームによって調査にあたることが望ましい。先述の問題意識や仮説などについても討議などで吟味，検討するなかで得られることが多い。また，調査の企画や結果の考察などは大学等との共同研究という位置づけによって質を高めたり，データ入力などの作業は外注したりするなどの工夫でより迅速かつ効率的に調査を実施するなどの工夫が可能であろう。

調査によって収集するデータの質という観点からは，調査対象者の抽出も重要な問題である。より広い範囲でより多くの人を対象にすれば優れたデータが得られるとは必ずしもいえない。たとえば，公民館事業の検討資料を得るための調査では，現に公民館を利用している人の意見を中心に採り上げるのか，住民の一般的意見を重視するのかは，それ自体が社会教育行政における公民館の位置づけを示すことになる。また，標本数については，クロス分析などの際にデータの期待度数が小さすぎるとデータの信頼性が低下するが，標本数が多すぎると費用や労力が余分に必要になる。[3]

調査票のデザインが決まった時点で、できれば実際の調査対象者から何名かを選んでプリテストをおこなうことが望ましい。プリテストでは、答えにくい質問はないか（回答の指示は明確か、項目に重複や矛盾はないかなど）、表現等に問題はないか（差別的表現やジェンダーなどについて）、などの点を確認する。あわせて、そのデータの分析がスムーズに進むよう、コーディング[4]やデータ入力、分析を試験的にしておくとよい。プリテストをおこなわない場合にも、少なくとも複数の人がチェックをして、調査票に問題がないかどうかを確認しておくことだけは必要である。

調査の実施においては、先述のように、データ収集の方法がデータの質に少なからぬ影響を与える。一般に、郵送法の場合には費用もかかるし回収率は低いことが多い。これに対して面接調査法の場合には、面接調査員の事前のトレーニングをきちんとおこなっておかないとインタビューの仕方によってデータが変質してしまう危険がある。このように、それぞれのデータ収集方法には一長一短があり、調査の目的や対象によってもっとも適した方法を選ぶ必要がある。

調査が実施され、データが集まると、そのデータを入力し、処理し、分析する作業に移る。データ入力では、まず無効回答を排除したうえで、必要に応じてデータを処理する必要がある（たとえばクロス分析をしやすいように再コーディングするとか、合計得点のカラムを追加するなど）。

(2) 調査結果の分析と活用

データ処理が終われば、データの分析をおこない、調査結果を読み取っていくことになる。近年は統計処理のソフトも充実し、誰でも比較的簡単にデータを処理できるようになってきた。しかし、問題なく分析するためには、さらにはよりすぐれた分析をするには、課題も多く存在する。

まず、データの限界性について明確に認識しておく必要がある。統計的調査では、標本の抽出方法などに問題がなくても、それが母集団の実態や意識を正確に反映しているかどうかはつねに注意する必要がある。たとえば、ある事柄に賛成の人が60％あれば、過半数の人が賛成しているようにみえるが、その

調査の回収率が30％であれば，確実に賛成しているのは30％の人のなかの60％つまり18％ということで，賛成している人の比率はきわめて厳密な表現をすれば18％から88％の間のどこかということになる。また，一般に調査に回答した人は回答しなかった人よりも調査項目について積極的な態度をもっていることも予想される。したがって，調査結果として表れたデータを鵜呑みにしすぎるのは危険である。

　また，得られた調査データに差があるのかどうかも慎重に検討する必要がある。たとえば，性別にある事柄についての意向を尋ねた時に，男性は賛成が60％，女性は賛成が50％であったとしよう。この結果に明確な差があるかどうかはその数字だけでは判断できず，有意差の検定をおこなったうえで判断する必要がある[5]。

　調査結果の読み取りは，基本的に単純集計結果である程度調査目的が達成できるように企画できていることが望ましい。しかし，実際には，単純集計結果のみで下せる判断は多くないし，さらに詳しい分析をおこなうことで調査結果を有効に用いることができるので，クロス分析や必要によっては多変量解析の方法を用いてより詳しい分析をおこなうことが望ましい。その場合には，調査を企画する時点でどのようなクロス分析をおこなうのか，あるいは多変量解析をおこなうのかということをあらかじめ計画しておかないと，適切なデータを収集することはできない。

　調査結果の分析が終われば，それをどのように活用するかということが問題になる。「調査のための調査」にならないようにするためには，調査企画の時点からどのように活用するかという計画が明確でなければならない。調査を有効に活用するためには，それが社会教育計画のどの部分に，どのような形で活用できるかを検討しておく必要がある。たとえば，計画のための基礎資料を提供する，当該施設の事業計画を見直す指針を得ようとする，といったような目的をあらかじめ設定しておき，得られたデータにもとづいて考察をおこなうことになる。

　また，調査結果については，内部資料として保存するのみならず，報告書な

どの形で刊行することにより，地域住民や他地域の社会教育担当者の参考に供することも重要である。費用の問題などはあるが，とくに調査への回答者には何らかの形で調査結果を知らせるのがマナーである。

　さらに，調査の質を向上させ，社会教育計画の策定に十分に活用するためには，単独で調査をするだけでは不十分で，他地域の担当者とデータを共有したり，一緒に考察をおこなったりすることで，調査の質的向上と社会教育計画の改善に向けて協働することも必要であろう。

【岡田　正彦】

【注】
1) たとえば，水谷修「生涯学習推進計画・社会教育計画の策定と調査」鈴木眞理・守井典子編『生涯学習の計画・施設論』（シリーズ生涯学習社会における社会教育第6巻）学文社，2003，p. 43-58．藤岡英雄「計画のための調査，資料の活用」倉内史郎編『社会教育計画』学文社，1991，p. 169-181．などが参考になる。
2) 標本抽出については，飽戸弘『社会調査ハンドブック』日本経済新聞社，1987，などに詳しい。
3) 標本数をどの程度とするかは，調査に求められる精度によって決定することになる。大まかな指標としては，母集団が5万を超える場合にはほぼ無限母集団と見なしてよく，都道府県や市町村を対象とする調査であれば1000前後くらいの標本があればおおむね母集団を代表できると考えられる。後は，高い精度が要求される場合標本数を増やし，精度が高くなくてもよい場合は標本数を減らす。
4) データを入力する際にどのような数字で入力するか，そのコードを決定すること。
5) データの検定については，たとえば，渡部洋『心理・教育のための統計学入門』金子書房，1996などが参考になる。

　キーワード

社会教育資料　　調査目的　　調査内容　　調査方法　　統計的調査　　標本抽出
調査の企画　　データの限界性　　有意差の検定

　この章を深めるために

(1) 実際に調査票案を作成してみなさい。調査目的を設定し，それに沿って調査項目を決め，実際の質問の文章まで考え，できあがった調査票案を相互に検討したり，先行の調査と比較し問題点を指摘しあうとよいであろう。

(2) あなたの住んでいる地域のさまざまな社会教育計画が，データ収集のための調査をどのように活用しているか検証してみなさい。当該の社会教育計画とそこに引用されている調査を収集し，実際に得られたデータにどのような分析がおこなわれ，それが計画のどの部分に，どのような形で反映しているかを検討してみるとよいであろう。

【参考文献】
鈴木眞理・守井典子編『生涯学習の計画・施設論』（シリーズ生涯学習社会における社会教育第6巻）学文社，2003
飽戸弘『社会調査ハンドブック』日本経済新聞社，1987
渡部洋『心理・教育のための統計学入門』金子書房，1996

第7章　学習プログラム策定の原理と論理

1　学習プログラムと学習課題

(1) 社会教育における学習

　学習には，何らかの目的に到達するための内容と方法がともなう。何のために，何を，どのように学ぶのか。学校教育においては，学習の目的ばかりでなく，その内容と方法が，学習機会を提供する側の手によって策定されている場合が多い。学校教育において学習の目的，内容，方法が定められた計画案は一般にカリキュラムと呼ばれる。小学校から大学まで，学習機会を提供する側が目的に合わせた内容と方法とを吟味し，学習者はそれに従うか従わないかを選択する。それに対し，社会教育における学習の特徴は，学ぶ目的そのものの多様性にある。社会教育における学習は，基本的に学習する個人の自発性と自由に依存している。したがって学習者が何のために学ぶのかを熟慮する機会そのものが，社会教育においては学習のひとつだと考えられている。そのため，何のために，何を，どのように学ぶのかという問いは，社会教育における学習においては常に問い返される基本的な要素となっている。

　このような特徴をもつ社会教育における学習を実現するうえで必要とされるのが，学習プログラムである。学習プログラムとは，学習者が学習をすすめていくのを援助するため，学習機会を提供する側や学習を援助する側が中心となって設定する援助計画の全過程を示した予定表ともいえるものである。

(2) 学習プログラムの策定主体

　社会教育計画でしばしば問題にあがるのは，計画主体は何なのかという問題である。社会教育計画を立てるのは「国および地方公共団体」である場合が多

く，実際に社会教育法第17条には，「社会教育に関する諸計画を立案すること」が社会教育委員の職務として明記されている。ただしそこで策定される計画は，必ずしも行政主導であるとは限らず，学習者である住民や第三者である民間団体等が深くかかわっている場合が少なくない。学校教育のカリキュラムが，学習機会を提供する学校や教師，それらを統括する文部科学省の意向を大きく汲み取って策定されるのとは異なり，社会教育計画の計画主体は，学習機会を提供する側であるとは限らない。同様に，学習プログラムの策定主体は何かという問題についてもまた，学習者自身が自らの学習内容や方法，形態を選択し決定するという自己決定性（self-directedness）を重視する社会教育においては一定の答えがあるわけではない。学習機会を提供する側にあたる社会教育職員が策定するのが望ましいのか，それよりも学習者の希望を最大限取り入れる方法が望ましいのか，それとも社会教育活動をおこなっている実績のあるカルチャーセンターや団体などに委ねるのが望ましいのか。かつては社会教育職員による学習プログラムの策定が一般的とされていたものの，学習機会の多様化にともない，現在では多くの場面でいずれの方法も取り入れられつつある。そのため，学習プログラムの策定主体をどのように考えるのかが，学習機会を提供する側にとっても学習する側にとっても課題のひとつとなっている。

(3) 学習プログラム立案の原理

　学習プログラムの策定主体が多様であっても，社会教育の学習プログラム立案は一定の原理にしたがっておこなわれる。学習プログラムの立案に重要なのは，何のために，何を，どのように学ぶのかという三つの視点である。なかでも何のために学ぶのかという視点，すなわち学習目標の設定は，子どもから大人までさまざまな年代の，さまざまな関心を対象とする社会教育においてはとりわけ注意を払う必要がある。このとき無視できないのは，学習者の要求や社会に存在する課題である。

　何を学ぶのかを規定するのは，学習者自身と学習者をとりまく社会の両方から示される学習課題である。学習課題はさらに，人々が自分の暮らしのなかで発見した興味・関心にしたがい，自らのうちに学習への動機付けをもっている

要求課題（学習要求）と，学習者自身は必ずしも自覚的にその学習の必要性を感じていないかもしれないが，現代社会の成員として，また社会の存続のために学習していくことが求められる必要課題（学習必要）とに分かれる。

　要求課題は，家庭生活や職業生活あるいは余暇やこれまでの学習活動など，個人の自由な発想にもとづく。しかし個人が学びたいという要求を明確にもっていたとしても，さしせまった理由がなければその要求を行動に移すことは難しい。また，個人の自由な発想にもとづく要求課題には，しばしば本人も自覚していないようなものがある。友人が英会話を学び始めたと聞いて自分も俄然，やる気になったり，暇な時間にふらりと出かけた図書館で読み聞かせボランティアの育成講座をたまたま目にしたのがその講座への参加のきっかけになったり，潜在的な要求課題をもっている場合がある。そのため，学習プログラムの立案にあたっては個人の顕在的および潜在的要求課題を見極める必要がある。その際の目安として参考になる視点が二つある。ひとつは，ライフサイクルである。ライフサイクルとは人間の一生を誕生という出発点から死亡という終了点までの過程として見なし，人が生涯にわたって通る道筋の共通性を見出す考え方である。この考え方に従うと，乳幼児期，青少年期，成人前期，中年期，高齢期といった各期とその過渡期に応じた学習課題を想定でき，家族役割の変化から職業役割の変化までを学習プログラムの立案の際に考慮に入れることが可能となる。もうひとつは，ライフスタイルである。ライフスタイルとは個人の生活様式を指す言葉であり，とりわけ趣味や交際なども含めたその人の個性を表すような生き方を意味する。生活や余暇，消費における各個人のスタイルやテイストは，その人個人の考え方を反映すると同時に，その人がかかわる他者や社会との関係を反映している。趣味や教養に関する学習に関して，人々のライフスタイルを考慮に入れる視点もまた，学習課題の想定に役立つ。

　他方，必要課題は，発達課題と社会的課題，地域課題に分けられる。発達課題とは，ライフサイクルの各期に応じた学習課題を人間の発達の順次性においてとらえたものである。社会的課題とは，社会の成員として現在の生活のために，また将来の社会のために学ぶべきとされる課題を指す。地域課題とは，地

域社会に暮らす人々にとってその地域特有の，個別に発見される課題を指す。このような必要課題のうち，とりわけ現代社会にとって重要だと思われるものが，1992年生涯学習審議会答申に「現代的課題」としてまとめられた。ただし，このような必要課題は人間の発達一般，社会一般，地域一般に関するものでしかなく，個々の課題の緊急性や重要度は学習プログラム立案の策定者の解釈による。必要課題が実際にどこまで「必要」なのかについては，策定者の裁量にまかされる。

　以上のような学習課題をふまえて，学習目標の設定は可能になる。

2　社会教育計画のなかの学習プログラム

(1) 社会教育計画と学習プログラム

　学習プログラムの立案にあたっては，市区町村の講座など，自治体の社会教育職員が中心となる場合，また民間団体や住民が中心となっていても自治体の方針を反映する必要がある場合にも，参考資料として役立つのは，市区町村のマスタープラン，国や市区町村の社会教育計画あるいは生涯学習推進計画である。

　社会教育計画あるいは生涯学習推進計画には次の3つの段階がある。第一に，中・長期事業計画（複数年次事業計画）の段階である。通常，中期計画として3年から5年，長期計画として5年から10年の期間が想定される。また，それぞれの期間内に実施する施策や事業について「ステップ・プラン」が示される場合もある。第二に，年間事業計画（単年度事業計画）の段階である。これは，中・長期事業計画にもとづいて，そこに含まれる年度の，各々の事業の趣旨，概要，予算・経費，実施主体，実施場所，実施期間等を示したものを指す。また，継続している事業に関しては，現状と課題とを分析したうえで，次年度の年間事業計画に反映させるという手続きがとられる。第三に，個別事業計画（学習プログラム）の段階である。これは，年間事業計画にもとづいて，そこに含まれる個別事業の実施内容に，月日，曜日，時間帯といったタイムスケジ

ュールも合わせた学習の援助計画を示した予定表である。

　学習プログラムはこのように，社会教育計画のなかに含まれるひとつの段階だと考えることができる。個々の事業の概要は年間事業計画に示されるものの，この段階ではあらためて学習のテーマとして何を選び，それをどのような内容配列ですすめていくのか，あるいは限られた学習資源，すなわちその事業の予算，講師，施設・設備等のなかでどのようにして最適なものを選択するのかが問われる。

(2) プラニングとプログラミングの整合性

　しかしながら，学習プログラム立案の現場では，このような学習プログラムの原理にもとづいた計画というよりも，社会教育職員や民間団体のスタッフ，住民等，立案する立場にある策定者の経験にもとづくいわば「勘」が優先される場合が多い。たしかに，特定の集団や地域を対象として学習活動に携わってきた経験は，どのような講座に人が集まり，どのような新規事業が必要なのかといった判断に欠かせない。しかしながら，そのような勘に頼った立案は，しばしば社会教育計画と学習プログラム計画との不整合を起こしてしまうという問題点をもつ。

　学習プログラムは，上述のとおり，社会教育計画に含まれる。したがって，社会教育計画として示された中長期計画や年間事業計画と，個別の学習内容や方法，形態が一貫した方針のもとに立案されなければならない。このような一貫性を「プラニングとプログラミングの整合性」と呼ぶ。プラニングとプログラミングの整合性は，社会教育職員が策定者となる場合のほかに，民間団体や住民など，社会教育計画の全体像を知る機会の限定された人々が策定者となる場合にも問われる。

(3) 成人学習者の自己決定性

　近年，学習者自身が学習計画の企画立案過程に参加する，いわゆる市民参画型のプログラミングが各地で採用されてきている。アメリカの成人教育学者ノールズ (Knowles, M.S.) は1960年代から70年代にかけて，成人学習者の自己決定性を支援・促進することを重視するアンドラゴジー・モデルの学習プログラ

ムづくりを提唱した。ノールズによると成人学習者にふさわしい学習のあり方とは，次の7点である。[1)]
① 成人学習につながる雰囲気の創出
② 参加的学習計画のための組織構造の確立
③ 学習のためのニーズの診断
④ 学習（目標）の方向性の設定
⑤ 学習活動計画の開発
⑥ 学習活動の実施
⑦ 学習ニーズの再診断（評価）

　このようなノールズの考えには，社会教育における学習の特徴である自己決定性が充分に取り入れられているものの，その自己決定性が地域や社会にとってどのような意味をもつのかという点はあまり重視されない。そのため，プランニングとプログラミングの整合性という視点から，学習者の自己決定性を活かしつつ整合性のある学習プログラムを作成するためには，いくつかの留意点が必要となる。

　このような留意点として，次の3点をあげることができる。第一に，情報の共有である。学習プログラムの立案にかかわる人々がともに市区町村のマスタープラン，国や市区町村の社会教育計画あるいは生涯学習推進計画を理解する機会の設置が望まれる。同時に，社会教育計画あるいは生涯学習推進計画を策定する人々が，その地域の学習者の要求課題と必要課題とを理解することのできる機会も必要となる。第二に，修正の実施である。社会教育計画あるいは生涯学習推進計画の中・長期事業計画および年間事業計画にしたがって整合性のある学習プログラムを完成させたとしても，実施の段階においては，詳細を決定しながらも修正を加えることのできる臨機応変さが求められる。第三に，それまでの事業にたいする評価の策定である。次年度の社会教育計画あるいは生涯学習推進計画，年間事業計画等を策定する際，常に問われるのは「現状と課題」とを把握するために，実施された学習プログラムにたいする評価を策定する機会を設置することが望まれる。

3 学習プログラム立案の実際

(1) 三つの準備作業

では，学習プログラムを組み立てるのはどのような手順が必要となるのだろうか。ここでは学習プログラムの立案の実際について具体的に見ていきたい。

まずは，実際に個別のプログラムを立案する前に，準備作業として次の三つの手続きが必要になるだろう。第一に，学習プログラムを実施する市区町村の現状について把握する手続きである。①市区町村の地勢・地理的条件や②地域住民の生活状況の特徴，また学校や社会教育関連施設の種別や数など③教育文化的環境およびその特徴を列挙することで，プログラムを実施する地域特性を前もって知ることができる。プログラムの立案にかかわる人々がすでに長年，親しんだ土地であっても，このような整理をおこなうとその地域の特性をあらためて知る機会となる。第二に，学習者の学習ニーズの把握である。学習ニーズの把握には，社会調査や事例研究，過去の統計資料や日常的，経験的に蓄積された各種情報の活用など，いくつかのアプローチが存在する。学習ニーズに関する反復継続調査がおこなわれている市区町村であればその調査の結果を活用することが一番望ましいが，そのような社会調査の実績をもたない地域においては，住民の意識調査や過去の事業にたいするアンケートから，関心の高いテーマを推察し，学習プログラムのテーマとして設定することも可能である。第三に，すでにおこなわれている事業の現状と課題とを把握する手続きである。新規事業として何かを立ち上げる前に，環境，人権，高齢社会，情報化社会など，同じようなテーマでおこなわれている事業を，事業の実施主体を超えて把握することはとりわけ重要となる。その地域にとって欠かせないと思われるテーマは，自治体の部署や団体の枠を越えて複数の主体によって多様な学習機会が提供されているかもしれない。ただし無用な重複を見つけだし，整理することもまた必要な手続きとなる。そのためには，現在，地域でおこなわれている関連事業をできるだけ多く列挙し，それぞれの事業の概略を書き出してみることが現状把握につながる。そのうえで，現状の問題点や課題，その問題点や課

題を解決する方法を分析することができる。そうすることで，社会教育要覧のような市区町村における社会教育事業をまとめた資料の作成や活用が可能になる。このような手順によって事業の現状と課題とを把握し，次年度の計画へとつなげていくことができる。

(2) 年間事業計画と学習プログラム（個別事業計画）の関係

次に，以上の準備作業をふまえて年間事業計画を立案する。ここでいう年間事業計画とは，社会教育計画あるいは生涯学習推進計画のなかの年間事業計画に加えて，たとえば環境，人権，高齢社会，情報化社会といったテーマ別に策定される計画を指す。同じテーマに関する学習でも，講座，学習情報の提供，学習相談，広報・啓発といった区分に応じて年間の計画を立てることができる。そして，重要性，緊急性，公共性，先導性を鑑み，事業の優先順位をつけていく。このとき合わせて，そのテーマに沿った学習活動を展開することで，①住民に達成してもらいたいと考える「教育目標」と，②自治体が達成すべき「教育行政目標」とを示し，それぞれの目標に沿った年間事業計画を策定できるよう留意する。

最後に，学習プログラム（個別事業計画）を立案する。学習プログラムは次のような八つの要素を考えることができる（表7-1）。

このうち，(2) 事業の目的と (7) 学習目標との違いは，(2)が事業の実施主体にとっての目的であるのに対し，(7)は学習者に達成してもらいたいと考える目標を指す点である。

この際，留意したい観点は，次のようなものである。まず，(1) 事業の目的がプログラム全体に反映されるよう心がけるという点である。実施主体がめざす事業の目的が，プログラムの一部にのみ反映され残りは人気や思いつきに委ねるような構成は，事業全体としての意味を大きく損なってしまうおそれがある。次に (2) プログラムの流れ（ストーリー性）をもたせ学習内容の配列と学習方法を工夫するという点である。学習内容は全過程を通じて理解を深めていくよう配列するのを心がけるのと同時に，学習方法に工夫を凝らすこともできる。学習方法には，講義，話し合い，視聴覚教育法，実習，実技，見学，交

表7-1 教育個別事業計画（学習プログラム）

(1) 事業名			
(2) 事業の目的			
(3) 実施主体			
(4) 参加対象・定員			
(5) 学習期間・学習時間（回数）	月～　月	1回の学習時間	時間×　回
(6) 学習場所			
(7) 学習目標			

(8) プログラムの展開

回	学習テーマ	学習の内容と方法	学習支援者	備考

流，発表などがある。これらの方法を組み合わせ，学習者を飽きさせない展開を意識したい。さらに，(3) 学習者の意識変容と行動変容が期待されるようなプログラムにするという点である。学習機会を得た学習者がその場で満足するよりも，それぞれの持ち場に戻った後に気づきが訪れ，意識と行動の変化を導き出すような学習内容も望ましい。そのためには一義的な回答を押しつけるようなプログラムを避け，学習者自身が思考し試行できる内容に設定する必要がある。また，(4) 学校など関係機関や団体等とのネットワークや広域連携も視野に入れるという点である。単発型プログラムの実施を関連機関との共催を考

慮に入れるほか，継続型プログラムの実施に関しても学校，社会教育団体，ボランティア団体等との協力関係を築き活用するよう留意する。最後に，(5) 学習者をひきつけるネーミングを工夫するという点である。なるべくわかりやすい表現にするという親近性（たとえば「親子関係のあり方」ではなく「子どもと話したい10の事柄」），学習内容が一目で分かるようにするという具体性（たとえば「フィールドワーク」ではなく「江戸の街道を歩く——日本橋編」），学習者を惹きつける問題を提示する課題性（たとえば「情報社会と高齢者」ではなく「インターネットでシニアの生活はどう変わる」）という三つの視点が参考になるだろう[2]。

以上のように，学習プログラムの立案は社会教育職員などの学習機会を提供する側にとっては，いわばメーカー企業にとっての商品開発にあたる。学習ニーズの把握に関してはマーケティングの発想を，また事業名やプログラム名の決定や広報にはコピーライティングの技術の活用が期待される。そうすることによって，多くの学習者を惹きつけながらも単に人気を集めるだけにとどまらず，意識と行動の変化をもたらすような学習プログラムの開発につながるだろう。

4　意識変容をもたらす学習とは

(1) 参加型学習という形態

では，学習者の意識と行動の変化をもたらす学習とはどのようなものなのだろうか。

学習プログラムには大きくわけて講義型と参加型がある。講義型とは，知識をもつ講師が一定のテーマについて講義をし，学習者がそれを受動的に聞くことで成立する学習である。講義型の学習がすぐれている点は，まとまった知識や体系，事実を比較的みじかい時間で理解することができるところにある。これにたいし，参加型とは，学習者の主体的な参加を求める手法をとおして，学習者自身の行動と発見を軸にすすめられる学習を指す[3]。参加型の学習プログラ

ムは，講義型の学習と異なり，学習者自身が共同作業や討議などをとおして自らの学習課題を発見したり，今まで気づかなかった自分の異なる面に気づいたりすることができる点で評価されている。近年，学習者の自己決定性と意識変容とを期待する参加型学習に注目が集まっているが，この背景には1960年代以降のアメリカを中心とする社会心理学やカウンセリング学，コーチング学から受けた影響がある。他方で，日本の社会教育の領域では伝統的に，体験学習，小集団学習，共同学習といった参加型学習の形態が取り入れられてきた。そのため現在，生涯学習の実践においては，日本の伝統的な集団学習の形態に，アメリカの社会心理学などの影響が加味された独自の参加型学習が多彩な形態でもちいられている。

　たとえば，一般的な学習の形態として用いられることの多い講義形式の学習プログラムも，講義を聞く前にグループに分かれて討議をしたり，講義の感想をふたたびグループで討議して発表しあうなどいくつかのアクティビティを加えた参加型学習として展開されることがある。また，シンポジウムなどでフロアからの意見交換を重視するために，複数のシンポジストがフロアにたいして質問をなげかけ，グループディスカッションをおこなうなどの手法が取り入れられる場合もある。ただしこうしたアクティビティは，一定のルールのもとに運営される必要があるため，合意形成の過程が重要となる。個人としての意見とグループとしての意見を集約していく能力や，異なる意見をもつ他者を受け入れる能力は，あらゆる学習者にあらかじめそなわっているわけではない。したがって参加型学習のプログラムに盛り込まれたアクティビティが相互学習として実現されるためには，合意形成をめざすためのルールが提示され，参加する学習者が同意できるような仕組みが必要となる[4]。

　このように参加型学習は学習者の積極的な参加が前提となる学習形態である。しかしいくら学習者自身に積極性を求めても充分にそれが発揮されるとは限らない。ここで，学習者自身の参加を促すのは，「ファシリテーター（援助促進者）」と呼ばれる学習支援者である。

　ファシリテーターとはもともと非指示的カウンセリングの創始者であるロジ

ャース（Rogers, C.R.）がおこなったプログラムに携わる進行役のスタッフを指す言葉として用いられるようになった。[5] いわゆる「先生」「講師」といった役割とは異なり，学習者を一定の意図のもとに導いたり，学習者を評価したりすることをおこなわない。そのかわり，ファシリテーターは集団内の人間関係が円滑になるよう促進し，究極的には集団の一員になるように行動しながら，学習者の気づきを促すための援助をおこなう。というのも，ファシリテーターは次のような行動基準にしたがって振る舞うことのできる人を指すからである。自分ではなく相手中心にかかわること，すべての学習者を個として尊重すること，学習者の発言や態度を評価しないこと，学習者の発言や態度を操作しないこと，学習者にたいして共感的な存在でいることといった基準である。そしてファシリテーターは，技巧を用いて計画された方法や集団による活動過程に対する注釈を回避するよう注意する。[6]

ファシリテーターにこのような行動基準が求められるのは，自己決定性を尊重するという社会教育の学習プログラムにおける理念を実現するためである。参加型学習はグループでのアクティビティを取り入れる場合が多い。そのため，すすめ方によっては楽しくて簡単な学習という表面的なかかわりに終始してしまう。しかし，学習者の意識変容と行動変容が期待されるようなプログラムを実現するには，ただ楽しいだけのアクティビティではなく，学習者に気づきをもたらし，それが学びへとつながっていくような取り組みが望まれる。結果ではなくプロセスを重視し，共に体験し体感することをとおして，ファシリテーターは学習者のなかに入りこむことができ，学習者は自らの前提を振り返り，意識や行動を変化させるきっかけを学ぶことができる。

(2)「前提」と「振り返り」

では，自己決定性という特徴をもつ社会教育における学習者に，気づきをもたらし，それを学びへつなげることのできる取り組みとはどのようなものなのだろうか。この問題に取り組んだのが，カナダの成人教育学者クラントン（Clanton, P.）である。クラントンは，ロジャースと同様，長いあいだ集団学習のファシリテーターとして活動してきた。そして，そこでの実践をとおして，

成人を中心とする社会教育の学習だからこそ自己決定性のみに委ねられない場合があると指摘する。

　クラントンによると，成人は「前提（assumption）」をもった学習者である。「前提」とは，「自分の世界観のもとになっているもの」，すなわち学習者自身にとって当然と思われる仮定を指す。たとえば社会教育の学習には，語学や情報機器の操作など，とりたてて意識変容をめざす内容ではなく，知識や技術の習得を主たる目的とする学習が大きな割合を占めている。そして旅行で気に入ったバリの文化をもっと知りたいからインドネシア語を学びたい，趣味の仲間と電子メールのやりとりをしたいからパソコンの操作を学びたいといった思いを援助することが，学習者の学習ニーズだと理解できる。この場合，学習者にとっての「前提」，すなわち自分にとって当然だと思えることと，「学習」，すなわちここの例でいうインドネシア語やパソコンの操作を学ぶこととに矛盾はない。学習者の「自己決定性」にもとづく学習ニーズが顕在化したかたちで自覚されているといえる。しかしながら，学習者の「前提」と学習者の「学習」が一致しない場合もある。学習者の前提が，学習を禁じたり，学習と矛盾したり，あるいは学習への制約として働く場合である。クラントンは次のように述べる。

　「たとえばある女性の学習者が，男性だけが車を修理することができると信じているならば，その人の実際の能力がどのようなものであろうと，車の機能を学ぶことはけっしてないだろう。私があまり本を読まないコミュニティで育ったならば，大学へ進もうとはけっして思いつかなかっただろう。私が急激な科学技術の変化に直面して神経質になっていたり，コンピュータの力をあまり本気で信じていないのであれば，ワープロ技術をいやいや学ぶ学習者になっていただろう。私がワンマンな経営者ならば，参加型のリーダーシップの技術を学ぶのは無駄だと思うだろう。[7]」

　学習者の自己決定性を尊重することはたしかに，自覚できる本人の顕在化された学習ニーズの充足につながる。しかしクラントンは，学習者が自覚していない潜在的な学習ニーズの存在を指摘する。それは制約を受けているため「ニ

ーズ」としては顕在化されないものの,場合によっては「前提」を問い直すための作業,すなわち「振り返り (reflection)」をとおして,後から「ニーズ」として浮かび上がってくる。この振り返りは,「前提」の問い直し,そして「前提」の源と結果の吟味という二つのプロセスをもつ。このプロセスをとおして学習者は,自分の世界観がどのようにして成立しているのかを探ることになる。というのも振り返りは,学習者に制約を課している価値観が周囲の人々からの影響によって形成されたものなのか,自らの経験によるものなのか,状況が変化したせいなのか,またそのような価値観にもとづく「前提」をもっていることで今後はどのようなことが引き起こされるのか,その「前提」がなくてもやっていけるのかどうか,といった問いをつきつけるからである。このような問いに応答することで,学習者はそれまで自覚できなかった新たな学習ニーズを発見することができる。意識変容の学習への手がかりは,このような振り返りの作業から始まるとクラントンは考える。

(3) 意識変容から行動変容へ

ただし,クラントンは心理学の実験やカウンセリングの臨床で用いられる手法を,成人を中心とする社会教育に応用した手法を紹介しながら,意識変容の学習が,行動の変化を含むものと見なし,学習の成果がその後の行動の変化におのずと結びつくと考える。しかし,実際に意識変容がかならずしもその人のその後の行動を変化させるものだとは限らない。また,学習プログラムを立案する側がもっとも意識変容を期待することの多い必要課題を中心とした学習も,充分に注意を払って企画されたものだとしても,学習者がただちに自らの「前提」を問い直し,「振り返り」を行い,自らの行動を変化させるとは限らない。たとえ,ファシリテーターが適切に役割を果たし,学習者が気づきを得て終わるような評価の高いプログラムが実現したとしても,社会教育における学習はそれだけにとどまらないからである。

学習者の自己決定性を尊重し,一定の時間をかけて意識変容と行動変容をもたらすには,学習プログラムの立案上の工夫に加えて,社会教育の現場における支援が必要になると考えられる。たとえば単発型の事業ではなく継続型の事

業を実施したり，学習者同士による自主グループを立ち上げる手助けをするなど，学習を継続させるための，学習による出会いを経験した集団にたいする断続的な支援が考えられる。同時に，講座やプログラムを修了した学習者が学習プログラム立案やその運営にかかわることのできる仕組みづくり，広く一般市民が公募委員等によって学習機会提供者側に参画するといった制度の構築などの支援もまた有効となる。このような仕組みを整備することで，意識変容と行動変容をめざす学習プログラムが，社会教育の実践において一定の時間をへて定着する可能性が拓かれる。

【坂口　緑】

【注】
1) ノールズ，M.，堀薫夫・三輪建二監訳『成人教育の現代的課題——ペダゴジーからアンドラゴジーへ』鳳書房，2002, p.65.
2) 岡本包治『生涯学習活動のプログラム』全日本社会教育連合会，1998, p.10-22.
3) 廣瀬隆人・澤田実・林義樹・小野三津子『生涯学習支援のための参加型学習のすすめ方』ぎょうせい，2000, p.8. ただし現在，参加型学習の推奨が形式的な導入にとどまり学習支援全体との関連が希薄になっているとの批判もある。鈴木眞理「学習者の参加する学習機会」鈴木眞理・永井健夫編『生涯学習社会の学習論』（シリーズ生涯学習社会における社会教育第4巻）学文社，2003, p.133-151.
4) 中野民夫『ワークショップ』（岩波新書）2001, p.143-146.
5) 津村俊充・石田裕久編『ファシリテーター・トレーニング』ナカニシヤ出版，2003, p.12-16.
6) ロジャース，C.R.，畠瀬稔・畠瀬直子訳『エンカウンター・グループ——人間信頼の原点を求めて』ダイヤモンド社，1973, p.59-96.
7) クラントン，P.，入江直子・豊田千代子・三輪建二訳『おとなの学びを拓く——自己決定と意識変容を目指して』鳳書房，p.205-208.

◆キーワード◆

学習プログラムの策定主体　　学習課題　　学習目標　　要求課題・必要課題　　プラニングとプログラミングの整合性　　教育目標　　教育行政目標　　参加型学習　　ファシリテーター

▎この章を深めるために

(1) 身近な市区町村の社会教育計画を参照し，環境，人権等のテーマ別に年間事業計画と個別事業計画とを作成する際に重要な論点は何か考えなさい。
(2) 意識変容の学習をめざす参加型の学習プログラムを策定する際の論点や手法について考えなさい。

【参考文献】
鈴木眞理・永井健夫編『生涯学習社会の学習論』(シリーズ生涯学習社会における社会教育第4巻) 学文社，2003
ノールズ, M., 堀薫夫・三輪建二監訳『成人教育の現代的実践』鳳書房，2002
中野民夫『ワークショップ』(岩波新書) 2001

第8章 学習者の理解と学習者のニーズ

1 学習者の特性と学習者理解

(1) 生涯発達の視点からみた学習者[1]

ライフサイクルと学習主体　本章で考察の対象とする学習者とは、社会教育における学習主体を想定している。社会教育法に依拠すると、社会教育において主な支援対象は青少年及び成人である。そこで、これをライフサイクルの観点でみると、大きくは少年期、青年期、成人期、高齢期という区分でその対象をとらえ直すことができる。

これらの人生各期が連続しかつ各期には特有の発達課題があることを、ライフサイクル論は提案する。しかしピアジェ (Piaget, J.) に代表される従来のライフサイクル論では、人生の前半の発達可能性は描出されるが、成人期以降の発達可能性は十分に描かれない。そこにはいわゆる流動性知能や動作性知力等20歳前後でピークを迎える能力が発達の指標として疑われてこなかったという前提がある。これに対して、1970年頃からのライフサイクル論研究では、人間の能力には、成人期以降に、失われる部分がある反面、獲得される面もあることに注目されるようになってきた。一生涯の道筋を明らかにする生涯発達論や成人期以降に焦点を当てた成人発達論の台頭はその証左である。前者の代表としてハヴィガースト (Havighurst, R. J.) を、後者の代表としてレヴィンソン (Levinson, D.) を取り上げ、彼らの論のうちに、人生各期の発達と学習の可能性を考察していく。

青少年期の発達課題と学習　ハヴィガーストは1948年に『人間の発達課題と教育』(*Developmental Tasks and Education*) を公刊し、発達課題の考え方を

世に知らしめた。彼の発達課題論は，日本でも1970年代以降生涯教育政策・実践に反映されていった。ハヴィガースト理論を自我発達に焦点化させてより進展させたエリクソンの理論が『幼児期と社会』（*Childhood and Society*）として1950年に刊行されるが，これに影響を受けた形で1971年大幅に改訂された『人間の発達課題と教育』が第3版として出版された。日本語版の副題として「生涯発達と人間形成」という文言が付されているように，まさに生涯発達を強く意識した発達課題の再提案となっている。彼の提案する発達課題は表8-1のようにまとめることができる[2]。

　この表では，社会教育でいうところの青少年（6〜25歳）が「中期児童期」から「早期成人期」の中途までに相当する。「中期児童期」においては，学校という集団のなかで社会生活能力を身につけつつ個人として自立することが求められる。しかし，昨今では学校に端を発する社会問題も多くまたそれらは学校だけで解決しうる問題ではなくなってきていることを勘案すると，この時期においては，家庭や地域の力も子どもの発達課題解決には求められていると推察される。続く「青年期」は新たな家庭生活を始めるための準備期間として位置づけられている。「中期児童期」で経験する社会と比較して，より広範な社会を経験し責任を負うことが求められる。地域での就業体験や将来親になる青少年層を対象とした公民館事業等が垣間見られるようになったが，その根拠をここにみることができる。

　成人期以降の発達課題・過渡期と学習　青年期までが生まれ出でた家庭を基盤として行動する時期であるのに対して，成人期以降は，新しい家庭を創り，古い価値観の一部を受け継ぎながらも新たな世界観のもとで行動することが期待される。この青年期から成人期への過渡期は，これまでの価値観と新しい価値観がぶつかり多くの葛藤を生み出す時期である。この過渡期の葛藤を，レヴィンソンは「危機」と呼ぶ。危機に直面・葛藤しつつ打開策を見出すなかで，人は成熟する。すなわち，子どもから成人になるということは，子どもという段階が終わってすぐに成人という段階がくるということを意味するのではなく，子どもと成人の両面を併せ持つ過渡期を経験することを意味するのである。

表8-1　ハヴィガーストの提案する発達課題

ライフステージ	発達課題
幼児期および早期児童期 （0〜6歳）	1　歩行の学習 2　固形食摂取の学習 3　しゃべることの学習 4　排泄の統制を学ぶ 5　性差および性的な慎みを学ぶ 6　社会や自然の現実を述べるための概念を形成し言語を学ぶ 7　読むことの用意をする 8　善悪の区別を学び，良心を発達させ始める
中期児童期 （6〜12歳）	1　通常の遊びに必要な身体的技能を学ぶ 2　成長しつつある生体としての自分に対する健全な態度を身につける 3　同年代のものとやっていくことを学ぶ 4　男女それぞれにふさわしい社会的役割を学ぶ 5　読み書きと計算の基礎的技能を発達させる 6　日常生活に必要な様々な概念を発達させる 7　良心，道徳心，価値尺度を発達させる 8　個人としての自立を達成する 9　社会集団や社会制度に対する態度を発達させる
青年期 （12〜18歳）	1　同年代の男女と新しい成熟した関係を結ぶ 2　男性あるいは女性としての社会的役割を身につける 3　自分の体格を受け入れ，身体を効率的に使う 4　親や他の大人たちから情緒面で自立する 5　結婚と家庭生活の準備をする 6　職業につく準備をする 7　行動の指針としての価値観や倫理体系を身につける—イデオロギーを発達させる 8　社会的に責任ある行動をとりたいと思い，またそれを実行する
早期成人期 （18〜30歳）	1　配偶者の選択 2　結婚相手と暮らすことの学習 3　家庭をつくる 4　育児 5　家の管理 6　職業の開始 7　市民としての責任をひきうける 8　気心の合う社交集団を見つける
中年期 （30〜60歳）	1　十代の子どもが責任を果たせる幸せな大人になるように援助する 2　大人の社会的な責任，市民としての責任を果たす 3　職業生活で満足のいく地歩を築き，それを維持する 4　大人の余暇活動をつくりあげる 5　自分をひとりの人間として配偶者と関係づける 6　中年期の生理学的変化の受容とそれへの適応 7　老いていく親への適応
老年期 （60歳〜）	1　体力と健康の衰退への適応 2　退職と収入の減少への適応 3　配偶者の死に対する適応 4　自分の年齢集団の人と率直な親しい関係を確立する 5　柔軟なやり方で社会的な役割を身につけ，それに適応する 6　満足のいく住宅の確保

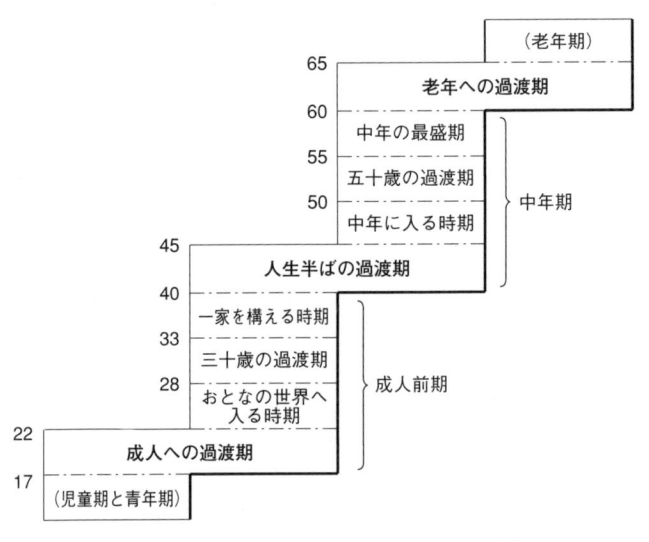

```
                              ┌─────────┐
                         65 ──┤(老年期) │
                              │         │
                         60   │老年への │
                              │過渡期   │
                         55 ──┴─┐中年の最盛期 ┐
                                │              │
                         50     │五十歳の過渡期├中年期
                                │              │
                         45 ──┐ │中年に入る時期┘
                              │人生半ばの過渡期
                         40 ──┤                ┐
                              │一家を構える時期│
                         33   │                │
                              │三十歳の過渡期  ├成人前期
                         28   │                │
                              │おとなの世界へ  │
                              │入る時期        │
                         22 ──┤                ┘
                              │成人への過渡期
                         17 ──┤
                              │(児童期と青年期)
```

図8-1　レヴィンソンの提案する成人発達段階

　ハヴィガーストの発達課題論ではこの移行期間をみることができない。そこで，この成人への過渡期以降については，レヴィンソンの説を参考にして，その発達特性をみていこう。[3]

　「成人への過渡期」は未成年の自己に終わりを告げ，おとなとしての自己を形成し始める期間と意味づけられる。この時期はレヴィンソンによれば，「ライフサイクルにおける重大な転換期」[4]　である。ここから次の大きな過渡期である「人生半ばの過渡期」を迎えるまでが「成人前期」である。「成人前期」は，生物学的・心理学的・知的能力が最高水準に近いところで安定しており，おとなの社会（家庭や職場，地域など）で徐々に成熟し，自律して生きていく時期である。ところが「人生半ばの過渡期」を迎える頃，発達や仕事，生活様式のうえで重大な変化が生じる。それゆえに生じるストレスも大きいが，「成人前期」の体力，敏捷性，持久力，生産性という資質に替わる，叡智や分別，寛容，感情に左右されない同情心，思慮深さ，もののあわれの感覚等により克服することができるという。「中年期」は各人が目標を達成し社会的貢献をし

うる時期であるが，そのためには「人生半ばの過渡期」をいかに過ごすかが鍵となる。そして，生物学的，心理学的，社会的にさまざまな変化が生じ，その結果生活の特質が根本的に変わってしまう60歳前半に「老年への過渡期」を迎える。この時期もまた一つの選択をする時期だといわれる。高齢期への移行は，離脱理論や活動理論，交換理論等によって支えられる。それぞれの理論によって，高齢期への移行支援は，中年期までの社会的ステージからスムースに引退し穏やかな余生を送ることに重点を置くか，中年期の社会的ステージを継続することに重点を置くか，中年期の社会的ステージから高齢期に固有の社会的ステージに役割移行していくことに重点を置くかというスタンスの違いがみられる。「老年への過渡期」は，高齢期の生き方を決める重要な時期なのである。以上こうしてみていくと，人生各期の発達課題への対応も重要であるが，各期と各期を結ぶ過渡期に起因する課題への対応もまた重要であることが看取されるであろう。

ライフコースの視点からみた学習　　生涯発達論に依拠したときに，もう一つ想定できるのがライフコースの視点である。ライフサイクルとライフコースの概念については相互置換・相互併用的に用いる研究者もいるが，「ライフコース論はポスト・ライフサイクル論として，つまりライフサイクル論の限界を乗り越えるものとして紹介されることが多い」[5]。大久保は，ライフコースを「社会構造内部での個人の位置が一生を通じて変化していく際の道筋」[6]の束であると規定したうえで，ライフサイクルとの違いを次のように述べる。「ライフコースそのものはパターンではなく，社会学的に定義された個人の一生である。それを統計的にパターンとして捉えようとするときの1つの方法（概念）がライフサイクルなのである[7]。」このライフコースにみる「パターンではなく個人の一生」というとらえ方から，ライフサイクルに対する「同年代にある個人差が包摂されない」「年齢輪切り的な発想に陥る」という批判を超える可能性があることが示唆されよう。

ライフコースにおいて，ある発達局面から次の発達局面への移行は「ライフイベント」によって区切られる。イベントは具体的には，個人的要素の強いも

のとして誕生，死，進学・入学，就職・転職・再就職，結婚，離婚等が，時代的社会的要素の強いものとして災害や戦争，社会運動等があげられる。イベントとは，ある局面から別の局面への転換期を意味するが，それは短期・瞬間的な転換ではなく，一定期間を要する移行期間として現れ，先のライフサイクルにおける過渡期と同様に，新旧の価値観の葛藤等多くの危機を含む。しかし危機を含むがゆえに，イベントとそれにともなう移行期間は人生のなかで大きな意味をもつ。生涯発達の観点から学習者を理解するとき，人生各期を注視する傾向が強いが，是非ともライフイベントや過渡期にも注目して欲しい。

(2) 現代社会を生き抜く学習者

ラングラン（Lengrand, P.）が生涯教育概念を提示したとき，その背景には，急激に変化しつつある社会構造があった。当時日本は高度経済成長期にあたり，急激に変化する社会に適応して自律的に生きていくために学習が求められた。時が経ち，1992（平成4）年生涯学習審議会答申で「現代的課題」にかかる学習の必要性が提案された。現代日本社会の生活者として，現代社会が抱える学習課題を学ぶことが政策的に求められたのである。同答申では，現代的課題を，科学技術の高度化，情報化，国際化，高齢化，価値観の変化と多様化，男女共同参画社会の形成，家庭・地域の変化を社会的背景として，「人間性豊かな生活を営むために，人々が学習する必要のある課題」と定義する。具体的には，「生命，健康，人権，豊かな人間性，家庭・家族，消費者問題，地域の連帯，まちづくり，交通問題，高齢化社会，男女共同参画型社会，科学技術，情報の活用，知的所有権，国際理解，国際貢献・開発援助，人口・食糧，環境，資源・エネルギー等」が例示されている。

定義から看取されるように，現代的課題とは，個人の生きがい充実や趣味教養的なニーズへの対応のためではなく，「活力ある社会を築いていく」ことに第一義的目的を置く。すなわち，現代的課題とは，個人よりも社会に重きを置いた学習課題設定の方略だといえる。したがって，個人の内的な課題ではないがゆえに学習者個人により学習課題として意識されない場合も多々ありうる。

生涯学習社会では，「各人が自発的意志に基づいて（学習を）行うことを基

本とする」(1981年中央教育審議会答申「生涯教育について」)という言葉から窺えるように学習者の自発性が尊重される。それゆえに，学習機会提供においては，いかに学習者自身が希望する学習機会を提供していくかということに腐心しがちである。しかしながら，学習者自身が社会的存在であるかぎり，社会からの要請という観点から学習者に必要な学習課題の設定をおこなうこともまた欠かせない視点である。とくに，昨今のような変化の激しい現代社会においては社会を生き抜くための知識や技能を修得することは必須であろう。

　現代的課題の一つ一つの例示をみるとき，今なおこれらの大半は解決しえておらず，継続して学習課題として取り上げる必要がある。しかし，その一方で，その後10年以上の時が流れるなかで新たな課題が加わってきていることも確かである。2001 (平成13) 年7月に社会教育法が改正され，家庭教育や青少年の奉仕活動，自然・社会体験活動等の一層の充実が地域レベルで促進されるべきであることが盛り込まれたが，これもまた新たに加わった現代的課題とみることができよう。

(3) 属性的特性

　学習者理解の観点として，最後に，個人差特性を取り上げてみたい。ここでは，個人差のなかでもとくに属性に由来する差に起因するものを中心に据える。属性とは，性，年齢，職業，学歴，収入，居住地，住居様式，出身地，家族構成等，対象者のもつ比較的固定的な特徴や性質を意味する。なぜ，こうした属性差への着目が必要なのか。それは，日本の社会教育が使命の一つとして，旧来の差別的社会構造を変革するという任を負ってきたことによる。このことは先に述べた現代性という観点と比するとわかりやすい。現代的課題の多くが，現代社会への適応者の育成ということに主眼が置かれるのに対して，属性差に起因する学習課題の多くは，現代社会を変革する人材育成に主眼が置かれる。

　たとえば，性別についてみていくと，性別が女性であるか男性であるかという違いは生物学的な意味では客観的事実であり本人の意志により変革不可能な神の領域である。しかし，それぞれがもつ社会文化的役割については固定されるべき性質のものではない。それを固定的にとらえようとするのが，固定的性

別役割分業観である。「男女が平等な関係になり，それぞれの自己実現を目標として職場でも家庭でも役割を分かち合い，必要に応じては役割を交替する」という共業観に相対するものとして，それは現代社会においても確かに存在する。たとえば，子育ては，親であるかぎり，夫婦が互いに協働でその責任を果たすべきであろう。しかし，社会教育法の改正にまで至った家庭教育支援論議の背景には，何よりも，子育て中の女性なかでも専業主婦の孤立化がある。これは3歳児神話や「男は外，女は内」という慣習が招いた結果であり，それゆえ，これらの性別役割分業観の変革が学習課題となる。

　こうした属性に由来する学習者の理解をすすめるにあたって，念頭に置いておきたいことが2点ある。一つは，対症療法的な学習者理解ではなく大局的な学習者理解の必要性である。差別的構造のなかで噴出してきた問題を解決しようとする場合，顕在化してきた部分だけを取り上げると本質がみえなくなる場合がある。たとえば，家庭教育支援において，子どもの躾に自信をもてない母親が増加しているからといって，母親を対象とした躾を教示する学習機会ばかりを提供するのでは問題の根本的な解決はみない。それどころか，躾はやはり母親がしなくてはならないのだという強迫観念を母親自身と周囲に一層植え付ける危険性がある。この場合，なぜ家庭の教育力が機能しなくなってきたのか，その根本原因を掘り下げてみたところに，学習課題が存在するのではなかろうか。もう一つは，固定化された意識の変革を最終目標とするがゆえに，学習者にとって大変な痛みをともなう可能性があるという認識の必要性である。意識変容の学習では，先に述べた過渡期と同様，新旧の価値観の間で葛藤が生じる。同じような古い価値観をもつ人すべてが学習者として同じ経験をすれば，痛みを共有することができ精神的ストレスを軽減できる可能性はある。しかしながら，学習集団から離れて生活集団（家庭や地域，職場など）に戻り，古い価値観に固執している人に再び囲まれたとき，学習者は孤独な戦いに挑まなくてはならなくなるかもしれない。差別構造に気づき変革を働きかける力を，被差別者がもち得るような学習機会を提供していくのと併行して，その力が継続していくような支援体制をつくることが必須であろう。

2 学習ニーズの定義と構造

(1) 学習ニーズの定義

学習ニーズとは,「学習を深いレベルで動機づける原動力」となるものである。このことはノールズ（Knowles, M.）のいう「教育的ニーズ」の考え方に近い。彼は教育的ニーズを,人々が「自分自身や組織や社会によって規定された,現在の能力レベルと,効果的な達成のために求められるより高い能力レベルとの間のギャップである。」と規定する[9]。すなわち,現状を変化・向上させることを目的として個人や組織,社会等によって要請される学習に対する志向性である。志向性の対象として,「特定のテーマや内容を学んでみたいという欲求」[10]というように内容面に限定してとらえる向きも認められるが,形態や方法,レベル等も学習行動を誘引する要素になると考えるので,ここでは,これらも含み学習ニーズととらえる。

(2) 学習ニーズの構造

学習ニーズは,「学びたい」という個人の欲求として表される「要求としての学習ニーズ」と「学ぶ必要がある」といった社会的な必要性として表される「必要としての学習ニーズ」の二つの視点からとらえられる[11]。すなわち,人々の内に学習活動へ駆り立てる動機が存在しそれが表出した学習要求と人々を取り巻く社会によって規範的に導出される学習必要の二つが学習ニーズの構成要素である。

ところで,この学習ニーズは,学習を動機づけ,学習行動への誘因となる欲求であるが,「ふだんから意識されていて,行動化の可能性の高い」顕在的学習ニーズと「外から刺激や手がかりが与えられてはじめて意識される」潜在的学習ニーズに分けてとらえることができる[12]。たとえば,介護の必要な家族を抱えて介護知識や技術を学びたいという欲求は前者であり,高齢社会のなかで何かそれにかかわる学習機会に参加したいという思いや何を学びたいのかはっきりしないが学ぶことは必要だという思い等は後者に含まれるものである。この顕在的,潜在的ニーズのいずれについても,学習行動に移していくためには,

支援策として学習相談と学習情報提供が有用である。具体的には，顕在化した学習ニーズをもっている学習者には，ニーズに適合する学習機会を検索し橋渡しをすること，そして実際に特定の学習機会に参加するにあたっての阻害要因を排除すべく援助することが必要であろうし，潜在的なニーズをもっている学習者に対しては，顕在化させるためのカウンセリング的学習相談の実施や学習者自身によるニーズの自己査定（self-assessment）を促す相談・情報提供が求められてくるであろう。ここまで述べてきた学習ニーズは，明瞭か不明瞭かの違いはあるにしても学習者の内に存在しているのが前提である。したがって，学習支援者は，ニーズを把握すること，合致させる学習機会を提供すること，学習ニーズと学習機会を結びつけていくことが主な役割となる。

しかし，学習ニーズを究明するには，学習者を取り巻く社会に重点を置いたアプローチも必要であることはすでに述べたとおりである。このアプローチに立つと，実は学習支援者の役割には，ニーズの把握に終始するにとどまらず，社会的要請という観点から学習者にニーズを気づかせることも求められるのである。換言すれば，学習ニーズとは，把握されるという性質のみならず，発掘されるという性質も併せもつものだといってよい。この学習者に対するニーズの啓発や発掘という視点は，とくに学習必要としてのニーズを考えていく場合に重要である。

それでは，要求としてのニーズと必要としてのニーズをそれぞれどのように診断すればよいのか，次にそのことについて考えたい。

3 学習ニーズの診断

(1) 学習要求としてのニーズの診断

各種学習調査による学習要求の診断　人々がどのようなことに関心があり，どのようなことをどのような形態で学習したいと望んでいるのか，これらのことを学習支援者が把握する方法には，（口コミを含む）インタビューやアンケート法に代表される各種調査がある。なかでも，直接的には，学習動機や

学習目的，学習内容・方法・形態・評価等に対するニーズ，学習阻害要因等の分析を目的とした調査から，学習要求として読み取ることができる。ただし留意すべきは，学習に対する要望を尋ねる調査の質問には，大きく分けると，調査回答者個人が個人的嗜好として望むものを回答する様式，社会的な必要性について調査回答者がどのように考えるのかを回答する様式，両者の性質が混在している様式のものとがみられることである。学習要求について把握しようとする場合，個人的嗜好に基づく回答結果については比較的字義通りに受け取ることができるが，社会的必要性について考慮することが求められる質問様式では，学習必要と学習要求のバランスにかかる思いが，回答者により一様でない可能性が高いので，字義通りに受け取ることは難しいであろう。

学習内容に対する学習要求　　表8-2を手がかりとして学習内容に焦点化して現代人の学習要求を診断してみよう。

表8-2は，筆者らにより実施された調査「生涯学習ニーズに関するアンケート」の分析結果による[13]。表8-2によると，健康・趣味・教養についての学習要求が際だって高い傾向が窺える。これは，本調査にかぎらず多くの学習ニーズ調査に共通する結果である。さらに，この結果を学習形態別にクロスしてみたが，公的社会教育施設・機関とカルチャーセンター等との間でも大きな変化が認められない。本来，公的社会教育とカルチャーセンターとの間には，前者は

表8-2　希望する学習内容（複数回答）

学習内容	選択率
趣味に関すること	42.8％
教養に関すること	26.9
家庭生活に関すること	12.7
職業に関すること	15.6
ボランティア活動関係	16.7
地域や社会に関すること	10.3
人権に関すること	1.9
健康に関すること	50.5

出所：大庭宣尊・岡本徹・笹尾省二・森川泉・山川肖美「成人の学習ニーズにおける公的社会教育と高等教育機関の位置」『広島修大論集』（第42巻第2号）2002, p.153.

市民・国民への奉仕，後者は営利というそれぞれ異なる設置目的が存し，それゆえに，想定すべき学習課題も異なるはずである。しかしながら学習ニーズが同じ傾向であるならば，それを基に設定される学習課題も当然似通ったものとならざるをえない。こうして，問題として浮上するのが，公的社会教育施設における学習者の私事性と受益者負担の問題である。無論，その先には学習権の保障という，社会教育の根幹を揺るがす問題に行き着く。生涯学習概念が普及・定着していく過程で，公的社会教育施設でも，個人の生きがい充実に資する学習活動が強調され，その学習の成果は個々人に帰することを当然とする風潮のなかで，学習者は個人であるいはグループサークル活動を通じて自らの趣味・教養を楽しむための学習に興じる傾向が強まった。その結果，学習者の，カルチャーセンター等の民間教育施設に求めるものと公的社会教育施設に求めるものとが近似するようになったのだと推断される。公的施設であるかぎりにおいて，学習課題としては公共的要素の強いものが優先されるべきであるが，そうすればするほど学習者の学習要求とは乖離していく危険性がここから見て取れる。現代社会の抱える大問題の一つである人権への学習要求の低さがその一端を示している。

続いて，学習者特性と関連づけながら，学習内容に関するニーズをみてみたい。これについては「広島市市民生涯学習市民意識調査」を利用したい。[14]

表8-3は性・年齢別にみた学習内容に対するニーズを示す。希望する学習内容のなかで，「家庭生活に関するもの」について女性のニーズが際だって強く，逆に「社会的なもの」や「職業的なもの」に対しては，男性の方が相対的に強いニーズが認められる。このように，学習ニーズには，女性の家庭志向，男性の社会・職業志向という固定的な性別役割分業観が反映される形になっている。この傾向は性・年齢別にみると一層明らかである。女性は20～40代といういわゆるライフサイクル第二期において，各年代を平均して20～30%が家庭生活に関する学習ニーズを示している。それに対して男性の同世代層では，同じ学習ニーズに対する志向性は2.2～9.8%と低く，その代わりに，社会的なものや職業的なものに対する学習ニーズがそれぞれ年代を通しておしなべて

表8-3　性・年齢別にみた学習内容に対するニーズ

(複数回答　単位:%　( )内は実数)

性・年齢		学習内容のニーズ							合計(N=)
		趣味的なもの	教養的なもの	健康づくりに関するもの	家庭生活に関するもの	社会的なもの	職業的なもの	とくに学習したいと思わない	
女性	20～24歳	64.1	46.2	32.1	23.1	7.7	43.6	3.8	(78)
	25～29歳	69.0	42.5	21.8	34.5	3.4	47.1	3.4	(87)
	30～34歳	65.0	36.3	32.5	17.5	15.0	47.5	2.5	(80)
	35～39歳	52.1	34.2	38.4	28.8	9.6	45.2	1.4	(73)
	40～44歳	60.6	43.4	39.4	21.2	8.1	32.3	3.0	(99)
	45～49歳	66.3	48.9	41.3	21.7	8.7	23.9	5.4	(92)
	50～54歳	63.4	33.3	51.6	15.1	10.8	21.5	2.2	(93)
	55～59歳	62.3	36.1	49.2	21.3	11.5	9.8	6.6	(61)
	60～64歳	59.3	38.9	46.3	14.8	13.0	11.1	5.6	(54)
	65～69歳	40.4	29.8	44.7	10.6	6.4	4.3	23.4	(47)
	70～74歳	51.2	29.3	51.2	7.3	9.8	0.0	14.6	(41)
	75～79歳	43.5	30.4	34.8	0.0	8.7	0.0	34.8	(23)
	80歳以上	26.3	36.8	26.3	0.0	15.8	5.3	47.4	(19)
	計	59.6	38.8	39.3	19.7	9.4	27.7	7.1	(847)
男性	20～24歳	59.2	32.7	20.4	6.1	22.4	59.2	0.0	(49)
	25～29歳	62.2	31.1	22.2	2.2	17.8	62.2	6.7	(45)
	30～34歳	55.4	41.5	16.9	9.2	29.2	58.5	10.8	(65)
	35～39歳	59.3	40.7	23.7	6.8	18.6	69.5	5.1	(59)
	40～44歳	64.2	35.8	28.4	3.0	25.4	58.2	0.0	(67)
	45～49歳	53.6	26.2	25.0	7.1	20.2	47.6	7.1	(84)
	50～54歳	59.2	34.2	43.4	1.3	17.1	36.8	7.9	(76)
	55～59歳	65.5	31.0	51.7	13.8	24.1	29.3	1.7	(58)
	60～64歳	51.9	31.5	46.3	0.0	11.1	11.1	13.0	(54)
	65～69歳	57.8	46.7	44.4	2.2	17.8	8.9	11.1	(45)
	70～74歳	55.2	17.2	41.4	6.9	17.2	3.4	27.6	(29)
	75～79歳	66.7	20.0	60.0	13.3	20.0	6.7	6.7	(15)
	80歳以上	23.1	23.1	15.4	0.0	7.7	7.7	53.8	(13)
	計	58.0	33.4	32.8	5.5	20.2	41.4	8.2	(659)

出所:広島市教育委員会『広島市生涯学習市民意識調査報告書』1996, p.31.

20%強，60%前後と非常に高くなっている。

学習要求に合わせるという観点だけに立てば，女性には家庭生活に関する学習機会を多様に提供し，男性には社会・職業生活に関する学習機会を多様に提供する，という結論を導出することになるであろう。しかし，「生涯教育は，生産性の向上や従属の強化のために取り入れられ，結果的に既成秩序の強化の具と終わる危険を内包している[15]」というジェルピ（Gelpi, E.）の言説から読み取れるように，要求に合致させることだけを眼目とすると，社会に可視的・不可視的に存する差別構造を強化する危険性を社会教育はもっていることを胸に刻んでおきたい。ジェルピはまた，（生涯教育は）「人々を抑圧しているものに対する闘争にかかわっていく力ともなりうる」とも述べている。属性に起因するニーズに合わせるのみならず，そのニーズが出てきた要因や背景を大局的に把握し，それを学習課題として提案することによって，属性に由来する既成秩序を変革できる可能性を社会教育はもっているのである。

(2) 学習必要としてのニーズの診断と学習ニーズの目標化

人権をテーマに掲げると人が集まらない。こうした悩みを，現場からの声として漏れ聞く。それは先の表8-2からも裏づけられる。加えて，最近では，現代的課題をテーマに掲げると集客が難しい，という声も側聞するようになった。これらのテーマはいずれも，学習必要から出てくる学習課題である。このことは，裏を返せば，現在の公的社会教育の現場では，学習要求に対応する学習機会提供や学習支援が，学習者に，より支持されていることを示している。

学習者が集まるから学習要求にもとづく学習機会提供や学習支援をおこなう。果たしてこの発想で公的社会教育はこれから先，固有の役割を持ち続けることができるのであろうか。集客を第一目的とし，ひたすらに学習要求のみに応えているのでは，個々人が豊かになることに貢献しえたとしても，真の市民社会の形成に貢献できるとは言い難い。また個々人の豊かさは，相互扶助的な発想が根底になければ，自分さえよければよしとする利己主義やその場その場が楽しければよしとする享楽主義に陥る危険性は高く，それでは，とても自律した学習者だとは言い難い。学習要求に応えることのみに終始するのは，公的

社会教育としての責務も放棄しているといっても過言ではなかろう。

　公的社会教育の在り方として，学習必要が重要であるという認識は政策や自治体の行政レベルでは比較的認められる。たとえば，平成16～19年度の広島市生涯学習推進行動計画（仮称）では，社会教育行政が担うべき主要な責務の一つとして，「社会の要請や市民ニーズに対応した生涯学習の推進」を掲げる。ここには，「文化・教養・趣味的な学習については，グループサークル活動や民間のカルチャーセンター等の利用に委ねることとするが，民間教育機関では提供される学習機会が少ない，市民と行政が協働して取り組む必要がある平和・人権・環境・男女共同参画・青少年の健全育成・子育て支援等社会的要請の強い現代的課題の学習については，学習機会を充実し，講座の再編成や見直しを行う」といった文言が含まれている。すなわち，公的な社会教育機関として，学習要求として学習者に強く求められている「文化・教養・趣味的な学習」以上に，学習必要としての現代的課題や市民としてのニーズを重視した施策展

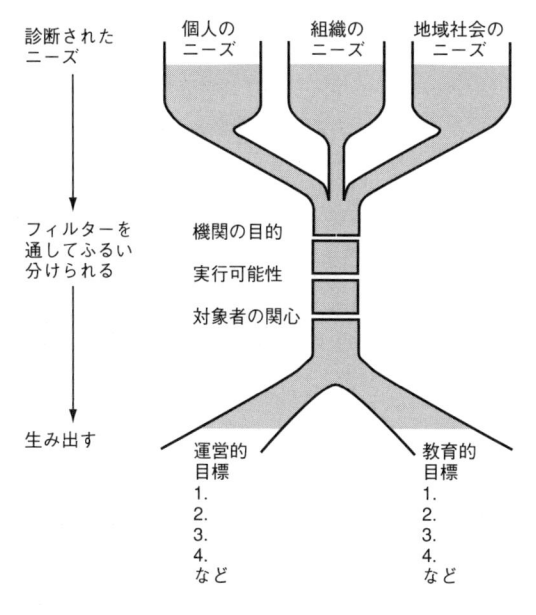

図8-2　ニーズの目標化

開をはかることが明言されているのである。

しかし、この理念を社会教育の実践現場で行おうとしたとき、先に述べたような集客面での悩みが浮上するのである。これを解決する一つの方途として、ノールズの提案する、ニーズから学習目標へ変換する方法論は興味深い。[16]

図8-2は、個人・組織・社会の各レベルで、学習要求と学習必要を把握したものを、機関の目的、実行可能性、対象者の関心によってフィルターに掛けて学習プログラムの出発点である学習目標に変換していくことを示している。フィルターの最後の段階に、対象者の関心がおかれていることに注目したい。ノールズは、「教育的関心」を「教育的ニーズを満たす可能性のある活動のなかで表現された好み」[17]と定義づける。学習必要から導かれた学習課題であっても、地域住民の内的な嗜好がそこに向くかどうかが最終選考の基準なのである。学習必要にもとづく学習課題を設定するに際しては、対象者の興味・関心に照らすことが、学習者の学習モラールの高揚という点から鍵となるといってよい。

【山川 肖美】

【注】
1) 西平直喜は、著作『成人になること——生育史心理学から』東京大学出版会、1990のなかで、青年の特性を理解するに際して三つの観点を提案する。最初に、青年性を「青年らしさとして、子どもとも成人とも違った心理的特質で、人間が人類としての心身の成熟過程で、幼児－児童－青年－成人－老人という、それぞれの発達過程で示す諸特性である。」と説明する。すなわち、人間理解には、生涯発達の観点が必須であることを指摘する。さらに、人間理解には「世代性」と「個別性」の観点が必要であると西平は続ける。世代性とは「ある時代ある社会」を文脈にした見方であり、個別性とは「個人差を中心としてみる」見方である。本節ではこれを援用して「生涯発達」、「現代性」、「属性的特性」という三つの観点を設定した。
2) 表8-1は、ハヴィガースト、R. J.、児玉憲典・飯塚祐子訳『ハヴィガーストの発達課題と教育——生涯発達と人間形成』(*Developmental Tasks and Education*, 3rd ed.) 川島書店、1995に基づいて筆者が作成。
3) 社会教育基礎理論研究会編『成人性の発達』(叢書生涯学習VII) 雄松堂出版、1989, p. 96.
4) レヴィンソン『ライフサイクルの心理学(上)』(講談社学術文庫) 1992, p. 50.
5) 大久保孝治「ライフコース分析の基礎概念」『教育社会学研究』(第46集), 1990, p. 58.

6) 大久保孝治・嶋崎尚子『ライフコース論』放送大学教材，1995, p. 21-22.
7) 大久保, *op.cit.*, 1990, p. 57-58.
8) 天野正子『第三期の女性――ライフサイクルと学習』学文社，1979, p. 29.
9) ノールズ，M., 堀薫夫・三輪建二監訳『成人教育の現代的実践――ペダゴジーからアンドラゴジーへ』(*The Modern Practice of Adult Education: From Pedagogy to Andragogy*) 鳳書房，2002, p. 106.
10) 三輪建二「成人の学習ニーズの個別化に関する一考察」『人間発達研究』(お茶の水女子大学紀要) 2000, p. 2.
11) 藤岡英雄「学習要求と学習行動」日本生涯教育学会編『生涯学習事典』東京書籍，1990, p. 58.
12) *Ibid.*, p. 58.
13) 1999年11〜12月に，広島市内に在住する一般成人1550名に対して（公民館利用者50％，非公民館利用者50％）調査を実施。有効回収数は1550（有効回答率100％）調査結果の詳細は大庭宣尊・岡本徹・笹尾省二・森川泉・山川肖美「成人の学習ニーズにおける公的社会教育と高等教育機関の位置」『広島修大論集』（第42巻第2号）2002, p. 143-171.
14) 「広島市生涯学習市民意識調査」に拠る。同調査は，1994年7月に，広島市に居住する満20歳以上の男女（母集団82万7348人）から3000人を層化無作為抽出し，郵送法によりアンケート調査を実施。有効回収数は1561（有効回答率52.0％）。分析結果は「広島市生涯学習市民意識調査」報告書にまとめられた。
15) ジェルピ，E., 前平泰志訳『生涯教育――抑制と解放の弁証法』(*Lifelong Education: The Dialectic between Oppression and Liberation*) 東京創元社，1983.
16) ノールズ，*op.cit.*, p. 170.
17) *Ibid.*, p. 107.

キーワード

ライフサイクル　人生各期　発達課題　過渡期　ライフコース　現代的課題
属性的特性　学習ニーズ　学習要求　学習必要　ニーズの診断　ニーズの発掘

この章を深めるために

(1) 過渡期やライフイベントの視点から学習課題を考えなさい。
(2) 成人期における学習必要について，学習の目的・内容・形態・レベル等に留意しながらあなたの考えをまとめなさい。

【参考文献】

鈴木眞理・永井健夫編『生涯学習社会の学習論』（シリーズ生涯学習社会における社会教

育第4巻）学文社，2003
社会教育基礎理論研究会編『成人性の発達』（叢書生涯学習Ⅶ）雄松堂出版，1989
ノールズ, M., 堀薫夫・三輪建二監訳『成人教育の現代的実践——ペダゴジーからアンド
　ラゴジーへ』鳳書房，2002

第9章　学習支援の方法

1　多様な学習方法

　人々の学びのありようは，多様である。たとえば，1981（昭和56）年の中央教育審議会答申「生涯教育について」でも，生涯学習を，「各人が自発的意志に基づいて行うことを基本とするものであり，必要に応じ，自己に適した手段・方法は，これを自ら選んで，生涯を通して行うもの」ととらえている。

　したがって，学びの手法はまさに十人十色であり，ひとくちに学習支援といっても，その支援方法も当然，単一ではありえない。そのため，学習支援について考えていくには，人々の学習方法に着目する必要がありそうだ。

(1) 学習方法の実態

　これまでも，人々の学習活動を把握するため，さまざまな調査がおこなわれてきた。なかでも，NHK放送文化研究所が1982年から，全国規模で成人の学習の実態やニーズを探った「学習関心調査」の結果は利用できる。そこで，1998年の調査結果を手がかりに，学習方法の実態に迫ってみよう。

　図9-1は，学習方法の利用・利用希望率を示したものである。実際に利用した学習方法についてみると，「グループ・サークル」が26.8%と最も多く，これに「本・雑誌（25.6%）」や「知人・家族（14.0%）」，「テレビ（12.6%）」が続いている。

　図の右側に目を移すと，今後，利用したい学習方法で最も多いのは，「カルチャーセンター（25.1%）」であり，ついで「グループ・サークル（23.2%）」，「本・雑誌（20.1%）」の順となっている。

行動（利用した方法）	学習方法	顕在的学習関心（利用したい方法）
26.8%	グループ・サークル	23.2%
25.6	本・雑誌	20.1
14.0	知人・家族	11.7
12.6	テレビ（地上波）	13.2
11.8	個人教授・塾	13.2
10.4	カルチャーセンター	25.1
8.9	学級・講座	10.6
6.2	新聞	2.4
3.0	カセット・CD	2.7
2.4	企業の教室	1.5
2.3	ビデオソフト	2.7
2.3	ラジオ	2.3
2.2	社会通信教育	5.6
1.8	パソコン通信	3.2
1.8	パソコンソフト	2.8
1.5	専門学校	2.4
0.3	テレビ（地上波以外）	2.4
0.1	職業訓練校	0.9
0.1	大学院	0.1
0.1	大学・高校の公開講座	0.4
0	高校	0
0	大学・短大	0.4
0	放送大学	0.3
3.2	その他	3.2

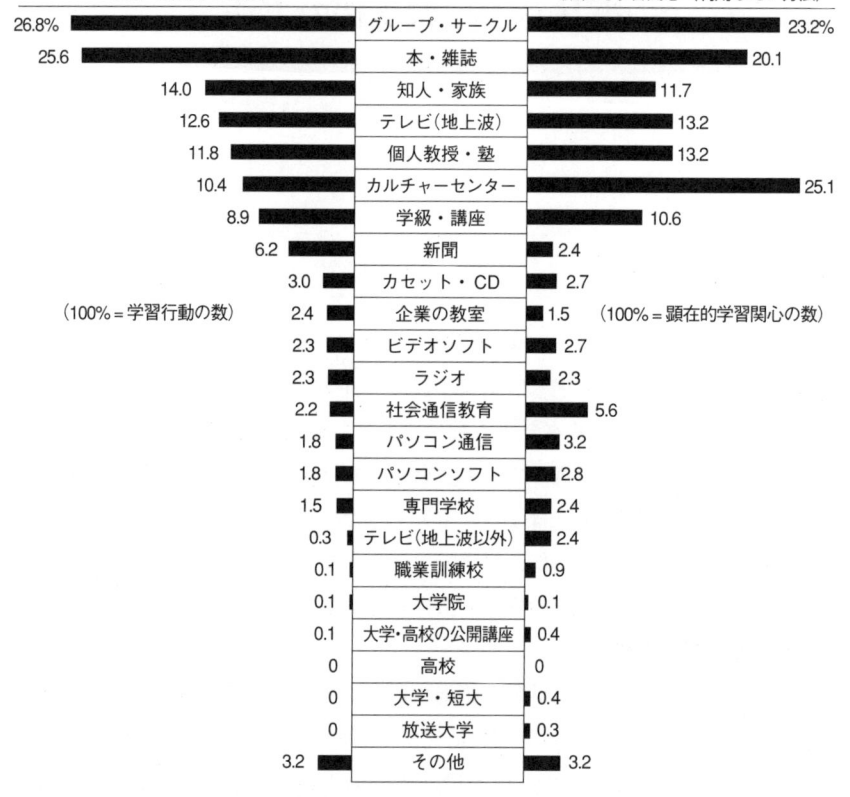

（100％＝学習行動の数）　　（100％＝顕在的学習関心の数）

図9-1　学習方法の利用・利用希望率（1998年）

出所：原由美子・齋藤建作「学習関心調査報告1998　人々は何を学んでいるか（3）どんな方法で学ぶか」『放送研究と調査』日本放送出版協会，1998年11月号，p.21-22.

（2）学習方法のタイプ

　ここにみられる学習の方法は，時代や社会によっても少なからず影響を受けることが考えられる。そうした点で，1982年から1998年まで5回にわたって継続的に実施された同調査結果の推移は参考になる。

　その推移を示したのが，表9-1である。表をみると，「本・雑誌」，「グループ・サークル」，「テレビ」，「個人教授・塾」は，利用した方法と利用したい方法のどちらにおいても，つねに上位に登場しているのがわかるだろう。それに

表9-1　学習方法上位5種類の推移

	1982（第1回）	1985（第2回）	1988（第3回）	1993（第4回）	1998（第5回）
利用した方法	1 本・雑誌　31.2 2 グループ・サークル　26.3 3 個人教授・塾　17.3 4 テレビ　13.5 5 知人・家族　11.5	1 本・雑誌　31.6 2 グループ・サークル　25.7 3 テレビ　16.3 4 知人・家族　15.0 5 個人教授・塾　12.5	1 本・雑誌　30.6 2 グループ・サークル　26.3 3 テレビ　17.1 4 知人・家族　14.4 5 個人教授・塾　11.2	1 本・雑誌　32.5 2 グループ・サークル　22.2 3 テレビ　18.4 4 個人教授・塾　14.2 5 知人・家族　13.2	1 グループ・サークル　26.8 2 本・雑誌　25.6 3 知人・家族　14.0 4 テレビ　12.6 5 個人教授・塾　11.8
利用したい方法	1 本・雑誌　29.9 2 グループ・サークル　28.8 3 カルチャーセンター　21.0 4 個人教授・塾　21.0 5 テレビ　17.5	1 本・雑誌　28.6 2 グループ・サークル　26.1 3 カルチャーセンター　23.3 4 テレビ　19.2 5 個人教授・塾　17.4	1 カルチャーセンター　26.5 2 本・雑誌　26.0 3 グループ・サークル　24.8 4 テレビ　20.9 5 個人教授・塾　12.8	1 本・雑誌　26.7 2 カルチャーセンター　24.0 3 グループ・サークル　22.2 4 テレビ　19.4 5 個人教授・塾　15.0	1 カルチャーセンター　25.1 2 グループ・サークル　23.2 3 本・雑誌　20.1 4 知人・家族　14.4 5 個人教授・塾　13.2

出所：図9-1に同じ。

対して，利用したい方法ではたえず上位に位置づけられている「カルチャーセンター」は，実際の利用においては上位5以内にあがってこないという傾向もみられた[1]。

　これらの結果をみると，人々の学びの手法が，多様であることにあらためて気づかされる。しかし，仔細にみてみると，多様な学習方法といっても，学習形態が個人か，それとも集団かによってタイプ化も可能である。すなわち，人々の学習方法は，本や雑誌，テレビなどを利用した「個人学習」とグループ・サークルにみられるような「集合学習」の大きく二つに仕分けすることができる。そこで本章では，この「個人学習」と「集合学習」を中心に学習支援の方法について考えていきたい。まずは，個人学習からみていこう。

2　個人学習の進展

(1) 個人学習と遠隔教育

　文字どおり，個人学習とは，ひとりでおこなう学習である。この個人学習は，

メディア（媒体）を利用するものと施設を利用するものとに区分される。これまでみてきたように，本・雑誌などの印刷メディアやテレビなどの視聴覚メディアは，個人学習の有効な手段となっている。他方，施設を利用する個人学習は，図書館や博物館での学習を代表例としてあげることができるだろう。

　近年，この個人学習が進展をみせ，学習の個別化がすすんでいるとの指摘がある[2]。こうした動きにさらに拍車をかけているのは，メディアの革新による遠隔教育の発展とみてよい。

　それに関連して，もう一度，図9-1をみてみると，1998年度の「第5回　学習関心調査」において，はじめて「パソコン通信」や「パソコンソフト」の項目が，学習方法として取り入れられたことは特筆に値する。ただ，調査結果の数値にみられるように，こうした新しい学習方法は緒についたばかりである。

　しかしながら，この二つの学習方法については，比較的若い世代，とりわけ20・30代の男性の間でよく利用されていたり，職業関連の学習を中心に用いられているなど，今後のさらなる展開をうかがわせるような傾向もみられた[3]。しかも，その後の情報通信技術の発達やパソコンの普及などを考え合わせると，新しいメディアを利用した遠隔教育の手法は飛躍的な進展をみせるに違いない。

　この遠隔教育は，教育を求める学習者とそれを提供する側との間に介在する時空間的な障害を克服するための方法である。したがって，遠隔教育においては，学習者に"いかに学習を届けるか"が重要な観点となり，届けるための技術の開発には力が注がれてきた。こうした技術開発による情報通信技術の急速な進歩は，遠隔教育をより学習者中心のものとし，遠隔学習者にできるかぎり，彼らの学習についての選択とコントロールを与えることを可能にしてきている。そのため，近年では遠隔学習（distance learning）というタームが次第に受け入れられつつある。

　このようにみてくると，遠隔教育は学習者主体の学習方法であり，新しいメディアによる近年の遠隔教育は，それを学習者中心へとさらに推進させたと考えることができる。その意味において，遠隔学習とは，生涯学習における学習の理想型である「自己主導的学習[4]（self-directed learning）」に他ならない。学習

者自身が自己の学習過程をコントロールしていく自己主導的学習は，個人学習がめざす学習形態でもある。したがって，生涯学習社会の構築には，遠隔教育が重要な鍵を握っているといっても過言ではないだろう。

(2) 諸外国の遠隔教育機関

ところで，遠隔教育の提供形態に着目し，その類型化を試みた研究にキーガン (Keegan, D.) の論文がある[5]。以下，彼の試みをもとに，諸外国の遠隔教育機関についても概観しておこう。

図9-2をみると，遠隔教育機関のなかにも，「グループ型」と「個人型」の二つの形態があることがわかる。ここでは，紙幅の都合上[6]，あらかじめ準備された教材を用いた「個人型の遠隔教育」にかぎっていうと，この形態は，ヨー

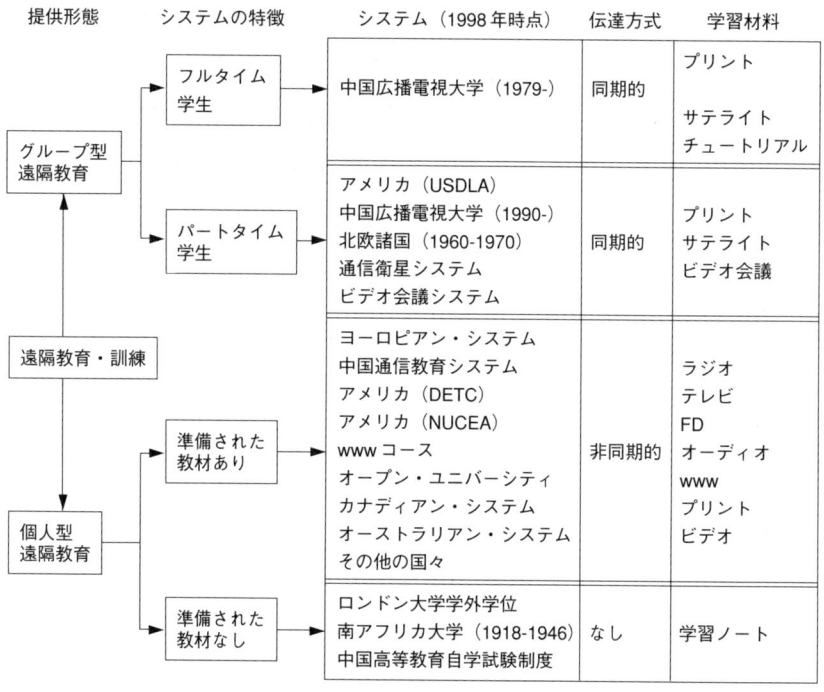

提供形態	システムの特徴	システム（1998年時点）	伝達方式	学習材料
グループ型遠隔教育	フルタイム学生	中国広播電視大学（1979-）	同期的	プリント サテライト チュートリアル
	パートタイム学生	アメリカ（USDLA） 中国広播電視大学（1990-） 北欧諸国（1960-1970） 通信衛星システム ビデオ会議システム	同期的	プリント サテライト ビデオ会議
個人型遠隔教育	準備された教材あり	ヨーロピアン・システム 中国通信教育システム アメリカ（DETC） アメリカ（NUCEA） wwwコース オープン・ユニバーシティ カナディアン・システム オーストラリアン・システム その他の国々	非同期的	ラジオ テレビ FD オーディオ www プリント ビデオ
	準備された教材なし	ロンドン大学学外学位 南アフリカ大学（1918-1946） 中国高等教育自学試験制度	なし	学習ノート

出所：Keegan, D., "The Two Modes of Distance Education.", *Open Learning*, Vol. 13, No. 3, November 1998, p. 44.

図9-2　世界の遠隔教育機関

ロッパの諸国を中心に散見される。その代表格がイギリスのオープン・ユニバーシティ（Open University）であることは，衆目の一致するところである。このオープン・ユニバーシティを嚆矢として世界各国に次々と同種の遠隔高等教育機関が設立されていくことになる。わが国の放送大学の創設もこうした流れに沿ったものとして位置づけられる。このモデルでは，体系的に準備された教材はもちろんのこと，学習者一人ひとりが遠隔地で学習をすすめていくことができるよう，学習支援システムが整備されている点も特徴として特筆することができるだろう。

図9-2のように，提供形態を軸に世界のさまざまな遠隔教育機関を整理することができる。ここで重要なことは，それぞれのタイプ，すなわち遠隔教育の教育および学習形態が，たえず新しい情報通信技術を適用することを通して発展してきており，その方向としては，全体的に学習形態が"集団から個人へ"と変化しているという点である。

(3) 遠隔教育の新しい動き

その変化は，双方向性があり，非同期的（asynchronous）な，つまり学習者各自が自由な時間に学習できるという，これまでの情報通信技術とは異なる特長をもつインターネットの登場によって加速されたといえる。印刷教材や放送といった従来のメディアでは，情報が一方向であったり，同期的であったりと学習上の拘束性がどうしても残されていた。

それに対して，インターネットを利用した遠隔教育においては，サーバに蓄積された静止画や動画などさまざまなウェブ（web）教材により，自己学習を中心に学習をすすめていくことを基本形態とするが，適宜，電子メールやチャット，メーリングリスト，電子掲示板等を活用して双方向による質疑応答や討論などもおこなわれる。

このように自分自身にあった柔軟な学習が可能で，より対話的なメディアであるインターネットの出現によって，遠隔教育は画期的な新段階に入った。こうした教育・学習形態を総称するタームとしては，「オンライン教育（online education）」，「WBT（web based training）およびWBL（web based learning）」，「ネ

ットラーニング (net-learning)」,「e ラーニング (e-learning)」,「バーチャル ラーニング (virtual learning)」など実に多様な類語が用いられている。とくに e ラーニングについては，わが国の場合，人材開発や企業内研修の面から産業界を中心に積極的な反応をみせているようだ。[7]

インターネットを活用した学習機会の提供は，とりわけ高等教育段階を中心に1995年以降瞬く間に発展してきている。なかでも，バーチャル・ユニバーシティ (virtual university) は，わが国においても昨今，注目を集めている新しいタイプの高等教育機関である。[8] バーチャル・ユニバーシティとは，物理的なキャンパスはもたず，主にインターネット上のサイバースペースのなかで教育・学習活動が展開される形態一般を指す。その意味で，バーチャル・ユニバーシティは，インターネットによって教育配信をおこなおうとする遠隔教育の考えを，最も体現化した機関といえるだろう。

非同期双方向の特長をもつインターネットを利用した遠隔教育は，従来の遠隔教育の通念を打破し，学習者に新しい可能性をもたらしたといってよい。すなわち，これまでの学習不利益層と呼ばれる人々はもちろんのこと，仕事等により時間的に制約のあった成人一般に対しても学習への扉を大いに開かせたからである。もちろん，学習内容も職業関連の学習にとどまるものではない。そのため，いまや誰でも，積極的な意味で遠隔学習者になることができる。ただし，この新しい遠隔教育には，情報機器の整備などのハードの問題に加えて，そうした機器を使いこなす基礎的な能力からメディアへの批判的思考能力などを含んだメディア・リテラシーの育成といった緊急を要する課題があることも忘れてはならない。

3 集合学習の展開

(1) 集会学習と集団学習

複数の人が集まっておこなわれる集合学習が，人々の有効な学習方法のひとつであることは，もはやいうまでもない。すでにみたように，「グループ・サ

ークル」は，人々が実際に利用した学習方法のつねに上位に位置づけられてきた。とくに，"趣味・お稽古ごと"や"スポーツ・レクリエーション"の領域では，学習仲間を形成するグループ・サークルへの人気が根強い。

　この集合学習は，1971（昭和46）年の社会教育審議会答申「急激な社会構造の変化に対処する社会教育のあり方について」において，「学習のねらいや主題に応じて，希望者がそのつど自由に参加する集会的性格のものと，参加者の集合が組織的であって，それ自体が教育的意義をもつ集団的性格のもの」とに分けられている。すなわち，集合学習は，講演会や音楽会，映画会などに各人が自由に参加する「集会学習」と，グループ・サークルや学級・講座などでお互いに作用を及ぼしあいながら学んでいく「集団学習」とにさらに区分される。

　後者の相互教育型の学習である「集団学習」のなかでも，とりわけ学級・講座は，公的社会教育が提供する主要な学習機会となっている。とくに，公民館における学級・講座はその典型といってよい。実際，『平成14年度社会教育調査』をみても，公民館が開設した学級・講座数は35万4千件にものぼり，全体のうち42.7%を占めている。しかも1983（昭和58）年度以降，その数は増加の一途をたどっている。

(2) 集団学習における新しい動き

　近年，参加型学習やワークショップと呼ばれる手法が注目を集めている。こうした新しい動きの背景には，学級・講座における集団学習といっても，どうしても学習者が受け身になりやすかったことがあると思われる。

　ワークショップとは，もともと「作業場」や「工房」を意味する言葉であったが，転じて「講義など一方的な知識伝達スタイルではなく，参加者が自ら参加・体験して共同で何かを学びあったり創り出したりする学びと創造のスタイル」[9]ととらえられるようになった。そこでは，参加者の経験を学習資源として積極的に活用し，その相互発信を通した学びが繰りひろげられる。こうしたワークショップの手法は，なにも社会教育の場にかぎられるものではない。学校教育や企業研修，芸術活動，さらには，まちづくりなどさまざまな現場におい

て，その可能性がひろがっている。

参加型学習やワークショップでは，体験学習をともなう場合も多い。それにかかわって，ボランティア学習もまた高まりをみせている。社会体験学習ともいわれるボランティア学習では，人とのふれあいや社会とのつながりのなかで，知識や技能を習得したり，自己のあり方や生き方を考えていくことができる。

こうしたボランティア活動と学びとの関係については，1992（平成4）年の生涯学習審議会答申「今後の社会の動向に対応した生涯学習の振興方策について」における三つの視点が知られている。第一は，「ボランティア活動そのものが自己開発，自己実現につながる生涯学習となる」という視点，第二は，「ボランティア活動を行うために必要な知識・技術を習得するための学習として生涯学習があり，学習の成果を生かし，深める実践としてボランティア活動がある」という視点，第三は，「人々の生涯学習を支援するボランティア活動によって，生涯学習の振興が一層図られる」という視点である。これらの視点は，その後のボランティア活動推進の基盤となっている。

(3) ボランティア活動による学習

このように，ボランティア活動と生涯学習には密接な関連が指摘されている。ここでは，学習方法としてのボランティア活動にひきつけ，"ボランティア活動による学習"について考えてみよう。ボランティア活動による学習とは，ボランティア活動のさまざまな社会体験を通した学びであり，ボランティア活動自身の学習効果を重視している。その学習効果について，長沼豊は自己理解・他者理解の促進，社会理解の促進，自主性・主体性の涵養，自己肯定感や社会的有用感の獲得をあげている[10]。ただし，ボランティア活動が単なる一過性の体験活動にとどまっていては，こうした学習効果は望めないだろう。すなわち，ボランティア"学習"となるには，ボランティア活動と学びとが繰り返されることが肝心である。

その意味で，社会教育施設におけるボランティア活動は注目される。たとえば，図書館での読み聞かせサービスや博物館での展示解説といった社会教育施設へのボランティア活動の導入が，近年急速に広まってきている[11]。そこでは，

自らの学習成果を生かしたボランティア活動が展開できるだけではなく，施設を利用した他者の学習活動を支援することができる。このようにみると，ボランティア活動による学習の効果は，学習者個人にとどまらず，ひろく社会の活性化につながることも理解できるだろう。

しかし，その一方でボランティア活動による学習，とりわけ社会教育施設におけるボランティア活動には，そうした活動が安価な労働力として施設側に利用されやすい面があることに留意しなければならない。

(4) 学習方法をふり返って

ここまでみてきた学習方法を整理し直すと，図9-3のようにまとめることができる。図9-3をみて，あらためて学習方法をふり返ると，「個人学習」と「集合学習」の双方において，遠隔教育やワークショップといった新たな動きが出てきていることがわかる。また，ボランティア学習のように，個人か集団かという従来の枠組みではとらえにくく，図中には位置づけられていない学習

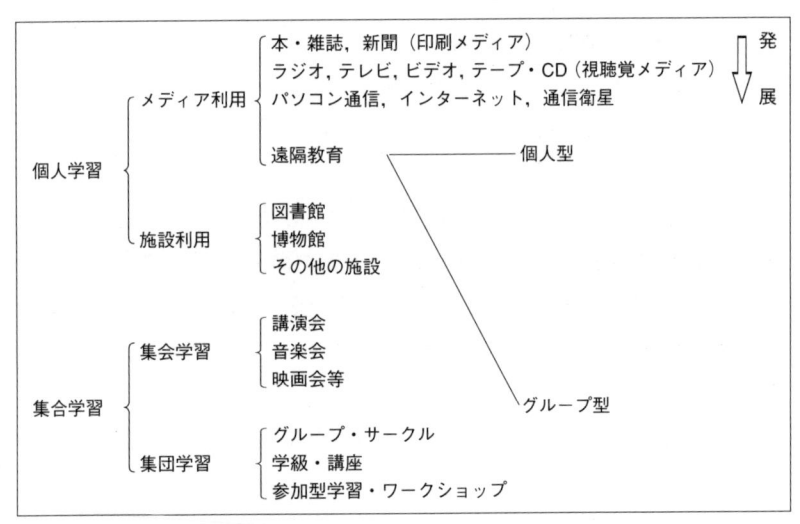

```
個人学習 ┬ メディア利用 ┬ 本・雑誌，新聞（印刷メディア）          ⇓ 発
         │              ├ ラジオ，テレビ，ビデオ，テープ・CD（視聴覚メディア）  展
         │              ├ パソコン通信，インターネット，通信衛星
         │              └ 遠隔教育 ──────── 個人型
         └ 施設利用 ┬ 図書館
                    ├ 博物館
                    └ その他の施設

集合学習 ┬ 集会学習 ┬ 講演会
         │          ├ 音楽会
         │          └ 映画会等 ─────── グループ型
         └ 集団学習 ┬ グループ・サークル
                    ├ 学級・講座
                    └ 参加型学習・ワークショップ
```

出所：堀薫夫「生涯学習の方法」関口礼子・小池源吾他『新しい時代の生涯学習』有斐閣，2002，p.241の図をもとに筆者作成。

図9-3 学習方法の分類

もおこなわれてきている。つまり，人々の多様な学習要求に応じて，学習方法もたえず進展しているのである。

だからといって，新しい学習方法のみを用いた支援をすすめていくことが，学習者にとって最善であるとはいえない。学習支援は，学習者が多様な学習方法のなかから，自身の要望や各自の学習スタイルに合致した方法を選択したり，組み合わせたりして，自己主導的な学習が展開できるように援助していくことが肝要となる。そこで最後に，学習支援の方法をめぐる課題について検討しておこう。

4　学習支援の方法をめぐる課題

(1) 学習支援者の重要性

インターネットを利用した遠隔教育や参加型学習・ワークショップのような学習支援の新しい方法は，学習者の主体性をできるかぎり尊重したものとして発展してきた。換言すれば，それは学校教育的な手法から脱皮し，学習者中心の学習方法をめざした展開であったといえる。しかし，いくら学習者中心といっても，学習を支援する指導者の役割を軽視するものでは決してない。むしろ，学習支援者のいっそうの整備・充実こそが望まれる。

とりわけ，学習者の学びを促進するファシリテーターの役割は，今後ますます重要になってくるだろう。なかでも，ワークショップにおけるファシリテーターは，主役である参加者がお互いに刺激しあい，助けあい，学びあうことを促す大事な役割を担っている。その際ファシリテーターは，外側から教え込もうとするのではなく，参加者の内側にある知や力を引き出すことに重点をおかなければならない。

また，学習者に孤立感を与えやすい遠隔教育の場合にも，チューターやメンター[12]といった学習支援者の役割が重要視されてきている。

さらに，専門職員としての社会教育主事や公民館主事には，こうした学習方法や学習機会と学習者とを結びつけるコーディネーターとしての役割も期待さ

れている。そのためには，次に述べる学習情報や学習相談の技法に通暁した職員に向けての力量形成が欠かせない。

(2) 学習情報提供・相談の拡充

学習支援の方法という意味からすると，学習情報の提供も見落とせない。とくに，これから学習をはじめようと考えている者にとって，学習活動をすすめるための案内となる情報は不可欠なものである。その際，インターネットによる学習情報の検索は，とりわけ有効であるに違いない。

インターネットの可能性は，それだけにとどまらない。インターネットを利用した遠隔教育では，自らが学習機会の提供者になることも可能にした。実際，インターネット上の個人のホームページで学習情報を発信したり，生活課題等の現前する問題についてお互いに学びあう場をオンライン上で提供するケースが最近目立ってきた。たとえば，自らの子育て体験を通して，育児や保育のきめ細やかな情報を提供したり，ともに子育てに悩みを抱えるもの同士がオンライン上で情報交換をおこないながら，悩みを相談・解決し合う様子がみられる。[13]これは，いわば"インターネット上での学習相談"である。ネット上の気軽さも手伝ってはいるものの，こうした動きの高まりは，それだけ社会教育・生涯学習における学習相談事業が脆弱であることへの裏返しとも読みとれる。

事実，わが国の学習支援の現状をみると，学習活動の出発点での支援，つまり学習機会の選択における支援が大半を占めている。たしかに，学習への案内的な情報も大切である。しかし，それと同時に，実際の学習活動のなかで，自己主導的な学習が展開できるように，学習者を支援していくための方策も積極的に講じられなければならない。すなわち，学習相談を中心に学習過程を通した支援の重要性が問われてきている。

(3) 周辺的学習者への着目

これまでみてきた学習支援の新しい方法は，たしかに学習者にとって効果的で魅力的な学習手法といえる。しかし，こうした学習方法であっても，利用することができない学習者がいることにも目を向けなければならない。さもないと，新たな学習方法の導入が，学習条件に恵まれた学習者だけの優位を増幅さ

せることにつながる恐れすらある。

それに関連して、住岡英毅による「周辺的学習者」の指摘は示唆深い[14]。周辺的学習者とは、学びたくても仕事で時間的にゆとりのない人をはじめ、健康に恵まれていない人、山間部や離島に住む人、経済的な理由で学習を継続できない人、能力にあった学習機会がみあたらない人などの学習から阻害された人々のことをおもに指す。さらに彼によると、この周辺的学習者は、「いかにも『少数派』といった印象をかもしだしているが、実態はおそらく『多数派』であろう[15]」との見解も示している。

このようにみると、社会教育を計画する際には、こうした周辺的な学習者が存在していることを肝に銘じて考えていかなければならない。

【熊谷　愼之輔】

【注】
1）原由美子・齋藤建作「学習関心調査報告1998　人々は何を学んでいるか（3）どんな方法で学ぶか」『放送研究と調査』日本放送出版協会、1998年11月号、p.22.
2）学習行動の個別化については、倉内史郎・鈴木眞理・西村美東士・藤岡英雄『生涯学習の生態学 ――成人学習の個別化状況を探る』野間教育研究所紀要第37集、1993に詳しい。
3）原由美子・齋藤建作、*op.cit.*, p.38、および小平さち子「学習関心調査報告1998　人々は何を学んでいるか（4）パソコン、インターネットを利用した学習」『放送研究と調査』日本放送出版協会、1998年12月号、p.37.
4）この概念については、自己管理的学習や自己決定学習などの訳語も用いられている。ここでは、自らの責任のもとに自己の学習をコントロールしていく自律的な遠隔学習者像を思い描いてほしい。
5）Keegan, D., "The Two Modes of Distance Education.", *Open Learning*, Vol. 13, No. 3, November 1998, p.43-47.
6）遠隔教育の詳細については、熊谷愼之輔「学習形態・方法の新展開」鈴木眞理・津田英二編『生涯学習の支援論』（シリーズ生涯学習社会における社会教育第5巻）学文社、2003, p.155-167を参照のこと。
7）坂出康志『Eラーニング』東洋経済新報社、2000、および先進学習基盤協議会（ALIC）編『eラーニングが創る近未来教育――最新eラーニング実践事例集』オーム社、2003.
8）バーチャル・ユニバーシティについては、バーチャル・ユニバーシティ研究フォーラム発起人監修『バーチャル・ユニバーシティ　IT革命が日本の大学を変える』アル

ク，2001に詳しい。
9）中野民夫『ワークショップ——新しい学びと創造の場』（岩波新書）2001，p.11.
10）長沼豊『市民教育とは何か』ひつじ書房，2003，p.117.
11）社会教育施設におけるボランティア活動の実態については，社会教育施設ボランティア研究会編『社会教育施設におけるボランティア活動の現状——調査報告1998』1998に詳しい。
12）メンターとは信頼のおける成熟した助言者を意味するため，遠隔教育では，不安の解消などの精神的なサポートもおこなう学習支援者として位置づけられる。
13）小山紳一郎「電子メディアは学びの可能性を拡げるか——情報化社会における社会教育事業展開の方向性を探る」『月刊社会教育』国土社，2000年10月号，p.15-16.
14）住岡英毅「生涯学習社会の構図」讃岐幸治・住岡英毅編『生涯学習社会』ミネルヴァ書房，2001，p.12-13.
15）*Ibid.*, p.13.

キーワード

個人学習　集合学習　遠隔教育　自己主導的学習　インターネット　集団学習
参加型学習・ワークショップ　ボランティア学習　ファシリテーター
学習情報提供・相談

この章を深めるために

(1) 情報通信技術の革新が，学習支援の方法に及ぼす影響について，メリットとデメリットの両面から考えなさい。
(2) 自分の住んでいる，あるいは勤務している地域で，どのような機関等で，どのような学習支援の方法で，どのような考え方のもと，学習支援がおこなわれているかを調べなさい。

【参考文献】

鈴木眞理・津田英二編『生涯学習の支援論』（シリーズ生涯学習社会における社会教育第5巻）学文社，2003
吉田文『アメリカ高等教育におけるeラーニング　日本への教訓』東京電機大学出版局，2003
長沼豊『市民教育とは何か』ひつじ書房，2003

第10章　学習機会の設定と学習者の参加

1　「学習機会の設定」に関する諸論の展開

　わが国において，生涯学習の学習機会について構造的に理解する試みは，ラングラン等の生涯教育の考えが日本に伝えられた直後の比較的早い時期からおこなわれていた。たとえば，1970年代初めに，諸岡和房は，「〈生涯教育論の構造〉図」をまとめ，「媒介体系の整備」「媒介者」「成長・学習の主体」等から構成される生涯教育の機会に関する考え方を構造的に示した。また，そのなかで，学習者を援助する〈ひと〉の役割が大きな割合を占めなければならないことや固定的な教授者－学習者の関係が成立しないこと，成長・学習の主体が学習者自身であることを指摘している[1]。

　その後，1980年代に入ると，天野郁夫は，当時のアメリカでの学習機会の設定の様子を「生涯学習市場」モデル図（図10-1参照）として示し，「アメリカには実に様々な生涯学習の機会があり，しかも成人学習者数の増加に応じて，その種類も数も増加の一途をたどっている。アメリカの生涯学習の重要な特徴は，これらの多様な学習機会の供給者が，『顧客』としての成人学習者の獲得や開発を求めてはげしく競争しあい，『生涯学習市場』をつくり出しているところにある。」[2]と説明している。また，その説明のなかで，図の中央の「正規の教育機関」と「それ以外の教育機関」という二つのセクターからなる「競争者（コンペティター）」が学習機会の直接の供給主体であり，激しく顧客獲得競争をおこなっていること，多様な提供された学習機会と学習を必要としている人びとを結ぶ情報の「仲介者（ブローカー）」，たとえば「学習サービス」と呼ばれる機関が重要な働きをしていること，そして，アメリカの生涯学習市場

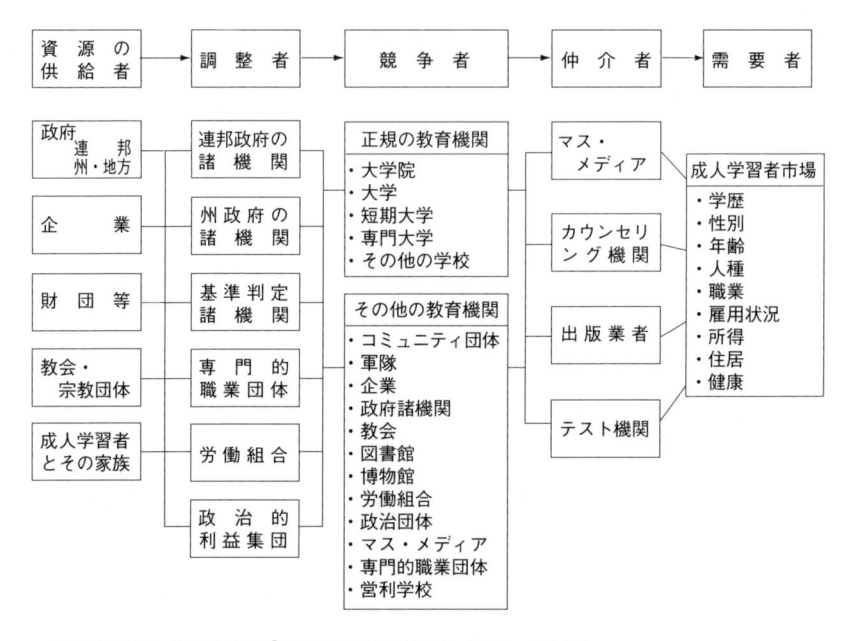

| 資源の供給者 | → | 調整者 | → | 競争者 | → | 仲介者 | → | 需要者 |

資源の供給者	調整者	競争者	仲介者	需要者
政府 　連邦 　州・地方	連邦政府の諸機関	正規の教育機関 ・大学院 ・大学 ・短期大学 ・専門大学 ・その他の学校	マス・メディア	成人学習者市場 ・学歴 ・性別 ・年齢 ・人種 ・職業 ・雇用状況 ・所得 ・住居 ・健康
企業	州政府の諸機関		カウンセリング機関	
財団等	基準判定諸機関	その他の教育機関 ・コミュニティ団体 ・軍隊 ・企業 ・政府諸機関 ・教会 ・図書館 ・博物館 ・労働組合 ・政治団体 ・マス・メディア ・専門的職業団体 ・営利学校	出版業者	
教会・宗教団体	専門的職業団体		テスト機関	
成人学習者とその家族	労働組合			
	政治的利益集団			

出所：市川昭午・天野郁夫編著『生涯学習の時代』（有斐閣，1982) p.207より

図10-1　生涯学習市場のモデル

がまだ未開拓の部分を多く残した市場であることも同時に紹介している。[3)]

　臨時教育審議会の答申により「生涯学習体系への移行」がわが国の教育政策の基本となった1990年代の時期には，先に天野郁夫らが示したアメリカの「生涯学習市場」モデル図をもとに倉内史郎が「学習機会の全体構造」図(図10-2参照)として日本版モデル(1991年)を作成している。

　そして，「学習機会の設定は，それぞれの資源供給者の意図と，具体的には，個々の学習場面の経営に携わる者によってなされる。けれどもある地域の，あるいはある分野の，総体としての学習機会のあり方に目を配り，より望ましい方向を指示したり，そのための方策を提案したりするのは調整者の役割であろう。そのような調整はとりもなおさず，その地域の，あるいはその分野の，学習諸機会の全体を見わたした『計画』立案にほかならない。（中略）つねづね

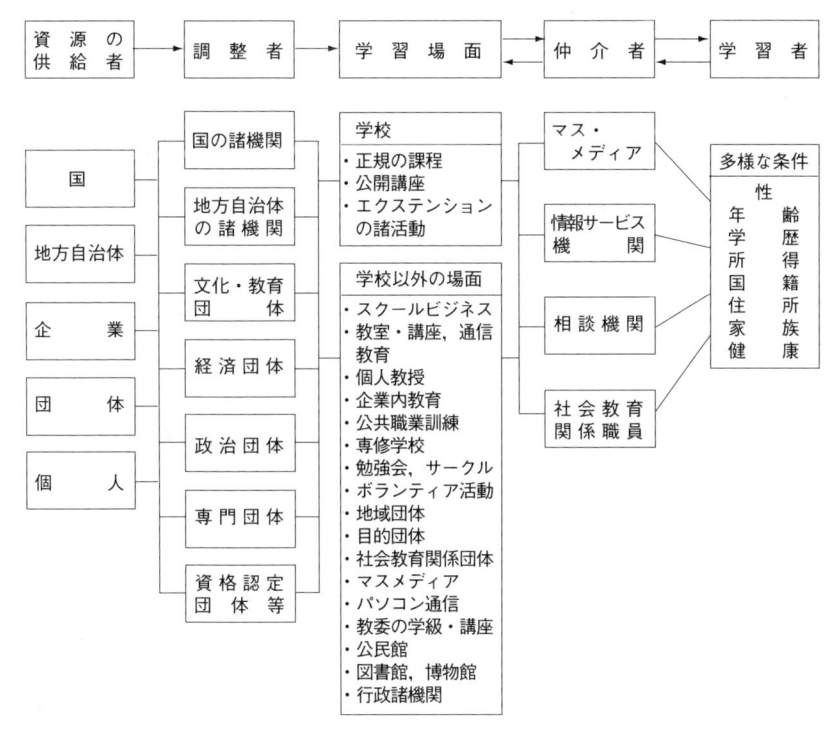

```
資源の          調整者     学習場面      仲介者      学習者
供給者
```

資源の供給者	調整者	学習場面	仲介者	学習者
国 地方自治体 企業 団体 個人	国の諸機関 地方自治体の諸機関 文化・教育団体 経済団体 政治団体 専門団体 資格認定団体等	学校 ・正規の課程 ・公開講座 ・エクステンションの諸活動 学校以外の場面 ・スクールビジネス ・教室・講座，通信教育 ・個人教授 ・企業内教育 ・公共職業訓練 ・専修学校 ・勉強会，サークル ・ボランティア活動 ・地域団体 ・目的団体 ・社会教育関係団体 ・マスメディア ・パソコン通信 ・教委の学級・講座 ・公民館 ・図書館，博物館 ・行政諸機関	マス・メディア 情報サービス機関 相談機関 社会教育関係職員	多様な条件 性 年齢 学歴 所得 国籍 住所 家族 健康

出所：倉内史郎編『社会教育計画』(学文社，1991) p.15より

図10-2　学習機会の全体構造

学習者に接している仲介者－とりわけ社会教育関係職員の把握している学習者情報が，計画立案の有力な資料となりうるであろう。[4)]」と述べ，さらに，「個々の学習者の学習計画や各学習場面における学習計画とは別に，学習諸機会の全体構造の中での学習機会の整備・改善の計画立案に当たっては，調整者と仲介者の果す役割が大きいことにあらためて注目したい。[5)]」と主張して，各学習場面の経営者が学習機会の提供者であることを明確にし，さらに調整者と仲介者の両者の「調整」が社会教育計画立案──すなわち学習機会の全体構造が効果的に機能するために重要な役割を担っていると論じた。

　同じ頃，岡本包治は，生涯学習活動を根底から決定づけるものは他ならぬ学

習プログラムの開発であるとして，学習機会の設定，すなわち，学習プログラム開発に関して次のように述べている。

「一人一人の資質や意欲の高まりを伴わない生涯学習推進がナンセンスであることはいうまでもない。役所だけがかけ声をかけていても生涯学習は一歩も進まない。地域の人たちが学習機会に参加し，または住民たちが自らの手で学習機会を設定し，そこに人びとが集まって，自らの課題，地域の課題そして社会の課題に取り組むための学習プログラムの新たな開発・展開こそが最も手堅い生涯学習推進方策なのである。」続いて，「ということは，いうまでもなく学習プログラムの開発とは，行政ひとりが行うものでなく，学習者たる住民たちも行うものであるということを意味する。行政が設定する学習機会，事業の学習プログラムに住民が参画することは当たり前のことであるし，住民自らが学習プログラムを開発して自主学習を実施することに行政が様々な援助を行うのも，また当たり前のことなのである。いやむしろ住民主体の学習プログラムづくりこそが生涯学習のねらいである『学習の自主性』にかなうものなのである。[6]」と述べ，学習者主体の学習機会の設定と指導者と学習者との共働が「生涯学習」の創成すると主張している。また，住民の求めから学習機会の設定をすることを第一義とすべきことも述べている。

2000年代の初めには，田中雅文が，臨時教育審議会の最終答申以降のわが国の生涯学習政策を理念的に二つに分けて整理し，個人の主体性と自己実現を重視する「需給分離型」の学習機会と社会の役に立つ学習・活動重視の「需給融合型」の学習機会という二つの構造でわが国の学習機会をとらえ，そして，これを「公共－民間営利－民間非営利」という三つの分類による学習機会の提供主体と関連づけて次のような六つの学習機会の提供類型を示している。

すなわち，①公共部門の需給分離型（教育委員会や公民館が主催して受講生を募る講座），②民間営利の需給分離型（カルチャーセンターの講座など，いわゆる市場原理に則った商品としての学習事業），③民間非営利の需給分離型（環境，福祉などの市民団体が一般向けに提供する啓発的な講座），④公共の需給融合型（市民企画講座や「公設民営」方式の講座），⑤民間営利の需給融合

型（消費者自身が企画に参加する講座——現実には発生しにくい），⑥民間非営利の需給融合型（市民団体が実施する市民大学——自分たちが求める講師を招聘して一般住民と一緒に受講する）とし，各部門に属する機関や団体がそれぞれの関心や利害や社会的使命にもとづいて学習機会が提供されているとしている。そして，今後は民間非営利部門が提供する学習機会が増加し，環境，福祉，国際協力などの社会に役立つ学習内容で住民や市民が提供主体となる学習機会が飛躍的に増加するであろうと予測している。また，このなかで，「需給分離型」の学習機会のコーディネーターとしての中核的な専門職として社会教育主事を位置づけ，「需給融合型」の学習機会提供の中核的な担い手として「学習支援NPO」等を位置づけている[7]。

　このように，学習機会の設定の構造的な理解については，生涯教育理念の導入初期の時期から考えられ，アメリカでの生涯学習市場の紹介，その日本版モデルの提示と調整者と仲介者の計画立案上の役割，また，学習者主体の学習機会の設定と指導者と学習者との共働の主張，民間非営利部門提供の学習機会の増加とその中核的な担い手として「学習支援NPO」等の重要性が主張されるに至っているのである。また，そのなかで，学習機会の設定において，「学習者の参加」と「調整者と仲介者」の介在の重要性が共通して説かれているのである。

2　学習機会の設定と「調整者と仲介者」
　　——社会教育関係職員・行政委嘱委員

　これまでみてきたように，学習機会の設定において，「学習者の参加」と「調整者と仲介者」の介在の重要性が説かれてきたわけであるが，わが国の場合，「調整者と仲介者」としては，公的な地位にある社会教育関係職員と行政委嘱委員とがその重要な役割の一つを果たすことが期待されていると考えられる。そこで，次に，社会教育関係職員と行政委嘱委員の果たすべき役割とその実態についてみてみることにしたい。なお，ここでは，社会教育関係職員とし

て社会教育主事を，そして，行政委嘱委員として社会教育委員とその会議について考えてみたい。

(1) 社会教育関係職員——社会教育主事

社会教育主事は，社会教育法第9条の2から第9条の6の規定と教育公務員特例法の適用を受ける専門的教育職員として都道府県並びに市町村の教育委員会に所属する職員である。その職務は「社会教育を行う者に専門的技術的な助言と指導を与える。但し，命令及び監督をしてはならない。」(第9条の3)と定められている。その専門的技術的な内容は，社会教育計画の立案・住民の学習要求の把握・学習の促進ということであり，そのために研修にも努めなければならないとされている。そして，その資質として，「学習課題の把握と企画立案能力」「コミュニケーションの能力」「組織化援助の能力」「調整者の能力」「幅広い視野と探求心」が求められている。企画立案能力と関係して，養成段階の教育科目の一つとしての「社会教育計画」のなかで社会教育調査や学習相談の方法，社会教育施設経営，広報・広聴といったことについての学習が要求されている。このように，社会教育主事は社会教育計画の立案・調整の専門家としてその役割を位置づけられている。そして，90％以上の地方公共団体で配置されている。

日常での社会教育主事の職務内容について調査した結果をみてみると，年間事業計画の作成は2人に1人の割合程度に留まっており，実際には，社会教育(係)課長や社会教育(係)課職員が担当している場合が多いという状況になっている。また，学級・講座等の主催事業に関する職務，たとえば，講座の企画や主催事業の計画立案等でも約60％前後の担当率となっている。そのうえ，社会教育主事のかわりに期限付き非常勤職員である社会教育指導員が，社会教育主事が本来担当すべき部門を担当している場合も少なくない。[8]

(2) 行政委嘱委員——社会教育委員とその会議

社会教育委員は，社会教育法第15条から第18条に規定されている地方公共団体から委嘱を受ける非常勤職であり，基本的には独任制の委員である。そのために，合議制による委員の会議は，「社会教育委員の会議」と呼ばれるのが

通例である。社会教育委員の主な役割は、社会教育に関する諸計画の立案、教育委員会の諮問に対しての意見の答申や提言、青少年教育の特定事項についての助言と指導をすることとされている。これは、社会教育行政に住民の意見・意志を反映させることを目的としたもので、社会教育の場での住民参画を具体化した制度の一つといえる。

　法律的には任意設置ではあるが、社会教育関係団体に対する補助金の認定との関係から、大都市などの一部の地域を除けば、ほとんどの地方公共団体に設置されている。そして、ここでの関心からいえば、社会教育委員ならびにその会議による社会教育計画立案の機能が問題となる。

　会議の活動が活発な市町村では、社会教育計画の立案に関して、社会教育委員自らの手で作成しているところも多いことが報告されているが[9]、会議の「活性化」指標の設定については考慮の余地はあるものの、2000年におこなわれた全国調査だけでなく、最新の調査結果をみても全体の約70％においてその活動が停滞していると考えられる。また、社会教育委員の会議の構成員の高齢化がすすんでいるところほどその会議の「活性化度」が低い傾向にあることも報告されている[10]。たとえば、人口30万人規模のある中核的な地方都市の社会教育委員の会議では、行政当局が作成した年間事業計画案のリストだけが全体会議に提出され、それをもとに2時間程度の審議1回だけで終了してしまっている。また、前年度の実施事業の評価や成果の検討もおこなわれていない。このような年間生涯学習計画立案のプロセスへの社会教育委員の参加が省かれた「結果だけの審議」のあり方に対して、社会教育委員の本来的な役割と存在が無視されていることを社会教育委員の会議の重要な問題と考え、その最終会議の場で行政担当当局者と激しい議論をおこなっている[11]。そして、この会議の有志の委員たちは、生涯学習事業計画立案の最初から実施結果報告の最後までを立案の職務ととらえ、全立案過程に委員の一部から構成される内部のプロジェクトチームが「参画」することを内容とした要請を行政当局に申し入れている。ただし、この場合に委員全員によってその要請がおこなわれたわけでもないことにも注意をしておく必要がある。

第10章　学習機会の設定と学習者の参加

3　学習機会の設定における学習者の参加

　生涯学習を進めるうえでの学習方法・学習形態として「参加型学習」が注目されてきている。そしてさらに，「学習・学習方法」のみならず「学習機会の設定」という点においても学習者の参加─「参画」が強く求められる状況となってきている。その背景には，国や地方共同体の行財政や指導のあり方の再考や国民・住民の生涯学習の理念の理解・浸透とボランティア意識の高まりなどがあることを指摘することができよう。次に，学習機会の設定におけるこの「学習者の参加」ということについて，代表的と思われるこれまでの実践例を振り返りながらその意味を考えてみることにする。

(1) 住民参画型の学習機会の設定──「清見潟大学塾」の実践例

　学習者が参加して学習機会を設定する場合の一つのあり方として，学習者による学習プログラム立案組織による学習プログラムづくりがある。生涯学習関連事業実施の機関・担当者以外に学習者を中心に実施予定事業の立案に参加する希望者を行政の広報等を通じて募り，公募によって集まったそれらの人びとに学習プログラムづくり──学習機会の提供──をしてもらうという考え方である。この場合に，学習予定者・過去に同様な事業を学習した人・講師・指導者に参加してもらうこと，さらに，この企画に参加した人びとに当該学習事業に実際に学習者として参加してもらうことなどが重要な要件とされている。[12]そして，この段階を越えたものの一つが住民が企画し指導者・講師を公募し，受講者を集め，受講料は受益者が負担するといういわば「住民立の生涯学習機関」である。その先進的で典型的な事例が静岡県静岡市(旧清水市)の「清見潟大学塾」といえよう。

　「清見潟大学塾」は，福祉や医療でない高年齢社会への対応策の一つとしてとして1984(昭和59)年に設立された生涯学習団体である。どんなことでも，いつまでも制限なく学べる学習機会を住民が主体となって行政の支援と身近な社会教育施設である公民館を利用して提供・展開している活動である。

　「遊び心で大学ごっこ」をモットーに「市民が学習意欲のある限り，生涯学

び続けることのできる場を提供し,その学習を通じて市民の生きがいを高め,健全なまちづくり,人づくりに貢献する」ことを目的にしてここでの学習機会の提供と活動は同市内の高年齢者の人びとの手によって始められた。市内各地に点在する10以上の公民館を会場にして毎年100講座以上の学習活動がおこなわれている。同大学塾の運営は,市内在住の高年齢者がおこない,開講講座の内容は「着物の着付け」をはじめとして「健康リズム体操」「カウンセリング」「中国茶」等に至るまでさまざまで,必要な要件を満たせば「若年者」や「過去の学習者」が講師になって指導する場合もみられるのである。講座の講師と受講生は公募によっておこない,10人以上の受講生が集まると開講となり,受講生が多ければ同一講座の数を増やして対応するということになる。また,各講座の運営・管理も講座の講師・指導者がおこなったり,講座に対する評価も受講生自身がおこなっている。受講のための費用と塾全体の運営費は学習者の自己負担であり,行政は20万円程の物品的な補助や広報活動による活動案内・会場提供をしているだけである。さらに,講座に対する評価とも関連して,受講料全額返済のクーリング・オフ制度などもあり,市場原理を導入しているという点でも現代的・先進的な地域ぐるみの住民参画の学習機会の提供活動といえる。[13] ここでは,学習機会の「企画・運営者」と「学習者」という双方の立場として一人の住民が同時に参加できる状況がみられるのであるが,このような場合について,田中雅文は「需給融合型の学習機会」が成立しているという見解を示している。[14]

(2) 個人による個人のための独自の学習機会の設定
――「学習メニュー方式」の実践例

「清見潟大学塾」は,生涯学習活動団体による学習機会の設定であるが,各個人による自分自身のための独自の学習機会の設定ということも考えられる。その典型的な事例が群馬県太田市で実践された「学習メニュー方式」である。この方式が開発された背景には,住民の学習要求の多様化・高度化,行政負担の軽減化と学習援助行政の充実,ボランティアの養成・活用があったといわれている。この方式の概要について示したモデル図が図10-3である。[15] [16] あらゆる

学習機会から学習者が自分の条件に沿って学習内容を主体的に選択して学習する，簡単にいえば，「生涯学習レストラン・食堂」における「定食A・Bコース料理」方式から「バイキング料理」・「アラカルト料理」方式への転換である。この発想は，学校教育，とくに大学等の高等教育機関で学習者が該当学年はじめにその年度用に用意されたカリキュラムのなかから自分自身の興味や関心，学問の専攻領域，取得資格，卒業要件等を考慮して各個人が独自に時間割を組むこととほぼ同様なものとしてイメージできよう。この方式では，学習機会の提供と関連して，学習者自身の明確な目的意識や自覚と学習情報並びに学習相談とが非常に重要な働きをする。

　このような考え方を市町村域や社会教育と学校教育，さらには公的な教育事業と民間教育事業といった枠組みを越えた学習機会の提供として応用したものがいわゆる「生涯大学システム」と位置づけることができる。

　このシステムついては，実際には「県民カレッジ」などと呼ばれる生涯大学システムの事務局に都道府県・市町村・大学・民間教育機関・本・ビデオ・放送教育などの提供する学習機会を登録させ，それらの一覧を「学習メニューブック」として提示し，学習者はそこから自分の目的や条件に合った学習機会を

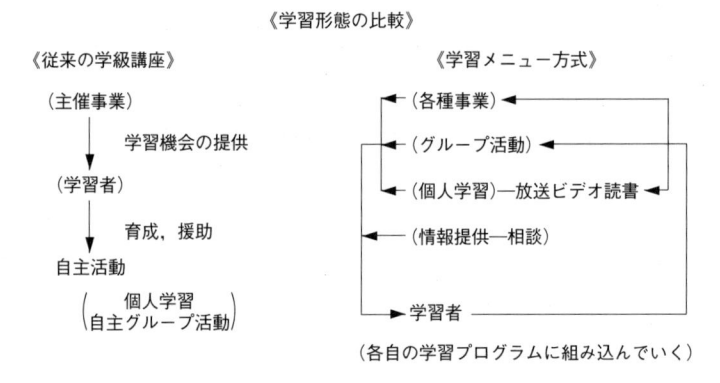

《学習形態の比較》

《従来の学級講座》

（主催事業）
　↓　　学習機会の提供
（学習者）
　↓　　育成，援助
自主活動
　　（個人学習
　　　自主グループ活動）

《学習メニュー方式》

（各種事業）
（グループ活動）
（個人学習）―放送ビデオ読書
（情報提供―相談）
学習者

（各自の学習プログラムに組み込んでいく）

出所：岡本包治編著『生涯学習プログラムの開発』ぎょうせい，1992，p.241より

図10-3　学習メニュー方式の展開―群馬県太田市

選択・学習し，単位・資格等を取得し学習成果の評価を受け，その学習歴を活かして社会のいろいろな場面で活躍してもらうものと説明されている[17]。

「学習メニュー方式」と同様に基本的な学習機会の設定ということではやや「他人任せ」という感はぬぐい去れない感があるが，学習機会の「選択」とその成果――すなわち「学習履歴」をもとにした社会参加という意味での主体的な「学習者の参加」が可能となる生涯学習支援システム，すなわち，学習機会の提供といえる。

(3) 学習機会の提供と「エンパワーメント」

先にも述べたが，行政から一方的に提供される学習に参加する受動型学習から学習者自らが主体的に学習に参加する参加型学習へと学びのスタイルが大きく変化しているのが現代社会といえる。それには，当然ながらまだ課題が山積していると考えられるが，生涯学習（教育）の当初の考え方が漸くわが国の国民レベルで現実化しつつあるともいえよう。

厳密な意味でいうところの参加型学習とは，学習者が学習過程で主体的・協力的に参加することを促すという学習方法・手法として理解すべきであるといわれているが，その一方で，社会参加をめざすための学習――すなわち，住民が社会参加できる力をつけるための学習とも解されている[18]。そして，その社会参加を可能にする力をつけることを意味するのが「エンパワーメント」という概念である。

「エンパワーメント」という言葉は「能力開花」と「権限付与」とも言い換えられ，「本来持っている能力を引き出し，社会的な権限を与えること」を意味しているといわれている[19]。1995年にいくつかの国際会議で一般化して使用され始めたが，「潜在能力の向上――その人自身を幸福にする能力と社会に貢献する能力の向上」のことを意味するものと理解されている場合もある[20]。また，「主体的力量形成」と訳されていることもある[21]。この「エンパワーメント」には，パウロ・フレイレの考え方が強く表れているともいわれている[22]。パウロ・フレイレは，「知識の一方的な伝達や詰め込みによる教育」を意味する「銀行型教育」から「現実世界のなかで，現実世界および他者とともにある人間が，

相互に，主体的に問題あるいは課題を選びとり設定して，現実世界の変革とかぎりない人間化へと向かっていくための教育」という意味の「課題提起教育」への転換を強く主張した。[23]

これに関係して，パトリシア A. クラントンは，成人教育の基礎概念である「自己決定型学習」の新しい理解として，ブルックフィールドの見解を引用した後，「おとなが学習プログラムを計画する際の機械的なプロセスではなく，プロセスとふり返りを組み合わせたものがあり，それが一人ひとりを『エンパワーメント』しているのである。」と述べて，自己決定型学習を学習者が歩むプロセスとしてとらえ，そのなかで「エンパワーメント」を位置づけているのである。[24]わが国では，男女共同参画社会形成過程での生涯学習としての「エンパワーメント」，とくに「女性のエンパワーメント」等が唱えられている。[25]

「エンパワーメント」と関連づけて学習機会の提供を考えてみると，当然ながら，日常生活の現実的な課題を学習課題化するプロセスから主体的に学習者に参加してもらうことをはかることが重要となる。別の言い方をすると，実生活上で「困っていること」を探り，「課題性と方向性に満ちた選択する行為」[26]を学習者自らが主体的・積極的におこない，そのうえで，学習活動を実践し，その学習結果を社会に還元するということである。これが，今後の学習機会の提供に関する一つの全世界的な方向性であるといえよう。

4　学習者の参加と社会教育計画

最後に，これまでの考察をもとに，学習機会の設定と学習者の参加の視点からみた社会教育計画についての今後の課題について検討してみたい。

生涯学習（教育）における考え方，とくに，学習機会の設定において学習者の参加を求めた主張が漸く現実化しつつある。しかし，その過程のなかで，たとえば，カルチャーセンターが提供する学習機会を振り返ってみると，1970年代中頃までのお茶・お花・お料理の「三点セット」定番講座から1990年代中頃までの「趣味と教養のデパート」へと変化し，1995年頃以降フラワーア

レンジメントやITを始めとする新しい流行へと変化した。そして現在，流動的な多種多様な学習者のニーズに対して学習機会の提供が「暗中模索の時代」となっているといわれている。[27] この変化は，簡単にいえば，伝統文化・生きがいの習得から職業能力・技術の習得への変化ということになる。そしてそこに，市場原理の導入やNPOの積極的な参加などの影響も加わり，いい意味でも悪い意味でも過去のアメリカで展開されたような学習機会の提供者同士の競争が生じ，全体的に混乱をきたしてきているともいえよう。

「未来学者のアルビン・トフラーが言うように，21世紀のリテラシー（識字能力）とは『読み書きそろばん』能力ではなく，『学んでは，それを捨て，また学び直す（learn, unlearn, relearn）』ことのできる能力のことであるのだろう。生涯学習などと気安く言っていたころが懐かしい。本当にそれをやらなければならないとなると，大変なことだ。それは，コンテンツを解体しては統合し，また解体していく永久運動にほかならないからだ。(中略) コンテンツ解体ばかりが謳歌する世の中，コンテンツ統合屋のほうのビジネスモデル，いやヒューマンモデルはいつ登場するのか。」[28] と述べられているが，このコンテンツの解体と統合を成すものの一部が学習機会の提供──社会教育計画の立案ということに他ならない。そして，このニュービジネスモデルの一つが「学習支援NPO」ということになるだろう。

学習者の参加を巻き込みながら，今後，「学習支援NPO」等が主体となって学習の機会を提供することが増加し，また，中央教育審議会生涯学習分科会の審議経過報告『今後の生涯学習の振興方策について』(2004年3月)などでみられるように，さまざまな方法でそれが推進されるように思われる。しかし，NPOの活動に「参加できない人々」あるいは「参加したくない人々」をどのようにするのか。当然，それこそ，そこに「エンパワーメント」の生涯学習が必要であるという主張になると思うのだが，基本的な課題が解決されるとは思えない。NPOの数と参加者は増加し続けるのであろうか。また，そのNPO維持の資金と「受益者負担」をどう扱うのかという点も大きな課題である。NPOとて所詮は「同好の志」である。NPOはすべて「先端」「公平」「正義」

「万能」といった先行したイメージに危惧の念を抱いているのはここでの議論だけなのだろうか。さらに、文化・生きがいの学習機会の提供という点ではうまく機能すると予想されるが、職業能力・技術の習得という学習要求にどの程度応えられるのであろうか。NPOを中心とした「ネットワーク化」の課題である。

　このようなことを考えると、その一方で、完全ではないと思いつつも、旧来の制度の再編・活用もはからねばならないと思えてくる。具体的な課題の一つが社会教育委員とその会議の活用問題である。「社会教育委員が、当該自治体の社会教育計画を企画・立案するということは、現実的にはほとんど不可能である。教育委員会が作成した計画(案)に対し、それぞれの立場で感想を述べるのが現状であろう。しかし、筆者は、それはそれで、計画立案に参加したと解釈していいのではないかと思っている。」そして、その理由として「委員は、アマチュアで、本業でなく専門知識に乏しい。本業の上を行くことなどあり得ない。[29]」という見解がある。行政関係者の本音を象徴している言葉であるように思える。しかし、これでは、折角の制度が形骸化しているといわざるをえない。

　確かに、委員の選出等含めて解決すべき課題は多いが、そこから「学習支援NPO」が生まれ育つ可能性をも秘めている。さらにいえば、実際に、「本職である」社会教育主事が社会教育計画立案にかかわっているのは、50％から60％前後程度に留まっているという現状をどのように考えたらよいのであろうか。

　「こんにちほど"手作り"の学習計画が要請されている時代はない。社会教育職員やボランタリーな市民が、市民たちの学習計画づくりにめんみつなアドバイスを行ない、市民たちに自己評価をすすめていくという努力が加わった学習プログラムとそうでないプログラムとの間にはかなりはっきりした落差が発見されるのである。その意味で、数多くの学習の機会をつくることよりも、市民たちが学習する機会を手のこんだものにしていくことの方がより重要なことといえるのではなかろうか。[30]」という30年も前に述べられた主張を今再びかみしめる必要性があるように思えるのである。

【望月　厚志】

【注】
1）諸岡和房「生涯教育の考え方」「生涯教育の機会」村井実・森昭・吉田昇編著『市民のための生涯教育』日本放送出版協会，1970，p. 50-122.
2）天野郁夫「学習社会の現実」市川昭午・天野郁夫編著『生涯学習の時代』有斐閣，1982，p. 206-208.
3）*Ibid.*, p. 208-210.
4）倉内史郎「多様な学習機会」倉内史郎編『社会教育計画』学文社，1991，p. 13-17.
5）倉内史郎「生涯学習社会の展望」倉内史郎・鈴木眞理編『生涯学習の基礎』学文社，1998，p. 17-21.
6）岡本包治「学習プログラムの基本」岡本包治編著『生涯学習プログラムの開発』（現代生涯学習全集4）ぎょうせい，1992，p. 6-7.
7）田中雅文『現代生涯学習の展開』学文社，2003，p. 9-27.
8）南里悦史『市町村の生涯学習推進体制における社会教育職員の専門性についての実証的研究』九州大学大学院人間環境学研究科，1999，p. 42-51.
9）（社）全日本社会教育委員連合編『社会教育委員活動の活性化をめざして──社会教育委員の活動実態調査』2001，（社）全日本社会教育委員連合編『社会教育委員に関する調査報告書』2000.
10）山本和人・望月厚志・稲葉隆・強矢秀夫「社会教育委員の制度と活動の分析──東京都下の調査結果を中心に」『日本生涯教育学会論集』24，2003，p. 33-44.
山本和人・望月厚志・稲葉隆・強矢秀夫「社会教育委員の制度と活動の分析──埼玉県内市町村の場合」『日本生涯教育学会第25回大会発表資料集』2003年11月．
11）山本和人・望月厚志・稲葉隆・強矢秀夫「社会教育委員の制度と活動の分析」研究（2003）のインタビュー調査結果より．
12）岡本包治「学習プログラム立案の視点と手順」岡本包治編著『生涯学習プログラムの開発』（現代生涯学習全集4）ぎょうせい，1992，p. 20-22.
13）清見潟大学塾編『新静岡市発 生涯学習20年──自立型長寿社会へのアプローチ』学文社，2004.
14）田中雅文，*op.cit.*, p. 24.
15）野口寛「学習メニュー方式の展開」岡本包治編著『生涯学習プログラムの開発』（現代生涯学習全集4）ぎょうせい，1992，p. 238-260.
16）岡本包治・白石克己・林節一二・山本恒夫編著「学習メニュー方式による学習」「学習メニューの作成」『学習メニューと学習プログラム』（生涯学習指導者養成講座 生涯学習ボランティアコース［テキストブック］）㈱実務教育出版，2001，p. 3-59.
17）浅井経子「生涯学習関連施策の動向」浅井経子編『生涯学習概論』（新図書館情報学シリーズ1）理想社，2002，p. 60-63.
18）渡部靖之「参加型学習がつくる新たな学びの世界」白石克己・金藤ふゆ子・廣瀬隆人編『学習プログラムの革新──学習者がつくる学びの世界』ぎょうせい，2001，p. 84-93.
19）国立国語研究所「第2回『外来語』言い換え提案　エンパワーメント」，http://

www.kokken.go.jp/public/gairaigo/Teian2/Words/empowement.gen.html,04/05/26
20) 馬場裕美子「カンボジアにおける参加型開発によるエンパワーメント支援」『創価大学大学院紀要』15, 2003, p. 175-180.
21) 鈴木敏正『エンパワーメントの教育学』北樹出版, 1999, p. 8-11.
22) 馬場裕美子, *op.cit.*, p. 175-180.
23) フレイレ, P., 小沢有作・楠原彰・柿沼秀雄・伊藤周訳「銀行型教育と課題提起教育」『被抑圧者の教育学』亜紀書房, 1979, p. 65-92.
24) クラントン, P. A., 入江直子・豊田千代子・三輪建二訳『おとなの学びを拓く――自己決定と意識変容をめざして』鳳書房, 1999, p. 74-77, ただし、クラントンの原書では、「エンパワーメント」という独立の単語で「" "」や「イタリック体」で強調して述べているのでなく、"a combination of process and reflection which empowers the individual"という表現を使用している点、また、Indexにはない言葉である点に注意すべきだと思う。ここでは、一応、前掲訳書に従った。
   Cranton, P. A., *Working with Adult Learners*, Wall & Emerson, Inc., 1992, p. 54.
25) 西岡正子「女性の生涯の変化は男女にどのような学習を求めるか」関口礼子・小池源吾・西岡正子・鈴木志元・堀薫夫『新しい時代の生涯学習』有斐閣, 2002, p. 143-169.
26) 岡本包治「生涯学習プログラムの考え方・つくり方」『生涯学習活動のプログラム』(財) 全日本社会教育連合会, 1998, p. 13-15.
27) 山本思外里『大人たちの学校』中央公論新社, 2001, p. i-v.
28) 船橋洋一「船橋洋一の世界ブリーフィング――どこまでいくの、コンテンツ解体 本も授業も大学も試験もネット化」『週刊朝日』(第105巻第37号通巻4397号), 2000年8月25日, p. 42-43.
29) 朝比奈博「社会教育委員の職務と魅力」工藤日出夫・朝比奈博編『よくわかる社会教育委員の活動――20の課題と100のヒント』日常出版, 2001, p. 20.
30) 岡本包治『社会教育における学習プログラムの研究』(財) 全日本社会教育連合会, 1977, 「まえがき」より.

キーワード

社会教育関係職員　行政委嘱委員　参加型学習　学習メニュー方式　生涯大学システム　学習履歴　エンパワーメント　銀行型教育　課題提起教育　広報・広聴　自己決定型学習

この章を深めるために

(1) 身近な場面で実際に実施が予定されている諸事業（公的・民間を問わず）に参加し、その事業の企画から実践・評価に至るプロセスを分析しなさい。
(2) 自分が住んでいる地域の社会教育委員の会議を実際に傍聴し、議事内容や行政当局

関係職員と社会教育委員との発言や議論の内容を分析したり，公開されている会議の議事録を読みなさい。

【参考文献】
倉内史郎編『社会教育計画』学文社，1991
岡本包治編著『生涯学習プログラムの開発』（現代生涯学習全集4）ぎょうせい，1992
松下圭一『社会教育の終焉』（新版）公人の友社，2003

第*11*章　社会教育における評価

1　評価とは何か

　社会教育の分野では，近年，評価に対する関心がとみに高まっている。とくに関心をもたれているのが，社会教育施設の評価，すなわち，公民館や図書館，博物館，青少年教育施設や女性教育施設，文化・スポーツ施設などの個々の施設の管理運営状況に関する評価である。そして，これとは全く別の文脈で，学習成果の評価，すなわち人々が社会教育施設等で提供されるさまざまな学習機会を利用して学習したことの成果について，それを社会的に活用していくための評価システムをめぐって注目すべき動きがみられる。

　社会教育における評価ということでは，従来からその必要性が指摘されてきた。これまでの議論をふりかえってみると，社会教育行政や社会教育計画に関して，また，施設等で提供されている個々の学習プログラムに関して，改善や向上のために評価をおこなうことの重要性が指摘され，先進的な取り組みの例が紹介されたりしている。

　何を評価の対象とするかによっては，「行政評価」や「経営評価」，「学習評価」，「事業評価」という言葉が用いられてきた。また，どのような方法で評価を実施するかによって，「自己評価」，「他者による評価」，「外部評価」，「第三者評価」という概念整理がおこなわれたり，より具体的には，「反応評価」，「学習評価」，「態度評価」，「結果評価」という技法が紹介されたりしている。あるいは，評価を実施する時期によって，「診断的評価」，「形成的評価」，「総括的評価」に分けて論じることもされている。[1]

　ところで，「評価」という言葉は，『広辞苑』(第5版)では次のように定義さ

れている。「①品物の価格を定めること。また評定した価格。②善悪・美醜・優劣などの価値を判じ定めること。とくに高く価値を定めること」。以下，社会教育における評価について論じるにあたっては，このうちの②の前半部分，すなわち「価値を判じ定める」という意味での「評価」を扱うことになる。

　あえて辞書的な定義に立ち戻るのには理由があって，それが価値にかかわるものであり，一つの判断であることをまず確認しておきたいからである。

　価値にかかわるものである以上，それをおこなう者の価値観によって，結果が異なることもありうる。ところが，評価の現場では，判断のよりどころとなる客観的な基準を求めがちで，その行為にひそむ矛盾に気づかないことが多い。また，評価作業全体の厳密さや客観性ばかりを重視するあまり，何のために評価をおこなうのか，その目的が見失われているようにみえる場合がある。基準にも，それにもとづく判断にも，より多くの客観性が求められることは事実であるが，だからといって判断にかかわる人々の責任が軽減されるわけではない。

　重要なのは，さまざまな価値観をもつ関係者を納得させ，合意形成をはかっていくことであり，その結果が次の行動に反映され活用されることである。ここではより現実的に，目的をともなった，手段としての評価について考えることとし，以下，社会教育施設の評価と学習成果の評価に的を絞って論をすすめたい。

2　社会教育施設と評価

(1) 行政評価にさらされる社会教育施設

　かつて，社会教育における評価論では，施設そのものの評価が話題にされることはほとんどなかったが，昨今では，個々の社会教育施設の管理運営状況についての評価が切実な問題として認識されるようになっている。このような変化をもたらした直接の要因は，地方自治体における行政評価の導入と，国の社会教育機関の独立行政法人化にともなう業務実績評価の実施にあるといってよいだろう。

行政評価という言葉は，政策や施策，事務事業等を対象としておこなわれる評価について総称的に用いられている。多種多様な方法・制度が存在し，言葉そのものの定義のされ方もさまざまである。地方自治体のホームページなどをみていけば，多くのバリエーションを発見することができる。たとえば，「市が主体となり，政策の効果等に関し，測定又は分析し，一定の尺度に照らして客観的な判断を行うこと」（習志野市）や，「区が主体となって実施する政策や事務事業の効果について分析を行い，一定のモノサシに照らして合理的な判断をおこなうことにより，施策，事務事業などの企画立案や適正な実施のための情報を提供すること」（大田区）と表現されている。

行政評価の導入は，三重県による事務事業評価の実施（1996年）が最も早い例で，とくにその結果としての事業削減数や削減額が行政関係者の注目を集めたといわれている。社会教育の分野では，東京都の行政評価に大きな衝撃を受けた関係者が多いのではないだろうか。東京都は1999（平成11）年度から行政評価として事務事業評価を実施しているが，その結果を受けて2002年3月には東京都生涯学習センターや東京都近代文学博物館が廃止され，2004年3月には東京都高尾自然科学博物館が廃止された。また，東京都立図書館の運営については抜本的な見直しがおこなわれた[2]。

東京都のような厳しい例は稀であるとしても，多くの自治体で行政評価が導入されており，公立の社会教育施設が他の行政サービスと並んで評価対象とされる例が増えている。社会教育固有の特性がまったく考慮されない画一的な評価方法に対して戸惑いを覚える関係者も多いようである。施設が税金によって設置され運営されている以上，施設運営や事業内容が行政サービスという観点から評価を受けることは避けられないが，異なる観点からも評価をおこない，行政評価の結果を相対化することは可能である。社会教育の特性や各施設の事業内容に対応した効果的な評価手法の確立に向けて関係者の期待が集まっている。

(2) 独立行政法人の評価

国立の施設についても，その在り方が厳しく問われる時代になった。2001

(平成13) 年4月に発足した57の独立行政法人には，社会教育に関する施設がほとんど含まれている。国立女性教育会館や国立科学博物館，国立オリンピック記念青少年総合センターのように，単独で独立行政法人化されたものもあるし，国立博物館や国立美術館，国立青年の家，国立少年自然の家のように，複数の施設が統合されてできたものもある。

　独立行政法人制度の目的は，国民のニーズに即応したサービスを効果的かつ効率的に提供することにあるとされている。3～5年で達成すべき中期目標が主務大臣によって示され，各法人はそれを達成するために中期計画と年度計画を策定する。国による事前の関与・統制を排除して事業運営の自主性・自立性を確保する代わりに，目標達成に関する事後の評価に大きなウエイトが置かれ，評価結果にしたがって組織や業務内容の見直しがおこなわれる仕組みになっている。

　実際の評価は，法人が提出する業務実績報告書と財務諸表（貸借対照表や損益計算書といった複数の書類の総称であり，独立行政法人の財政状態に関する情報を開示するために作成される）にもとづいて毎年おこなわれる。中期計画の項目に沿ってあらかじめ評価の指標や項目，観点を定めたうえで，中期目標達成に向けて順調に事業がすすめられているかどうかが定性的・定量的に検討され，中期計画との関連で暫定的に評定がおこなわれるのである。中立・公正な立場から客観的な評価を実施するためとして，各府省の第三者評価機関（文部科学省独立行政評価委員会など）がおこなった評価結果は，さらに総務省が設置する全政府レベルの第三者評価機関（政策評価・独立行政法人評価委員会）によってチェックされることになっている。

　一見すると目標管理型の制度である。業績判定のために数値を用いた定量的な目標設定が重視されている点は，パフォーマンス・メジャメント（業績測定）やストラテジック・プラン（戦略計画）といった海外で多用されている手法に通じるものがあるが，形式的な類似にすぎないという指摘もある。[3]　また，評定にかかわる客観性・厳密性ばかりがクローズアップされており，結果がどのように活かされるのか，運営費の交付金額との関係など，いまだ不明な点が多い。

施設ごとに業務内容全般にわたって網羅的に評価がおこなわれるという点では，公立の社会教育施設が受ける行政評価とは異なって，施設の特性に応じた評価がおこなわれているといえるが，評価委員と法人の双方の作業負担は膨大である。負担を軽減するためにも適切な業績指標の開発が課題となっている。現在のところは制度づくりの途中段階と考えて，今後の改善に期待したい。

(3) 設置及び運営に関する基準等における変化

一般的に，評価をおこなう際にはそのための判断基準が重要であると考えられている。社会教育施設に関しては，従来から，法令等によっていくつかの「基準」が設けられていたが，地方分権推進に関する政府の総合的な取り組みを背景に，大きな変化が生じている。ここでは，評価という観点から改めて諸基準の変化について整理したい。

具体的な変化の契機となったのは，1998（平成10）年に生涯学習審議会がおこなった答申「社会の変化に対応した今後の社会教育行政の在り方について」である。社会教育法第23条の規定にもとづいて1959（昭和34）年に告示された「公民館の設置及び運営に関する基準」に関しては，「公民館は地域に密着した活動が求められる施設であり，画一的かつ詳細な基準を定めることは適当ではないことから，今後，こうした基準については，公民館の必要とすべき内容を極力大綱化・弾力化するよう検討する必要がある」とされた。これを受けて基準は2003（平成15）年に全面的に改正された。

博物館法第8条の規定にもとづいて1973（昭和48）年に告示された「公立博物館の設置及び運営に関する基準」に関しても，「現行のような定量的かつ詳細な基準を画一的に示すことは現状に合致しない部分が現れている。このため，現在の望ましい基準を大綱化・弾力化の方向で見直すことを検討する必要がある」とされた。1998（平成10）年には基準の一部（学芸員の定数規定）が廃止された。さらに2003（平成15）年には全面的に改正され，名称も「公立博物館の設置及び運営上の望ましい基準」と改められた。

ところで，これらの望ましい基準は，施設としてあるべきstandardを示したものである。社会教育施設に関してはもう一つ，異なる種類の基準がある。

criteriaとしての基準，すなわち，特別な措置（たとえば補助金の交付や優遇税制の適用など）の対象となる施設の資格・要件等を示した基準である。

　博物館に関しては，「私立博物館における青少年に対する学習機会の充実に関する基準」が存在する。この基準も博物館法第8条の規定にもとづき，博物館の健全な発達に資することを目的とするものであるが，criteriaとしての役割も担っている。すなわち，この基準に合致する私立博物館を設置運営している法人が，さらに法人税法等に規定する要件を満たした場合には，特定公益増進法人として税制優遇措置を受けることができる。

　公立図書館に関しては，図書館法第19条の規定にもとづいて，国から補助金の交付を受けるために必要な公立図書館の設置および運営上の最低の基準を定めた「公立図書館の最低基準」（図書館法施行規則第2章）が存在していた。補助金の交付に関しては，さらに要件が設けられていて，当該図書館の館長は司書資格を有する者でなければならなかった（図書館法第13条）。しかし，1998年の答申では，「法律に基づく一定の基準を設け，それに適合しなければ補助対象とすることができないとする制度は今日必ずしも適当とはいえない」とされ，図書館法第13条第3項および第19条とともに，この最低基準は廃止された。

　公立図書館の設置および運営に関する基準については，図書館法第18条の規定にもとづく基準が定められない状態が長く続いたが，答申で検討の必要性が指摘され，2000（平成12）年の生涯学習審議会専門委員会での検討結果を受ける形で，2001（平成13）年に「公立図書館の設置及び運営上の望ましい基準」が告示された。

　このようにして，公立の社会教育施設に関しては，大綱化・弾力化された望ましい基準ばかりが存在することとなった。この一連の変化が地方分権や規制緩和の推進につながるものであるのかどうか，拙速に判断を下すべきではないが，基準というものの本来の性質を考えるとき，大綱的であることや弾力的であることと，基準であることは，果たして矛盾しないのか，疑問が残るところである。かつての基準には施設・設備や職員に関する具体的な数値が詳細に示されていたため，達成目標としては理解しやすく，結果として一定の水準をも

った施設の全国的な整備がすすんだ。現在の基準は，設置時の物理的な水準ではなく，管理運営の在り方に重点を移したものであると考えるのが妥当であろう。少なくとも，法令等を根拠にして国が定めた基準であるというだけで，達成のための努力が正当化される時代は終わったといえる。これからは，図書館協会や博物館協会といった団体が自主的に基準を定め，加盟施設が自らstandardの維持・向上に努めることがより一層重要になってくるだろう。[4]

(4) 施設の評価に求められるもの

　社会教育施設の設置や運営が税金によってなされている以上，そして，設置や運営に多くの予算を必要とする施設であればあるほど，税金が無駄に費やされているのではないかという懸念が生じやすく，議会やマスコミの関心を集めることが多い。まして，バブル経済の崩壊がいわれ，景気の回復がみられない状態が長くなるにつれ，議会やマスコミの追求は厳しさを増している。たとえば，市民の価値観から大きくかけ離れた現代美術の作品が高額な予算で購入され，収蔵されたままになっているとか，莫大な建設費を投じて設置したクラシック音楽専用のホールに閑古鳥が鳴いているといった報道がなされる。図書館や博物館（美術館を含む）の経営が赤字になっているとして非難する新聞記事を目にすることもしばしばである。

　「ハコもの行政」という言葉があるように，社会教育施設は多く作られすぎたのだろうか。施設数について社会教育調査などの統計資料をみるかぎりでは，極端に数が多いようにも思われない。問題とされているのはむしろ，一つ一つの施設の中身についてであろう。納税者が納得できるような活動をおこなっているのかどうかが問われているといえる。納得の得られない施設は存続できない時代になってきているのである。

　こうした状況のなかで，社会教育施設を評価することはどのような意味をもつのだろうか。

　社会教育施設を評価する場合，アウトプットではなくアウトカムが重要であるといわれることが多い。予算を投入したり職員を配置したりというインプットに対して，どのような事業を何件実施し，参加者が何人あったか，というよ

うな具体的な結果がアウトプットである。これに対して、その施設の設置の目的（たとえば、生涯学習の振興や市民の知的・文化的生活の向上など）に照らして、実際にどのように影響を及ぼし貢献することができたか、という「成果」の部分がアウトカムとされる。

　アウトカムを測定することはまず困難であると考えられているが、それに代わる目安として設定されるのが業績指標（パフォーマンス・インディケーター）である。どのような指標が最もよくアウトカムをとらえ、表現しうるのか、指標選びは評価作業のなかでも重要なポイントとされるが、これらの指標はあくまでも目安であり代用品であることを忘れてはならない。アメリカやイギリスでは、指標の限界を承知したうえで、指標の数値を使って予算獲得の駆け引きなどがおこなわれるようである。

　何のために評価をおこなうのか、その目的を納税者一人ひとりの理解においた場合、単純にアウトプットを報告したり、細かい数値を並べてみせたりしても、あまり意味をなさない。アカウンタビリティという言葉がかなり普及しつつあるが、とにかく情報を公開し詳細に説明すれば人々の理解が得られるという意味ではない。最終的に人々が納得するかどうかが問題なのである。

　このほか、外部からの理不尽な評価に対抗するものとして「自己評価」の重要性がいわれることがある。「自己点検・評価」という言葉が使われることもあるが、これは英語のself-studyの意味をより正確に表すものといえる。本来は、何らかの目的のもと、施設の現状について職員が共通認識をもつためにおこなうものであろう。日本ではかつて、自発的な意味合いや自己反省的な意味合いが強調されたが、自発的に評価をおこなったというだけで賞賛を得られる状況はすでに過去のものとなっている。あるいは、行政評価などの一環で自己評価をさせられた結果、職員の意識改革もすすんだという例を耳にすることがあるが、職員の意識改革を目的として自己評価を導入するという考え方は否定されるべきである。手段として自己評価を選択する必然性がない場合、かえって職員のやる気が失われ、施設を疲弊させる結果につながるおそれもある。

　また、自己評価の結果をさらに「外部評価」にさらすことで社会的承認が得

られるとする考え方がある。しかし，近年では「外部評価」と「第三者評価」を区別する傾向にあって，施設の側が委員を選定して実施する「外部評価」では，客観的な評価をおこなうことは困難であるとみなされるようになっている。

　評価をおこなうことの目的が施設の運営方法や事業内容の改善にあるのであれば，施設の利用者や事業の参加者を対象にして地道に情報収集をおこない，そこから得られた情報を着実に改善につなげることが，最も効率的で効果的な方法といえる。社会教育施設の運営は，実際，一人ひとりの職員の主観的な判断の積み重ねによって成り立っており，実施した事業について何ら反省点をもたない職員はむしろ稀であろう。ただ，今日において求められているのは，そうした内面の作業を他者にもみえる状態に置き換えることなのである。より具体的には，利用者の意見をアンケート調査などを通してデータ化し，全職員が共有できる状態にして改善に役立てるといったことである。厳密さや客観性の幻想に振り回されず，利用者の共感と理解が得られるような仕組みを考える必要がある。

3　生涯学習の成果と評価

(1) 学校歴から学習歴へ

　社会教育における評価を論じる場合，施設の評価とならんで，学習者の，学習成果の評価という問題がある。

　わが国の教育政策において，生涯学習を振興し，生涯学習社会を築いていくことの必要性は，①学歴社会の弊害の是正，②「社会の成熟化」にともなう学習需要の増大への対応，③「社会・経済の変化」に対応するための学習の必要，の3点から説明されている。このように考えられるようになったのは，1984 (昭和59) 年から1987 (昭和62) 年まで設置された臨時教育審議会からといってよいだろう。とくに，学歴社会の弊害の是正ということに関して，最終答申では次のように述べられている。「この弊害を是正するため，学校教育の自己完

結的な考え方から脱却し,人間の評価が形式的な学歴に偏っている状況を改め,どこで学んでも,いつ学んでも,その成果が適切に評価され,多元的に人間が評価されるよう,人々の意識を社会的に形成していく必要がある」。

いわゆる学歴(学校歴)だけでなく,人々が学校以外のさまざまな機会を利用して学習したことの成果(学習歴)についても社会的に認知され重視されるような仕組みの必要性がこの最終答申で示されたといえる。近年では,生涯学習の成果を社会的に活用する手段としての評価システムのあり方について,政策的な関心がとくに高くなってきているが,この答申文はその原点をなすものといえるだろう。

(2) 学習成果の評価と活用の実態

1991(平成3)年に出された中央教育審議会の答申「新しい時代に対応する教育の諸制度の改革について」では,学習成果の評価の実態について調査した結果,茶道・華道等の伝統的な稽古事における免状・資格の付与,実用英語等の技能審査や各種職業資格に関する知識・技能の認定など,独自の評価をおこなっているものもあるが,一般的にはあまり活発におこなわれていないとの認識が示されている。

ただし,教育委員会や社会教育施設等が実施している各種の学級・講座等では修了証や認定証を交付しており,一部には独自の単位や免状・資格を付与しているところもあるという。さらに,大学・短大等の公開講座や,社会通信教育,カルチャーセンター,企業の教育・訓練などにおける評価の例をあげたうえで,一般的に,学習を奨励するために評価をおこなう場合は,出席回数や時間数によって修了証や認定証を交付することが多く,専門的知識・技術の習得や指導者養成の場合は,試験などにより,一定基準に達した人に免状や資格を付与することが多いとしている。

また,学習成果の活用の実態についても,まだ一部でおこなわれているに過ぎないとして,学習成果の評価よりも一段と遅れた状況にあることが認識されている。ただし,たとえば教育委員会や社会教育施設等が実施している指導者向けの研修や講座を修了した人が,地域における学習活動の指導者や助言者と

して人材登録されて，さまざまな学習グループの指導や助言に当たっている例があるという。あるいは，手話や介護などの社会福祉に関する各種のボランティア活動においては，その専門にかかわる学級や講座の修了証や認定証が活用されている例が示されている。

(3) 生涯学習パスポートと認証システム

中教審はこの答申で，学習成果を評価し社会的に活用するためには，他者による評価が必要であるとした。学習者は学習の励みとするために他者による評価を求める場合もあるし，社会生活や職業生活で学習成果を活用するためには，分野によっては厳密な評価が必要になるというのである。

この考え方をより具体化したものとして，1999年の生涯学習審議会答申「学習の成果を幅広く生かす」がある。この答申では，生涯学習によって得た学習成果を活用して社会に積極的に参画することが可能になるような社会的なシステムが形成されることがどうしても必要であるという認識にもとづいて，学習者が自らの学習成果を記録に残し，第三者機関がそれを認証する仕組みについての提案がなされている。それが，「生涯学習パスポート」と「認証システム」である。

答申によれば，アメリカでは学校歴も含めたさまざまな学習成果の評価，社会的活動，職歴，表彰歴などを蓄積した個人の情報ファイル（ポートフォリオ）が注目されており，州によっては高等学校卒業者に支給を義務づけているという。これにならってわが国でも，たとえば，学校歴，学校外の学習活動歴，資格リスト，技能リスト，職歴，ボランティア歴，地域活動歴，自分の進歩についての自己評価，今後の抱負等を記載した生涯学習記録表（「生涯学習パスポート」）を作成することが考えられるという。

ところが，これは個々人がそれぞれに記録するもので，自己評価が基本になるため，記載は主観的にならざるをえない。これを個人のキャリア開発（この答申では，職業や職歴だけでなく社会的な活動歴も含んで「キャリア」という言葉が使われている）に役立てようとする場合には，学習成果をもっと客観的に評価する必要が生じてしまう。そこで，学習活動に関する事実確認と証明を

第三者機関がおこなう仕組み（「認証システム」）を構築することが考えられている。これによって，さまざまな地域での学習成果（たとえば，県民カレッジの単位など）や，特定地域内での各種資格（たとえば，都道府県や商工会議所が認定する資格など），あるいは企業の社内資格など，全国的に広く活用することが可能になるという。

4　社会教育と評価

　社会教育に関して，二つの全く異なる評価をとりあげたが，両者に共通してみられる特徴があることに気がつく。たとえば，客観性という言葉はどちらの議論においても多用される。人々の信頼を得るためには自己評価よりも第三者による評価のほうが説得力があると考えられている。施設の良し悪しに関しても学習の成果に関しても，絶対的な基準がどこかに存在していて，それに照らして判断すれば関係者全員を納得させられると信じられているようにみえる。さらに穿った見方をすれば，主観的には高く評価される，守るべきなにか（たとえば社会教育施設の有用性であるとか，学習者個人の能力であるとか）がすでにあって，いかにしてその判断を正当化するかが焦点となっているようでもある。実際のところ，評価とは非常に人間的な営みなのかもしれない。

　学歴偏重社会といわれる状況は，全国の大学が一つの尺度で序列化されたことにも反映されているとみることが可能であろう。生涯に一度の大学入試の結果が，ある意味で非常にわかりやすい，客観的な評価基準として機能しているのである。わかりやすくて客観的だったからこそ，弊害を生じるまでに偏重されたと考えることができる。社会教育施設やそこでの学習内容が，全国規模で序列化されるようなことは，まず起こりえないと思われるが，もしそのようなことが可能になれば，学習歴は学校歴と同じ運命をたどり，これまで以上に厳しい学歴偏重社会が到来することであろう。

　学校教育とは別に社会教育が存在することにどのような意味があるのだろうか。あるいは，フォーマルな学習機会とは別にさまざまな学習機会が提供され

ることにどのような意味があるのだろうか。評価についてまじめに考えれば考えるほど，こうした根本的な問題を追究せざるをえなくなる。少なくとも，一人一人の学習者にあっては，学習は自分だけの豊かな個性に彩られた行為である。他者からみれば似たり寄ったりであったとしても，序列化や規格化には馴染まない部分があって，だからこそ貴重であり大切にされるべきものであると考えられる。その価値をまるごとすくい上げようとするならば，当面は，なるべく多くの尺度を用いて多面的に捕捉するしかないようである。

【守井　典子】

【注】
1）経営評価や学習評価に関する初期の論考として岡本包治の著作をあげることができる。また，用語の整理という点では，田中治彦の論文が参考になる。岡本包治「社会教育経営の評価」塚本哲人・古野有隣編『社会教育の経営』（社会教育講座第3巻），第一法規，1979, p. 3-17. 岡本包治「社会教育における学習評価」岡本包治編『学習プログラム——立案・展開・評価』（講座現代の社会教育③），ぎょうせい，1980, p. 220-272. 田中治彦「生涯学習事業評価の視点と方法」倉内史郎・土井利樹編『成人学習論と生涯学習計画』（生涯学習実践講座③）亜紀書房，1994, p. 225-254.
2）評価結果やそれにもとづく見直しの状況については，インターネットでも公開されている。http://www.chijihonbu.metro.tokyo.jp/hyokahp/
3）たとえば，上山信一は独立行政法人の評価に関して，一見すると戦略計画方針にみえるが似て非なるものであるとしている。主な理由として，評価のもととなる中期計画は行うべき事務作業を列挙しているにすぎず，とうてい戦略とはいえないことや，指標の設定に戦略性が欠如していることをあげている。上山信一『行政評価とニューパブリックマネジメント』（モノグラフ・シリーズ10），東京財団研究推進部，2003, p. 185-216.
4）博物館を例にとると，アメリカでは博物館協会が基準を設け，加盟館の運営状況を診断したり認証を与えたりする事業がおこなわれている。日本博物館協会でも，公立博物館の設置および運営に関する基準の全面的改定にともなって，基準のあり方について検討をおこない，2000年には『「対話と連携」の博物館』を，2003年には『博物館の望ましい姿』を公表している。

キーワード

アウトカム　　アカウンタビリティ　　望ましい基準　　行政評価　　独立行政法人評価
業績測定　　業績指標　　自己評価　　学習歴　　生涯学習パスポート

この章を深めるために

(1) 社会教育施設の特性を生かした業績指標について考えてみなさい。
(2) 「生涯学習パスポート」のようなものを作成し,学習成果を評価することの意味を検討してみなさい。

【参考文献】

鈴木眞理・守井典子編『生涯学習の計画・施設論』(シリーズ生涯学習社会における社会教育第6巻)学文社,2003
村井良子他編『入門ミュージアムの評価と改善』アム・プロモーション,2002

第12章　社会教育計画を考える視座

1　社会教育計画を策定する人

(1) この本の読者は誰か

「社会教育計画」に関心をもっているのは，どういう人なのだろうか。それは，この本の読者は誰かということにもつながる問いでもある。この本は，大学で「社会教育計画」に関する講義を受講している学生，社会教育主事講習での「社会教育計画」の受講者，現職の社会教育関係職員で「社会教育計画」に関する研修を受けている人を主たる対象であると想定している。もちろん，全国民に読んでもらいたいとは思うが，その他にこの本を手にする人は，社会教育関係職員で「社会教育計画」の策定にかかわる，それも意欲的な人・いわば自己啓発的に学習する職員，社会教育関係団体等で社会教育に関心をもつ，いわば奇特な人，それに，どんなテキストかと関心をもつ大学での社会教育・生涯学習関係の研究・教育に携わる人，さらにその予備軍としての大学院生，ということになろう。総理大臣はもとより，文部科学大臣，文部科学省関係局長・審議官，社会教育課長や関係職員も読むことは，おそらくあるまい。都道府県や市町村の教育委員会でも同じであろう。指定されて読まされる以外には，読まれることはほとんどなかろう。《こう考えると，あまり，売れそうにもないと悲観的になってしまう。》

(2) 社会教育計画の策定者

ところで，社会教育計画が策定される際・社会教育計画の策定にかかわる際に参考になる，ということがこの本のねらいの一つであるが，社会教育計画の策定とは，誰がおこなうことなのであろうか。社会教育法においては，「計画」

という用語は，社会教育委員の職務のなかに，「社会教育に関する諸計画を立案すること。」（第17条第二号）という形で登場している。生涯学習の振興のための施策の推進体制等の整備に関する法律（生涯学習振興法）においては，都道府県が「地域生涯学習振興基本構想」を作成することができること（第5条），その実施にあたって「都道府県は，関係民間事業者の能力を活用しつつ，生涯学習に係る機会の総合的な提供を基本構想に基づいて計画的におこなうよう努めなければならない。」（第8条）というなかで「計画」という語が用いられる。しかし，生涯学習振興法での場合は，「計画的に」と，いわば方法論的な文脈で用いられているのであって，一般論としては，「地域生涯学習振興基本構想」が，「計画」に相当する（あるいは，その上位に存在するものと位置づく）ものであるといえよう。

このようなことを考えると，都道府県・市町村における社会教育計画の策定は，教育委員会に置かれる独任制の社会教育委員の役割と位置づいているし，「地域生涯学習振興基本構想」の作成に関しては，文部科学大臣・経済産業大臣，関係行政機関の長，関係審議会の委員が関与することになっており，さらにその関連行政の職員の役割が予定されているものと整理することができる。「計画」を策定・作成をするのは，社会教育委員や文部科学大臣をはじめとする人々であることになっているが，実質的には社会教育・生涯学習支援にかかわる職員であるといってもよいであろう。しかし，非現実的なことではあるが，文部科学大臣（もちろん機関として）をはじめとする人々がきちんとした認識をもって「計画」の策定・作成にかかわることが本来の姿だといえるのであり，そのような人にも是非ともこの本が読まれることを期待したいものである。

さて，最も多いタイプの読者であろう，「社会教育計画」という講義等を受けている方々は，「実習」あるいは流行の「参加型学習」《実は，こういうものは古くからあった。それを知らない人がありがたがっているという見方もできる》という名目で，ある自治体を想定してその地域の社会教育計画を策定するという作業をおこなっているのではなかろうか。楽しい作業，充実した作業だという感想ももっているのではないだろうか。

(3) 社会教育計画策定の恐ろしさ

しかし，その際，社会教育計画を策定するということの恐ろしさや傲慢さというようなことを考えないでいいのだろうか。社会教育というのは，人々の生涯学習支援を効率的におこなおうとする，それも意図的な営為であって，価値の問題とも無縁ではない。いくら法制度的に社会教育計画を策定する役割を認められているからといっても，その行為についての責任の重大さやその役割遂行の恐ろしさについて自覚的であることは必要であろう。

自分の関与・策定した計画に沿って物事が・人々が動くということで快感を味わうかもしれないが，それはまた大きな責任をともなうものであることを常に自覚する必要がある。計画を策定すること・人がエライわけでも何でもないのである。説明責任（アカウンタビリティ）等という用語を越えたところでの深い責任を自覚したいものである。

安易に「社会教育計画を策定してみなさい。」というような教員・講師がいるとしたら，その人が社会教育あるいは教育ということの関係者として適任かどうか疑ってみてもいいかもしれない。《あ，余計なことを書いてしまったかな，テキストとして採用してくれているのに。そうだ，恐ろしいことだということを分からせようと思って指示しておられるんですよね，きっと。ホッ。》

生涯学習の支援を効率的におこなうということであるからにせよ，他人の活動についての計画を立てるという行為については，より慎重な構えが求められるということなのである。いいことをやるのだからいいとか，法制度的に認められていることだからいいのだ，ということだけではすまない。社会教育計画を策定する人の人間性が問われるということも考えなければいけないのだろう。

2 社会教育計画策定に必要な能力

(1) 原理と技術

社会教育計画を策定するためには，技術的な能力も必要である。この本では，原理的あるいは理念的な検討がより重要であると考えているので，技術的な事

柄については，他の同種のテキスト類ほど重視してはいない。しかし，計画が策定されるためには，調査の能力，事業の企画能力や調整能力等が総合的に求められることにもなる。これにはむしろOJT的な手法による能力形成が適していると思われる。社会教育領域では，いわばインターンシップの期間を長くとり，そこで専門能力を形成することが求められるということが考えられていいのであろう。社会教育主事養成の科目として実習が設定されているが，その程度の，責任も求められない活動では，充実した能力形成がなされるとは考えられない。むしろ，その段階では，原理的・理念的検討を徹底することの方が重要であろう。もちろん，社会教育の現場についての知見をそれなりに得るということの必要性は否定されるものではないが。《そもそも学生は，ほとんど学校教育の環境だけで過ごしてきたわけだから，社会教育の領域には疎遠であり，見るもの聞くもの珍しい。接した事例に，すぐ感激するし，素晴らしいと感じてしまう。その事例の背景や位置づけを考えることなしに。企画者は，そのための実習であると想定していることもあるのだろう。》社会教育職員としての専門性というものは，完成されたものがあるというより，日常的な仕事・活動のなかで，絶えず形成されていくもの，プロセスとして考えるという認識の仕方が必要なのでもあろう。

　ところで，社会教育領域では，権利やプライバシーということについて自覚的ではないことが多い。事業の実施の場面で，参加者名簿が公表されたりすることもある。参加者が判明するような形でのマスコミの取材が許されている場合もある。また講義・講演の内容が講師に無断で録音されたり，さらには機関紙等で公開されるようなこともある。参加者を増やすことが優先されて考えられたり，明るく楽しく学習者の参加によって事業をすすめるということが強調される状況では，個別の学習者への細かな配慮が軽視されてしまうことにもなる。

　職員が技術的な面での能力をつけることに気をとられていると，見落としてしまうことになることも多い。関心が人間・学習者から離れていく，人間・学習者が自分の仕事の手段とか単なる一要素になってしまうことにもなる。社会

教育は人の精神的な自由と密接にかかわっているのであるから、人間・学習者への配慮には充分留意する必要があろう。隣接の図書館活動の領域においては、当然のこととして、気を配ってきたことではあるのだが。

(2) 職員の専門性の諸相

ところで、社会教育職員の専門性については、いろいろな側面が強調されることがある。一つは、前述した、さまざまな技術的能力を強調する議論である。さらに、特定の学問領域を専門性の内実にあげる議論も存在しているし、住民の学習要求の組織化といって、住民の学習する権利を実現していくことが社会教育専門職員に課せられた任務であるとする、「国民の自己教育運動」を標榜する人々の議論もある。また、職員の人間性を強調した議論も存在しているなど、社会教育職員の専門性については、多様な議論が存在している。それぞれが必要とする能力を想定しているわけであるが、社会教育領域では、学習者の自発的・主体的な行動が尊重され、また、学習者が自発的・主体的に行動するようになることが、重要な目的の一つに位置づけられていると考えられるので、その支援のための職員として役割が発揮できるための専門性は何かということを考えることが求められているのである。

今日では、self-directed learningというコトバで、個人個人が自律的に自らの学習をコントロールしていくことが重要であると考えられ、職員は、そのための支援をしていくのだと位置づけられることが多い。「自己管理型学習」や「自己決定型学習」と訳される場合のself-directed learningは広い概念ではあるが、個人の具体的学習場面で考えた場合、自らの学習の目的や方法・形態について、アドバイスを得ながらも自らの力で考え・選択し、行動していくことが想定されている。各自が、自分の考え方にしたがって学習の計画を立て、実行していくことが理想になるのであるから、職員は、そのための情報を提供したり、相談に応じたり、学習活動・学習活動支援の全般にわたる調整（コーディネート）の能力が求められているということにつながる。たいへん結構な議論であるとも思えるが、学習者が自律的に行動できると考えることが実際的なのか、情報提供等や調整ということが表面的にのみとらえられていないかなど

は，より慎重に検討しなければいけないことであろう。

　個人個人が自分の学習に関して自己管理・自己決定をするということは，医療の領域でのインフォームドコンセント（説明と同意）という考え方に近接するものでもあるが，たいへん重い課題でもあり，調整という行為も，本気で取り組めば，当事者の立場にどれだけ立てるかという点で，悩む場面も多いことであろう。学習者とともに悩むことができるということが，専門性の一部を構成しているのかもしれない。

3　社会教育計画の計画性

(1) 計画の非包括性ということ

　計画のサイクルは，狭義の計画と実施と評価によってとりあえず完結するものと考えられる。ここで，中・長期的な地域社会教育計画や年間の全事業計画ということではなく，個別の事業を念頭に置いて考えてみれば，社会教育の領域では，たとえば週1回全10回の講座という形や，1泊2日の宿泊研修というプログラムは一般的である。まず，開講式等があり，オリエンテーションがおこなわれ，毎回2時間程度のプログラムが展開し，最後に閉講式があって，8割程度の出席者に修了証が授与される。もちろん職員は，実施の計画段階からかかわり，終了後にそのプログラムの自己評価をおこなうということになる。その際，計画通りに実施されたプログラムは「よく練られた」ものとして，プラスの評価を受ける。そのような計画づくりをめざすことが，熟達の専門家としての精進の方向であるということになるのだろう。10回や1泊2日という単位が一つのまとまりで，そこで，意図していた成果が得られるというような前提で，事業は計画・実施・評価される。

　このようなことには，学校教員は，慣れ親しんでいるのだろう。教職課程においては，とくに教員養成系の大学においては，さまざまな形での指導がおこなわれ，時間毎，単元毎等の計画が細かく立てられる。個別の工夫はあるものの，標準的なすすめ方が共通の理解として存在する。学校教員が社会教育の領

域へ入ってくるとどうだろう。教員としての経験も自信も充分にある人が社会教育領域へ来ることになると，学校での方式が，教育の方式なのだと考える。社会教育も学校教育と同じ教育なのだから。しかし，共通するものはあっても，異なるものもあるのだという理解がなかなかできない。《学校の先生は基本的に真面目だ。いや，そうでもないのかな。》

　前述の全10回や1泊2日という単位は，社会教育の領域では，もっと沢山ある学習機会の一部と考えることが必要なのであろう。数カ月に及ぶ学習場面では，その間の日常生活のなかでの偶発的学習や，自覚的な他の学習機会も意味をもつであろうし，1泊2日で意識や態度が変化して固定してしまうということは，おそらく宗教家や政治運動家などにもうらやましがられることで，そんなことは，自発性や自主性が原理となる社会教育の領域では，ほとんど無理なことであろう。社会教育の領域では，学習者の学習機会は，計画する人がかかわっている事業だけではないということをきちんと認識すべきであろう。また，その事業だけで，意味が出てくると考えることも禁物だろう。社会教育領域における計画は非包括的である・にならざるを得ない，という点に留意するべきである。あるいは，教育ということに加え，学習者の自律的な学習の意味の重みも加えて考えていくという姿勢が求められるということなのであろう。

(2) 計画通りにおこなうこと・おこなわれること

　計画通りに事業がおこなわれることがいいことだ，という観念も，考え直してみる必要があろう。計画自体が固定的なものでなく，随時変更されていくものだという考え方があるが，社会教育計画の場合は，まさにその通りであろう。さらに，計画を否定するようなことになってしまうような結果が生じても，むしろ良かったということもありうるだろう。

　目的という次元では変更がなく，目標という下位の次元での達成すべき課題を変更するということはありうる。社会教育の場合，この時点までにどうしてもこのようになっているべきだ，と考える必要はなく，むしろその状態へ至る過程を重視する場合もある。その際にはむしろ，当初の計画通りにすすんでいなくてもいいのである。いや，そこまで「練られた」計画であることが求めら

れるということか。《うわー,「社会教育計画」って,きつい。》

　本来の意味を離れた表面的な手法としての意味しかもたないような矮小化された「参加型学習」という上滑りの手法が流行している状況は不幸である。学習は,手法だけで,表面的な関係だけで展開されるものではあるまいし,その場かぎりのものでもないはずであろう。そのプログラムの終了時点では,「うまくいった」と思っていても《ホントに,こういう時のビールは旨いのですが。あ,未成年のキミ,レモンスカッシュにでもしておきましょ。》,結局長期的にみれば何も残らないもの,使い捨てのプログラムになってしまうことになる。さまざまな困難に遭遇し,できなかったことが残るプログラムこそ,意味があるものだということもできるかもしれない。

　極端な言い方をすれば,計画通りにおこなうことより,そのプロセスにおいて学習者なども交えた形で,計画が再検討され,結局計画通りにおこなわれないことが積極的に追求されていいのだということにもなる。計画通りにおこなうこと・おこなわれることに意義があるのではなく,学習者の成長等の目的次元での成果が意識される必要がある,ということなのであろう。そのためには,理解のある管理職,そういうことを評価できるしくみも必要であることはいうまでもなかろう。

(3) 学校教育の時間と社会教育の時間

　学校教育における時間と社会教育における時間には,違いが存在すると考えることも必要ではないだろうか。学校教育においては,時間が固定的にとらえられる。単位となる時間が,45分や50分であり,そのなかで一定の完結を考える。それも,筋道が綿密に考えられて。社会教育においても,1回の講座等は1時間や2時間とはなっているが,必ずしもそのなかでは完結するということがめざされているわけではないといえるだろう。これは,計画の非包括性ということと同じようなことでもあり,講座の内容にもよるが,他の機会の学習が必要になったり,自主的に追加の学習が展開されることもある。社会教育における時間は,定まった枠と考えるのではなく,柔軟に考えていい目安と位置づけていいものである。社会教育の場合,施設等の物理的な制限がある場合も

存在するが，時間に関しては運営次第では柔軟に変更可能でもあるといえる。その場で必要だと判断されたら，延長することも短縮することも「あり」なのだというように考えることが必要なのだろう。学校教育をモデルにすると，なかなかそれはできにくい。

　もとより，学校教育では，学校という場を特別に作ってそこで効率的に，教育がおこなわれる。計画という考え方が適している環境が存在している。社会教育の場合は，たとえば公民館等の社会教育施設は存在するが，参加者は，そこへ毎日定時に通うというわけではない。弁当を持っていったり，給食があるというわけではない。ホームルームの時間がある，などということも，基本的にはない。そもそも学習者の意志によって活動が成り立つのであるから，参加者の意向が前提になるのである。

　学校教育における時間は，全員に共通なものであるが，社会教育における時間は学習者それぞれによって異なる。同じ長さの時間で一定のことをやるのではなく，個人個人によって必要な時間が異なり，終わるのも継続するのも学習者次第である。時間は，人によって異なる。学校の場合，いわば「落第」するということは正常なことの範疇から外れるが，社会教育の場合，同じことを継続しておこなうことは，日常的にみられることでもある。そういうようなことが可能な環境を整えることが社会教育領域の計画の重要な役割でもあろう。

　社会教育の場合，学習の成果がいつ出るかということについても，学校教育の場合とは異なる発想が必要になる。学校教育の場合，試験がおこなわれ，それまでの学習の成果が確認される。社会教育の場合は，たとえば資格に関する学習のように学校教育と同様に考えられる領域もあるが，いわゆる現代的課題に関する学習内容については，その学習の成果は，ずっとあとになって，時には世代を越えて，出てくると考えていいものであろう。《基本的にセイカは４年に１回出るものですが。》学校教育が短期・中期的に時間を考えているということならば，社会教育はむしろ長期的に時間を考えるというような性格づけができるということになろう。

　これは，社会教育のもつ非定型性ということからくる特性ということである。

社会教育とは意図的な営為ではあるが，組織化の程度はそれほど高くはなく，目的との関連において，随時計画が変更されていくものである，ということなのであろう。

4 社会教育と権利・自由

(1) 学習者の権利とプライバシー

　ここで述べようとする「権利・自由」というのは，「国民の自己教育運動」の進展，「民主的な社会教育」の推進等をめざすために「国民の学習権」思想を確立しようとするものとは，関係ない。《1970年代にそのようなことを声高に唱えていた人々が，昔とは違ったことをいっているようでもありますね。そうか，その人達も，学習し，変わったのだ。そう，成人は学習し成長する！でも，社会教育について勉強する人は，きちんとこの間の経緯を理解しておくことも必要ですね。》もっと，身近な場面での権利や自由の問題である。

　社会教育領域では，権利やプライバシーということについて自覚的ではないことが多いということはすでに述べた。図書館活動の領域においては，利用者の権利・プライバシーの問題については大きな関心がもたれてきた。どのような本を誰が借りたか・読んだかという情報について，警察との間でせめぎ合いも経験しているし，専門職の倫理という観点からも検討がくり返しおこなわれてきたといえる。ところが，公民館事業等で，参加者名簿が流出したり，CATV等で参加者が判明することがあったり，ということについて，それが問題を孕むということなどは，ほとんど，意識されない。

　情報提供サービスはこのかんの社会教育施策の重点的なものになっているが，慎重に扱うべき個人情報である，住所・電話番号等が指導者リストとして，広報紙等に掲載されていることも稀ではない。もともと，指導者情報などの学習情報は，詳細でなければ利用はできないし，詳細であればあるほど，プライバシーの問題に抵触することにもなるという矛盾したものなのである。学習活動の活性化の方策と個人の権利保護とのあいだで，細心の注意が求められる領

域である。

　講座や講演や研修の参加者が，登壇者の了解を得ないまま録音をしていることも，よくみられる光景である。主催者が仲介する形で事前に了解を取り付けるということが必要であるのだが，参加者に著作権等の理解を求めることも，重要な仕事であろう。《研修機関等の担当者自身も気をつけなければいけない問題ですね。》これは，講義・講演をする側の権利保護・著作権ということであるが，広報紙・機関紙等に再録する際にも了解を得ておこなうことが必要なのはいうまでもなかろう。講師の話が誤解され，間違った記述をされ，不利益を被るという場合もある。ボランティア活動でおこなっている場合にも「いいことをしているからいいだろう」ということにはならないことを理解する必要がある。

　このようなことを考えると，「権利としての社会教育」の議論は，実際のところ，権利を尊重していたものか，よく分からなくなる。社会全体の想定された望ましい方向への進展が目的なのであって，学習の社会的文脈のみが意識され，その限りでの学習の機会の確保と保障がめざされていたのだが，個人個人の権利や自由はどの程度尊重されていたといえるのだろうか。今日の状況のなかでは，個人の自律という問題に関連する，学習の機会の質という面へのきめの細かい配慮が必要なのであろう。個人個人の権利を重視して，その積み上げで社会全体の問題を考えていくという方向が求められているのであろう。

(2) 専門職員の倫理

　社会教育の専門職員や関係職員という概念はきわめて曖昧である。法制度的に「専門的」と規定されている職員は，社会教育主事，司書，司書補，学芸員である。社会教育主事は教育公務員特例法によって「専門的教育職員」（第2条4）とされ，社会教育法によって「都道府県および市町村の教育委員会の事務局に，社会教育主事を置く。」（社会教育法第9条の2）と位置づけられ，「社会教育を行うものに専門的技術的な助言と指導を与える。但し命令および監督をしてはならない。」（第9条の3）と規定されている。図書館法では，「図書館に置かれる専門的職員を司書および司書補と称する。」（第4条）とし，さらに「司

書は図書館の専門的事務に従事する。」(第4条2),「司書補は,司書の職務を助ける。」(第4条3) としている。博物館法では,「博物館に,専門的職員として学芸員を置く。」(第4条3) とし,「学芸員は博物館資料の収集,保管,展示および調査研究その他これと関連する事業についての専門的事項をつかさどる。」(第4条4) とされている。このほか,社会教育指導員・公民館主事・学芸員補・青少年教育施設等における指導系職員等が存在しているが,それらは,法制度的には,「専門的職員」とは位置づけられてはいないのである。

さらに,関係職員という表現を用いれば,社会教育に関連する仕事をしている人は多様に多数存在する。生涯学習支援という表現にすれば,さらに多くなる。

ところで,これら専門職員を中心とする関係職員は,学習者とどのように向き合うことが求められているのであろうか。これまでの専門性の議論とは少し違う観点で考えてみよう。もちろん,その際,基本的な能力は,生涯学習・生涯学習支援・社会教育についての基礎的な知識・理解をもとにしていなければならない。《このごろ,それがかなり怪しい場合がみられます。大学の教員にもそんなヒト,みかけますが,いいんでしょうか。あ,私を含めてこの本の執筆者,大丈夫ですよ,多分…と思います。》専門職員の養成や研修が充実される方向を考えるということが国レベルでの重要な課題として位置づけられる必要があることはいうまでもない。《文部科学大臣,文部科学省の職員の方,読んでくれてますか?》職員の知識レベルの向上なくして専門性や専門職制を問題にすることは滑稽なことになる。

次いであげられるのは,学習者との信頼関係ということになろう。司書や学芸員は,図書館資料・博物館資料といった「モノ」との関係での専門性が問われることが多いと思われる。また,その種の専門性のゆえ職業として選択する人も少なくはない。しかし,教育・社会教育の機関として,図書館や博物館も存在するのであり,「ヒト」との関係を抜きにした専門性は考えられにくい。学習者・利用者との信頼関係を築いていくこと,人間を好きになることは,社会教育関係職員に共通に求められることであろう。すでに,学習者とともに悩

第12章 社会教育計画を考える視座

むことができるということが専門性の一部を構成しているのかもしれない，ということを述べたが，もう一度くり返しておこう。

そのような観点から，社会教育の専門職員の倫理ということが考えられる必要があると思われる。図書館職員に関しては，個人情報の保護や守秘義務ということについて意識的な行動がみられるが，博物館や公民館においても充分に考えられていいことであろう。博物館とプライバシーというような問題設定はかつてはほとんど考えられなかったが，技術革新によって個人対応の展示解説が可能になると，大きな問題として登場してくる。また，展示される資料自体に内在する個人等のプライバシーと関連した問題もある。専門職員の倫理という課題は，法制度で規制すれば済むようなものではなく，専門職員間できちんと議論がなされるべき問題なのである。

この倫理という問題は，しかし，専門職員だけの問題ではない。関係職員についてもそうであるし，近年注目を浴びてきたボランティアに関してもいえることである。ここでの議論は行政機関のみを念頭に置いてきたようにも受け取られようが，社会教育の機関としては，民間の営利・非営利の機関・団体も存在する。これらについても倫理という問題は，重要な課題として位置づけられなければならない。人の精神的な自由に関係する機関・個人が共通に認識すべき問題として，位置づけられるのである。民間のカルチャーセンターであるから学習者のプライバシーや学習上の情報が保護されないとか，ボランティアだから問題が生じるというようなことではなく，それぞれが，きちんとした研修・自己啓発の機会と自覚をもつべき問題であり，公務員であろうとなかろうと，専門職員であろうとなかろうと，共通に認識を深めることが求められるのである。

しかし，そもそも学習支援を専門職員が担うべきであるという発想や，社会教育あるいは生涯学習支援が教育行政の枠内で展開されるべきであるというような発想自体が，問い直されるような状況になってきたということかもしれない。

5 社会教育・社会教育計画をどう考えるか

(1) マニュアル化の功罪

　社会教育計画を策定するような自分は，何か偉い人かのように思っていたり，他人を自分の作った計画にしたがって動かすということに快感を得ていないだろうか。社会教育計画やその策定というものは，そのようなものではなく，人々の学習支援を効率的におこなう社会教育の計画なのであって，生きている人々と直接関係しながら，同じ地平に立って専門的な立場から提起・提言をおこなうものである，というような考え方をすることが必要であろう。

　したがって，これまでさまざまに策定されてきている計画を参考にすることは結構ではあるが，そのまま利用するということでは意味がない。おそらく失敗はしないし，計画としては整っているのだから少しだけアレンジすればいい，それが進歩というものだと考えることができるだろう。しかし，その地域で，その状況のなかで策定するという，プロセスそのものも重要な計画の過程として考えることが求められるといえる。

　いろいろなマニュアル的な書籍も多数ある。整った計画を求めるということなら，それらを利用すればいい。しかし，計画は，それが美しいかどうかに意味があるのではなく，その計画が実施（計画策定の過程も含んで）されて，その目的がどの程度達成されたか（目的の変更も含めて）というようなことが重要であると考えれば，マニュアル化ということはそのまま肯定できるものではない。社会教育計画は一回限りの計画で，その方法も含めて，「使い回し」のできない計画であるということができるかもしれない。《マニュアル的な本を買うのなら，「こういうことはしてはいけない」という参考書として位置づけるべきだというのは，言い過ぎでしょうが。》

　さまざまな事業の企画や講座開講にあたっての担当者等のあいさつなどの「ひな型」を掲載した本も好評だ。開講式で，サンプル通りの司会者の言葉のあと，サンプル通りの教育長のあいさつがあって，サンプル通りの受講生の決意が語られる，などという滑稽な光景も目に浮かぶ。また，どこかのシンクタ

ンク等に依頼して計画を策定したら，数字のデータだけ異なり，ほとんど同じ計画が策定されたなどということは時代遅れになった語り草，と考えてもよいだろう。依頼先がNPOということになっても，学習者・住民との関係等が同じなら変わりはないが。

　計画として整っていたり，見映えがいいということはやはり魅力的だ。しかし，表面的な魅力だけでなく，内側の魅力・背景の魅力も同時に求められなければなるまい。

(2) 社会教育の特性

　さて，社会教育計画の性格は，社会教育のもつ性格それ自体から派生しているということができる。そもそも，社会教育計画ということ自体が矛盾したことなのかもしれない。計画という営為と社会教育という営為の直接的結びつきを考えることに無理があるのかもしれない。そこでは，計画という概念に幅をもたせて考える，社会教育に適合的な計画というものの在り方を考えるということが求められているともいえるのである。

　生涯学習や，その支援の一環としての社会教育は，自発性を基調にするもので，トータルな資源の配分計画という考え方にはなじまない部分もある。それらのすべてを計画に包含しないということも，社会教育計画の重要な特性と考えることが必要であろう。計画が先か，社会教育が先かと問われれば，社会教育が先，生涯学習の方がもっと先，学んでも学ばなくても人間の存在がさらに先，ということになろう。学習には個人的文脈と社会的文脈が存在すると考えられるが，計画との関係でまず配慮されなければいけないのは，計画が権力作用であるだけに，個人的文脈の方であるということだろう。

　社会教育計画によって，社会的公平や公正さが確保され，効率的に社会教育が推進されるということになろうが，手間ひまかかる社会を作っていくということも社会教育の役割なのかもしれない。機械の力だけで人の生活は豊かにならない，人と人との関係で人の生活は豊かになるのであろう。そういう方向をめざす手だてとして社会教育計画を位置づけたい。

【鈴木　眞理】

キーワード

専門職員　専門性　社会教育委員　社会教育主事　個人情報　プライバシー
倫理　self-directed learning　著作権　マニュアル

この章を深めるために

(1) 自分の住んでいる地域などの，社会教育計画の実例にあたり，それがどのようにして策定されたか，そして，どのような成果をあげたか，担当部署を訪ねて話を聞いてみなさい。
(2) 社会教育の歴史・社会教育の制度について，もう一度きちんとした本を読んでみなさい。

【参考文献】

鈴木眞理（編集代表）シリーズ生涯学習社会における社会教育（全7巻），学文社，2003
倉内史郎編『社会教育計画』学文社，1991
倉内史郎『社会教育の理論』第一法規出版，1983
碓井正久編『社会教育』第一法規出版，1970
岡本薫『著作権の考え方』岩波書店，2003

特論1　データでたどる学習者

1　学習者を経年的にとらえる意味

　学習者（主に成人）を理解・把握しようとする際には，個別具体的な質的データを量的に読み取る工夫と，無味乾燥にみえる量的データを質的に読み取る工夫とが求められる。質的量的を問わず，種々のデータは，新しい動向や，その時々で注目される事象を，適確にとらえるよう設計された調査，それゆえ単発的な調査によって得られたものが多い。しかし，個々の調査でたとえば「高齢層ほど学習行動率は低い」と指摘しうるとしても，それは「人は年をとるにつれて，学習しなくなる」（年齢の違い）との解釈も，「時代の流れとして，皆が学習するようになってきた」（時代の違い）との解釈も，特定の年齢層が学習行動をする・しない理由を分析するような解釈（世代の違い）も，可能である。学習者の示す諸傾向が，個人的な要因（年齢）によるのか，社会的な要因（時代）によるのか，なかでもとくに文化的な要因（世代）によるのかを読み取るためには，単発的な調査とともに継続的な調査によって得られるデータが重要となるのである。

　しかし，調査方法や集計方法，調査項目の一定性，報告書の公開性や所在の確実さなどからみて，学習者の経年的な変化をみるために意識的に蓄積されてきたデータはほとんどないといえよう。ここでは試みに，いくつかの継続的な調査から，学習者の理解・把握に示唆的と思われる量的データを，抽出・加工して示すこととする。詳細は各統計・調査を参照されたいが，各々にいう「学習」や「学習者」の定義，範疇はそれぞれ異なり，直接的な比較ができないことはいうまでもない。

2 成人の意識と行動にみる「学習」

人は日々モノを考え動いているのであり，その過程には何らかの認識の変容および行動の変化が生じているとすれば，人は全て「学習者」であるといえよう。人々の生活意識・生活行動全般のなかに「学習」の諸要素がどう位置づいているのかをうかがうことのできる項目内容を含む調査は少なくない。ただし，同一の調査であっても，項目内容や集計の際に用いる区分・用語が調査の実施回ごとに少しずつ異なるため，データの比較には留意すべき点も多い。ここでは基本的に項目内容も区分・用語も毎回同一に設定されてきた部分のみに注目し，データを掲げる。むろん，この種の調査で把握された意識・行動が，すべて何らかの教育的な意図をもって対応しうる・すべきものとはかぎらない。

(1) 学習行動者率 —— 総務庁「社会生活基本調査」から

「学習をおこなっているか」という問いに対し，「いる」と回答した人の割合を示す「行動者率」や「学習者率」はさまざまな調査が明らかにしてきた。なかでも総務庁が1976年以来5年おきに実施してきた「社会生活基本調査」は，行動分類のなかの「学業」と「学習・研究」などとの区分も明確で，年齢や就業状態なども詳細に区分され，また一個人のみならず世帯員についても，そして調査対象となった特定日の生活行動のほかに普段の生活行動などもたずねており，成人学習者を理解・把握しようとする際には非常に利用しやすい調査といえよう。

大まかにいえば，年間でみた行動者率（過去1年間に学習をおこなったことがある人の割合）は，若年齢層では40％前後だが高齢になるにつれて低下する。その度合いは男性より女性，有業者より無業者で急であり，そのため高年齢層ほど属性差は大きく，男性有業者では30％弱であるのに対し女性無業者では10％弱でしかない。こうした傾向は毎回，ここ数年変わりがない。経年的な変化としては，たとえば男性では，各回で次第に行動者率が低くなる傾向を，また，平日・日曜別でみた行動者率が，高齢女性で高くなる傾向を指摘し

表特1-1 学習行動者率（年間，平日・日曜別　男女，有業・無業，年齢別）

(%)

	男　有業者						男　無業者						女　有業者						女　無業者					
	25-30代	40代	50代	60-	65-	70-	25-30代	40代	50代	60-	65-	70-	25-30代	40代	50代	60-	65-	70-	25-30代	40代	50代	60-	65-	70-
行動者率 (%)																								
S61	44	43	38	35	33	31	55	22	18	23	29	26	46	41	34	28	22	20	38	42	41	33	25	22
H3	44	42	38	34	31	32	50	25	18	18	27	29	53	45	36	30	25	23	51	47	42	35	31	23
H8	35	36	33	29	27	27	44	19	19	15	20	21	43	39	30	26	22	21	38	38	33	28	21	18
平日行動者率 (%)																								
S56	9	7	5	6	6	7	33	6	10	12	9	4	8	6	4	3	3	2	6	9	8	7	4	2
H3	6	6	5	5	6	7	17	12	11	3	8	7	9	7	5	4	3	3	7	4	9	8	5	5
H13	6	5	6	6	5	6	16	22	15	17	18	12	8	6	7	6	5	6	6	6	9	10	8	5
日曜行動者率 (%)																								
S56	9	7	5	6	5	5	29	9	10	1	10	8	6	4	3	2	2	2	4	4	4	4	3	2
H3	7	7	7	7	6	7	23	13	7	5	8	8	7	7	5	4	2	3	4	5	6	5	5	3
H13	6	7	7	8	6	7	14	10	10	14	6	9	8	7	6	8	5	4	6	5	4	9	7	5

追加列 (70-): S61 行動者率: 13(女無業), 19(女有業), 17(男無業), 31(男有業)

100%＝各属性別の人口

表特1-2 学習行動者率（時間帯平日・日曜別　男女，有業・無業別）

(%)

平日 (時)	男　有業者						男　無業者						女　有業者						女　無業者			
	5	10	13	14	15	16	17	5	19	20	21	22	23	1	13	15	16	17	23	3	7	10	11
S61	0.1	0.3	0.3	0.4	0.5	0.4	0.4	0.4	3.2	5.2	7.7	8.2	6.1	0.2	0.4	0.6	0.4	0.4	0.9	0.0	0.2	1.4	1.5
H3	0.1	0.3	0.3	0.4	0.5	0.4	0.4	0.4	3.1	5.0	7.2	7.4	5.3	0.2	0.4	0.7	0.5	0.4	0.9	0.1	0.1	1.3	1.3
H8	0.1	0.3	0.3	0.4	0.5	0.4	0.4	0.2	2.4	3.7	4.9	5.5	4.4	0.2	0.4	0.7	0.5	0.4	0.9	0.1	0.1	1.1	1.3
H13	0.2	0.5	0.4	0.6	0.6	0.6	0.6	0.2	2.4	3.4	4.3	4.3	3.6	0.3	0.5	0.7	0.5	0.5	1.0	0.1	0.1	1.1	1.3
								−	−	−	−	−	−										−

日曜 (時)	男　有業者				男　無業者	女　有業者				女　無業者	
	14	18	19	23	2	1	3	4	17	2	12
S61	1.5	0.9	0.7	1.0	0.4	0.1	0.0	0.0	0.6	0.1	0.6
H3	1.4	0.8	0.6	1.0	0.5	0.2	0.0	0.0	0.7	0.1	0.8
H8	1.2	0.7	0.5	0.8	0.5	0.2	0.1	0.0	0.7	0.1	0.8
H13	1.2	0.7	0.5	0.8	0.7	0.2	0.1	1.0	0.7	0.2	0.8
	−	−	−		＋						

100%＝各属性別の人口
1時間おきに集計された行動者率のうち，S61〜H13の4回の調査のなかで増加ないし減少の一方のみの数値的変化をみた時間についてのみ掲載
なかでも2回にわたり連続して増加がみられたものには＋，減少がみられたものについては−を下に記した。

うる（表特1-1）。さらに，時間帯別でみた行動者率では，平日夜に男性無業者において低くなる傾向，日曜午後には男性有業者において低くなる傾向にあることなど指摘できよう（表特1-2）。

(2) 学習行動と学習関心 —— NHK「学習関心調査」から

学習行動が生起するメカニズムについて，学習への「関心」を潜在的なもの

表特1-3　学習行動者率，学習関心率の変化
(％)

	1982	1985	1988	1993	1998
学習行動率	40	50	45	45	40
顕在的学習関心率	51	59	59	57	50
学習関心率（顕在的＋潜在的）	87	91	90	89	90

表特1-4-1　学習行動率の変化

		1982	1988	1998	
全領域	女20-24歳	59	49	39	－
	女60代	32	38	50	＋
	女70代	16	33	39	＋
趣味・おけいこごと	女20代	34	25	12	－
	女30代	28	27	17	－
	女70代	12	23	31	＋
スポーツ・体育・レクリエーション	女	11	14	15	＋
	男50代	6	13	16	＋
	女50代	3	11	16	＋
	女60代	4	5	13	＋
	主婦	11	13	17	＋
家庭生活・日常生活	男40代	1	6	8	＋
	女50代	2	3	6	＋
職業	男60代	4	3	1	－
	女30代	2	3	6	＋

100％＝各層のサンプル

表特1-4-2　顕在的学習関心率の変化

		1982	1988	1998	
全領域	女25-29歳	61	58	49	－
	女60代	30	42	48	＋
趣味・おけいこごと	男20代	21	19	12	－
	女20代	39	38	23	－
家庭生活・日常生活	女20代	33	30	14	－
	学生	24	14	7	－
職業	女	4	8	9	＋
	男60代	1	3	6	＋
	女20代	9	15	17	＋
	主婦	3	8	9	＋

100％＝各層のサンプル

第1回調査と第5回調査とで有意に増加ないし増減している場合のうち，第1回，3回，5回と連続して増加（＋で示す）ないし減少（－で示す）している場合のみ抽出。
表中にはない学習領域として他に「教養」「社会」がある。つまりこの2領域については，行動率・関心率とも増減なく，いつでも一定の関心が向けられ一定の学習がおこなわれているのだといえよう。
出典：学習関心調査プロジェクト"人々は何を学んでいるか"『放送研究と調査』1998年9月号のp.39.表12とp.40.表13を加工して作成。

表特1-5-1　学習行動の数（1人あたり）　(%)

	1982	1985	1988	1993	1998
1個	61	54	54	60	66
2個	25	28	26	23	26
3～5個	13	16	19	16	9
6個以上	1	1	1	1	0

100％＝過去1年間に学習行動「あり」の人数

表特1-5-2　学習関心の数（1人あたり）　(%)

	1982	1985	1988	1993	1998
1個	59	52	51	52	72
2個	24	26	24	24	19
3～5個	15	20	22	21	9
6個以上	2	2	3	3	1

100％＝顕在的学習関心「あり」の人数

出典：学習関心調査プロジェクト"人々は何を学んでいるか"『放送研究と調査』1998年9月号，p.43表15を加工して作成。

と顕在的なものとに分けてとらえながら解明しようとしたNHKの「学習関心調査」（1982～1998年，計5回）は，数少ない成人学習者に関する定点観測的調査として注目される[3]。

　毎回の調査では，大まかな状況として，成人の9割が何らかの学習関心をもっており，5割強の人々はそれを日常的に意識しており，4割強の人々はすでに現実に学習をおこなっている，ということが明らかにされてきた（表特1-3）。それらを学習領域ごと，性別，年齢別，就業状態別にみた場合には，学習行動率，学習関心率とも若年層男女で低下し，中年層男性，中高年層女性で増加する傾向をみることができる（表特1-4）。また，各学習領域の下に設定されてきた学習項目ごとにみれば（たとえば「教養」領域には「英語会話」「死生論」など80個近い項目が含まれる），各人の行動と関心はより少数の項目に絞って向けられるようになりつつあることなどもうかがわれる（表特1-5）。

(3) 学習行動と時間 ── NHK「国民生活時間調査」から

　「時間」の問題は，学習行動の促進要因・成立条件あるいは阻害要因・制約条件として常々指摘される。「関心」が，学習行動が生起する際の，学習者の内部にある個人要因であるとすれば，「時間」は，学習者の外部にある環境要因と位置づけることができよう。

　一個人の特定日24時間の生活行動をデータ化してきたNHK「国民生活時間調査」は，第1回調査が1941年に実施されており，現在まで継続する調査のなかでおそらく最も早い時期にまで遡ることのできる，貴重な調査である。調

表特1-6 「趣味・けいこごと」「技能・資格の勉強」の行為者率（％），
行為者平均時間（時間.分）（男女，曜日別）

	平日 (%)	平日 (時間.分)	土曜日 (%)	土曜日 (時間.分)	日曜日 (%)	日曜日 (時間.分)
成人男性						
1970	9	1.14	12	1.15	15	1.42
1980	14	1.19	16	1.36	19	1.49
1990	14	1.42	16	2.05	21	2.08
1995	17	2.41	26	3.39	29	3.47
2000	21	2.59	28	3.40	34	4.11
成人女性						
1970	12	1.36	11	1.39	10	1.31
1980	20	1.33	18	1.27	16	1.27
1990	21	1.43	21	1.38	20	1.35
1995	19	2.25	19	2.54	20	3.03
2000	22	2.23	22	2.39	24	2.45

90年以前はアフターコード，95年以後はプリコード方式で算出されており，直接比較はできない。

表特1-7 年間総学習時間量
（学習行動「あり」の人の平均）（時間）

	1985	1988	1993	1998
全体	210	213	199	167
男	232	241	225	199
女	190	187	178	140

82年は平均値はとっていない

査方法や行動分類がある程度一定するのは1970年以降であり，その後ほぼ5年おきに実施されてきたこの調査の結果からは，たとえば，男女，曜日を問わず学習時間は延び，とくに男性の土日の学習時間が延びてきた状況をみることができる（表特1-6）。ただし，上述のNHK「学習関心調査」では，学習者1人あたりの年間総学習時間量が漸減傾向にあることが明らかにされてもいる（表特1-7）。

（4）学習行動と費用——自由時間デザイン協会『レジャー白書』から

「時間」と同様に学習行動の促進要因や阻害要因として，また学習行動が生起する際の環境要因として位置づけることができるのが「費用」であろう。

1976年より毎年,(財)余暇開発センター/自由時間デザイン協会がまとめてきた『レジャー白書』からは,比較的容易に学習活動・学習関連産業の消費動向を知ることができる。

たとえば「学習・調べもの」では,参加者率や回数は増加してきたが,それにともなって費用も増加するというわけではない。1回あたりの支出はむしろ減少傾向にもあり,より気軽で一般的な行動として位置づいてきたといえるかもしれない。「博物館」は,参加者率,回数とも安定的で,1回あたりの費用が高いことにも変わりがない。「体操」は,参加者率は減るものの回数はほぼ一定,費用は増える傾向にあり,一部の人がより熱心に取り組む行動として位置づいてきたといえるだろうか（表特1-8）。また,この『レジャー白書』では,総務庁「家計調査」「消費者物価指数」から算出したデータをも収録しており,世帯単位で,時々の物価状況を加味しながらみることもできる。家計消費支出に占める割合でみれば,たとえば,ラジオ・テレビや読書などへの支出や月謝支払額などは従来と変わらないのに対し,観覧や娯楽用品代,つきあい費など,

表特1-8 余暇活動の費用,回数（都市部,活動をおこなった15歳以上男女の年間平均）

	S54	S57	S59	H1	H4	H7	H10	H13
年間平均費用（千円）								
仕事以外の学習・調べもの*	24	30	26	38	38	45	43	32
動物園,植物園,水族館,博物館	-	1	11	12	13	14	13	11
体操（器具を使わないもの）*	1	0	3	5	5	3	4	5
年間平均活動回数（回）								
学習・調べもの*	32	39	36	35	39	34	47	53
博物館	-	3	3	3	3	4	3	3
体操*	53	60	55	53	55	57	53	54
参加率（％）（活動を過去1年間に1回以上おこなった人の割合）								
学習・調べもの*	12	13	11	12	13	12	17	17
博物館	-	38	36	41	42	41	39	41
体操*	39	42	38	35	30	31	29	30

*S54は「学習,調べもの」,「体操・美容体操」の語が用いられている。
出典：S54, 57のデータは『レジャー白書』のS58年度版, S59はH6年度版, S62～H4はH7年度版, H5～13はH14年度版を参照。

表特1-9 家計に占める教養娯楽関連費の割合（全国全世帯平均）
(%)

	S56	S59	H1	H4	H7	H10	H13
ラジオ・テレビ等*	0.7	0.8	0.9	0.6	0.7	0.7	0.9
読書	1.5	1.4	1.4	1.4	1.4	1.4	1.5
聴視・観覧	0.5	0.5	0.6	0.7	0.8	0.9	1.0
月謝類	1.3	1.3	1.3	1.3	1.2	1.2	1.2
教養娯楽用品**	1.5	1.5	1.8	1.8	1.9	2.0	2.0
つきあい費***	0.2	0.3	0.8	0.9	0.7	0.7	0.8
家計消費支出計（千円）	2880	3196	3592	4004	3949	3938	3704

*ラジオ，テレビ，パソコン等の教養娯楽用耐久財，教養娯楽用耐久財修理費。
**テープ，切り花，園芸品・同用品，手芸材料，現像代等の教養娯楽関連の消耗品費用。
***諸会費，教養娯楽賃貸料，教養娯楽サービス，つきあい費。
出典：総務庁「家計調査」「消費者物価指数」にもとづき算出された数値（各年度版『レジャー白書』に収録分）を，加工して作成。

コアとなる「学習行動」の前後・周辺に付随する行動・モノへの支出は徐々に増えつつある様相をみることができよう（表特1-9）。

3 「学習者」の意識と行動

「人は全て学習者」ということはできるが，たとえば上述のNHK「学習関心調査」が放送番組の内容編成とかかわってこそ継続的に実施されてきたように，ほとんどの調査は，「学習者」を理解・把握する必要のある教育関連事業者によって実施されてきた。つまりそこでいう「学習者」とは，人々一般ではなく，各教育関連事業に関連深い学習内容，学習方法別にみた特定の意識・行動を有する人々だといえよう。NHK「学習関心調査」からは，「メディア系」と「対人系」の方法別に「学習者」の数（割合）の変化をみることができるが（図特1-1），ここではそれぞれの方法を利用する「学習者」に関するデータを掲げる。むろん，この種の調査によって把握される意識・行動を，被調査者（主に成人）がすべて「学習」としてとらえているとは限らない。

(1)「メディア系」の「学習者」── 毎日新聞社「読書世論調査」から

「メディア系」の方法のなかでもテレビ・ラジオを利用する「学習者」に関しては，NHK「学習関心調査」で学習の目的なども明らかにしつつ，詳細な

図特1-1 方法別「学習者」数（%）

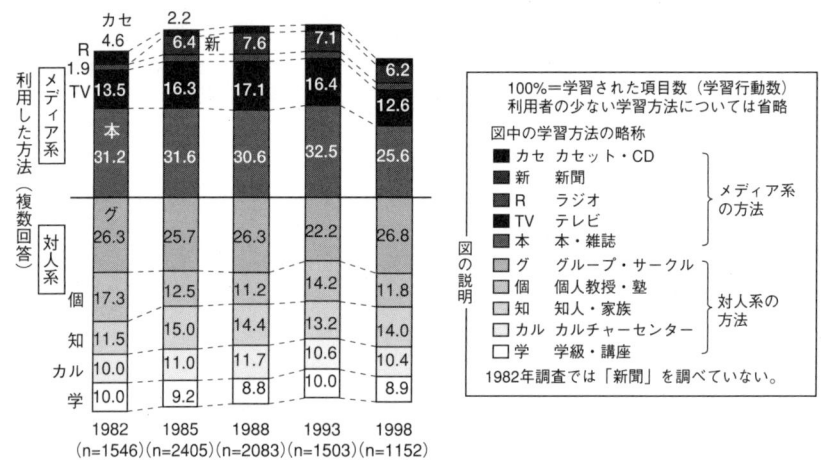

出典：原由美子・齋藤建作 "人々は何を学んでいるか（3）"『放送研究と調査』1998年11月号, p.23, 図2を転載

表特1-10 書籍・雑誌読書率と新聞・ラジオ・テレビ接触率 (%)

	1950	1960	1970	1980	1990	2000
書籍読書	17	33	47	46	47	44
雑誌読書	40	70	66	64	62	80
新聞閲読	—	—	90	93	92	84
ラジオ聴取	—	—	45	58	49	44
テレビ視聴	—	—	97	97	98	96

報告がなされてきたが，本や新聞を利用する「学習者」に関しては，毎日新聞社が1947年より毎年度実施してきた「読書世論調査」が参考になろう。継続して設定されてきた項目は「読書率」，1960年代半ば以降設定されてきた項目は「マスコミ接触率」で，1980年代半ば以降はほぼ同一の区分による集計がなされてきた。

そのかんの調査によれば，1970年代以降，書籍やラジオは5割，雑誌は7割，新聞は9割，テレビはほぼ全員が利用してきた学習方法だといえよう（表特1-10）。性別，性・年齢別，学歴別，地域別，職業別の集計結果をみれば，書籍，

表特1-11 書籍・雑誌読書率と新聞・ラジオ・テレビ接触率

(%)

		1985	1990	1995	2000	
書籍	男	51	48	47	41	−
	男20代	60	55	46	42	−
	女20代	65	60	57	52	−
	女30代	54	54	54	51	−
	高卒	52	48	48	40	−
	大卒	75	72	70	62	−
	中都市	52	52	52	44	−
	小都市	48	47	43	39	−
	経・管	73	72	70	60	−
	事務	68	62	62	58	−
	学生	62	61	55	45	−
雑誌	男30代	73	74	76	77	＋
	男60代	43	45	54	54	＋
	女60代	30	39	47	57	＋
	農漁	37	39	43	46	＋
	無職	43	45	48	51	＋

	1985	1990	1995	2000	
女20代	92	90	83	74	−
女60代	74	80	88	89	＋
高卒	94	94	90	88	−
大卒	97	97	94	91	−
大都市	94	94	90	88	−
経・管	97	96	96	93	−
事務	96	96	93	92	−
販売	93	92	87	83	−
主婦	94	94	93	93	−
学生	89	88	81	73	−

（新聞）

100％＝各層のサンプル。　読書世論調査の各年度版より作成，1985〜2000年の4回の調査結果が連続して増加（右端に＋で示す）ないし減少（−）している場合のみ抽出。

新聞の読者では若い女性，高学歴者，管理職，事務職，学生など減る層が多く，他方で雑誌の読者では男女高年層，農漁，無職者など増える層が多いことなど指摘できる（表特1-11）。

(2)「対人系」の「学習者」——文部省「社会教育調査」から

「対人系」の方法を利用する「学習者」についてもNHK「学習関心調査」では，学習の目的・レベルなどと合わせ報告されてきた。それらの報告に加え，なかでも「学級・講座」を利用する「学習者」，あるいは「グループ・サークル」，「カルチャーセンター」を利用する「学習者」についても若干のデータを得ることができる調査として，文部省が1955年以来ほぼ3年おきに実施してきた「社会教育調査」をあげることができよう。同調査では，学級生・受講者数，施設の利用者数など全体としての「学習者」数は増える一方との結果が示されてきたが，知事部局や関係法人の実施する学級・講座などでは減少する向きも見受けられる（表特1-12-1）。そして関係法人が実施する学級・講座を除けば，

表特1-12-1　学級生・受講者数（実施機関別）

(千人)

	S50	S56	S62	H2	H5	H8	H11
教育委員会	2,701	1,880	4,459	4,353	5,164	5,773	6,309
公民館	5,902	3,030	6,759	7,872	9,057	8,998	10,014
青少年教育施設		188	523	548	374	420	510
婦人教育施設		62	96	134	140	159	218
文化会館			1,081	1,364	1,563	1,589	1,352
都道府県知事・市町村長部局				9,987	12,363	13,445	10,974
生涯学習・社会教育関係法人				2,631	2,508	3,228	2,530
カルチャーセンター				1,375		1,559	3,082

表特1-12-2　学級生・受講者数（学級・講座1件あたり）

(人)

	S62	H2	H5	H8	H11
教育委員会	61	59	63	68	59
公民館	47	48	48	48	37
青少年教育施設	68	52	33	46	47
婦人教育施設	53	41	39	38	27
文化会館	55	46	37	40	37
都道府県知事・市町村長部局		59	66	74	46
生涯学習・社会教育関係法人		52	59	74	64
カルチャーセンター		25		18	18

人数は，開設当初の人数
「公民館」はS59以降「公民館類似施設」を含む機関の種類が加わった年度以降を掲載
S56は調査枠組みが異なり，直接比較はできない。

1学級・講座あたりの人数はいずれも少なくなってきている（表特1-12-2）。

　この「社会教育調査」においては，「学習者」のプロフィールを知りうる情報は，基本的には，人数の計上の際に用いられてきた男女の別があるのみである。そのなかで，たとえば学級・講座の種類や学級生・受講者の属性がどう区分されてきたかをみれば，かつては「労働者」「就業者」といった労働階層的な観点，そして「青年」「婦人」といった社会階層的な観点，その後「少年」「高齢者」といった「人生の各時期」という考え方から「学習者」がとらえられてきたことを指摘できよう（表特1-13，表中の年度は，当該区分が設けられた年度）。そしてそのかん，女性が婦人／女性対象の学級・講座に，男性が高齢者

表特1-13 学級生・受講者数の計上の際に用いられた区分設定（教育委員会に対する調査の場合）
（各項目について，都道府県，市(区)，町，村，組合等別に集計されている。）

			「学習者」の属性区分			
			男・女	年齢層別/うち男・女	就業者（産業種別）・不就業者	就業者・不就業者/うち男・女
学級・講座の種類区分	成人対象	高齢者学級	S46	—	S46	—
		家庭教育学級	S46	—	S46	—
		その他	S30-46	—	S46	—
	婦人のみ対象	婦人学級	S38-46	—	S46	—
		その他	S38-46	—	S46	—
	労働者対象（「労働文化講座」含む）		S30, 35	—	-	-
	青少年のみ対象	青年学級	S30-46	S30-43	S46	S30-43
		その他	S38-46	—	S46	—

出典：S30-43「社会教育講座調査票」，S30-43「青年学級調査票」，S46「社会教育学級・講座調査票」より作成

			「学習者」の属性区分			
			男・女	男・女/うち17時以降に参加した人	計	計/うち女性
学級・講座の種類区分	対象別	少年対象	S50-H5	S53-59	—	—
		青年対象	S50-H5	S53-59	—	—
		青少年対象	H8	—	—	—
		成人一般対象	S50-H8	S53-59	—	—
		婦人のみ対象	S50-H5	S53-59	—	—
		女性のみ対象	H8	—	—	—
		高齢者のみ対象	S50-H8	S53-59	—	—
		その他	S62-H8	—	—	—
	（再掲）	青年学級	S50-H8	S53-59	-	-
		家庭教育学級	S50-H11	S53-59	H14	—
	日時別	計	S50-H11	S53-H8	H14	H14
		/うち17時以降	S53-H8	S53-H8	—	—
		/うち土・日	S62-H8	—	—	—
	学習内容別（教養，体育，家庭，職業，社会）		H11	—	H14	—

出典：S50-H14「社会教育行政調査票」各年度版，S56「社会教育学級・講座調査票」より作成

表特1-14　学級生・受講者数（男女別，学級・講座の対象設定別内訳）〔公民館〕

		(千人)	参加した学級・講座の対象設定（％）		
			成人一般	婦人/女性	高齢者
男	S53	874	61	0	39
	S59	1,313	64	0	36
	H2	1,483	65	0	35
	H8	1,737	70	0	30
女	S53	2,360	35	50	15
	S59	3,490	44	39	17
	H2	4,155	49	32	19
	H8	4,653	56	25	19

表特1-15　公民館利用者数（所属団体別構成）

(％)

	(千人)	青少年団体	婦人団体	成人団体	高齢者団体	その他団体	個人利用
S50	83,020	13	12	16	5	37	17
S62	188,934	10	13	27	5	30	14
H11	206,117	7	11	37	5	29	11

対象の学級・講座に参加する割合は減少する傾向にあったこともわかる（表特1-14）。また，公民館の利用者数で増えているのは「青少年団体」や「婦人団体」ではなく，「成人一般」団体の一員としての利用者数であることも確認できる（表特1-15）。階層や集団属性などを予め想定して「学習者」をとらえることが，次第に困難になってきた状況といえる。

4　学習者の多様な理解に向けて

経年的に学習者をとらえようとすると，しばしばドラスティックな変化，連続的・段階的な増減を見出すことに執着し，ともすれば，表相的な理解にとどまる。しかしここで例示した断片的な量的データからは，そのような「理解」ですら断念せざるをえず，むしろ，いまいちど質的なデータを意識することの重要性を指摘すべきなのだろう。学習者が多様化してきたといわれるけれども，本来多様であったのであり，多様化してきたのは学習者をみる目であるのかも

しれない。社会の急激な変化が指摘され，それに応ずるべき学習支援のあり方が議論されて久しいが，個々の学習者はそれほど急激には変わっていないのかもしれない。単発的な調査がどのような時々の事情から実施されたのか，量的に読み替える過程で質的にはどのような側面が失われるのかを，何度となく意識する必要性があろう。学習者をどのような変数からとらえうるかによって，結果として描きうる学習者の全体像は変わり，ひいては学習支援の構想の幅を広げも狭めもするのだということを，あらためて確認されたい。

【伊藤　真木子】

【注】
1）ここで「継続的」とは，「定点観測的」という意味でいうのであり，同一・特定の調査対象者・集団を追い辿ろうとする追跡調査やコーホート研究とは区別して考えている。また，量的データのみならず，質的データも念頭においている。倉内史郎・鈴木眞理・西村美東士・藤岡秀雄『生涯学習の生態学──成人学習の個別化状況を探る』野間教育研究所，1993に収録された成人学習者に対するインタビュー内容は，質的データのなかでもとくに資料的な価値を有するものとして注目されようが，この時の調査枠組みを極力継承し，定期的にインタビューをおこない，その結果を収録していくことは，学習者の経年的な変化を質的にたどるための重要な調査・研究の一環といえよう。
2）たとえば国立教育政策研究所生涯学習政策研究部『生涯学習の学習需要の変化に関する縦断的研究』2002など，比較される各調査時点では，調査の目的，系統，集計方法，サンプル特性等々いくつもの点で相違が大きく，経年的な変化を意識したタイトルを冠する報告書ではあっても，実際の内容がそぐわないものも多い。また，たとえば東京都教育委員会『東京における生涯学習の実態調査報告書』1993などは，質問項目からみて，東京都教育委員会『生涯学習──参加と不参加のメカニズム』1983を少なからず継承していると考えられるが，その関係については明示的でない。そもそも，調査の報告書の所在自体が第三者には認識し難く，入手し難いことも否めない。ある調査がどの調査と関連するのかといった情報を意識的に明示したり，報告書は第三者の利用に供するよう積極的に公表していくなど，工夫次第で，意味をもってくる既存のデータは少なくないだろう。
3）各回の調査の概要および一部集計データは，『放送研究と調査』1983年5月号，p. 2-43．1986年3月号，p. 2-27．1989年5月号，p. 8-33．1993年9月号，p. 2-31．1998年9～12月号で報告されてきたほか，第2回までおよび第3回までの調査結果は，冊子体でまとめられている（『日本人の学習──成人の学習ニーズをさぐる』NHK学習関心調査〈'82'85〉報告書，1987，同〈'82'85'88〉報告書，1989）。一連の調査は「継続性」

ゆえに注目されようが，回を追う毎に，公表されるデータ量は減り，分析内容も乏しくなってきた面は否めない。なお，一連の調査に先がけて，学習意欲に関する委託調査がおこなわれており，辻功・古野有隣編著『日本人の学習——社会教育における学習の理論』第一法規出版，1973で報告，議論がなされている。このなかで提起された「学習行動圏」に関するデータなどは，今後の調査・研究においてもより意識的，積極的に収集・蓄積していくことが求められよう。

キーワード

量的データ　経年的な変化　行動者率　学習関心率　学習の時間量と時間帯　学習行動と費用　読書率・マスコミ接触率　学習者のプロフィール　学級生・受講者数　属性区分

【参考文献】

辻功・古野有隣編著『日本人の学習——社会教育における学習の理論』第一法規出版，1973

『日本人の学習——成人の学習ニーズをさぐる』（NHK　学習関心調査'82'85'88）NHK放送文化調査研究所，1989

吉田昇・神田道子編著『現代女性の意識と生活』日本放送出版協会，1975

神田道子・木村敬子・野口眞代編著『新・現代女性の意識と生活』日本放送出版協会，1992

『日本人のライフサイクル変化に関する研究　総括報告書』エイジング総合研究センター，2003

石井研士『データブック　現代日本人の宗教——戦後50年の宗教意識と宗教行動』新曜社，1997

『ボランティア活動年報』（1974〜2003）全国社会福祉協議会・全国ボランティア活動振興センター（毎年版）

『スポーツライフに関する調査報告書』（1992〜2002）SSF笹川スポーツ財団（隔年版）

特論2　社会教育施設経営の諸類型

1　社会教育施設の経営主体

　われわれの周りにある公民館・図書館・博物館などの社会教育施設は行政が経営しているものだと考えがちである。施設の利用者にとって，誰が経営しているのかは，提供されるサービスの内容や料金に明らかな不満を覚えないかぎりはあまり自覚することのない問題なのかもしれない。しかし，たとえば公民館における清掃や夜間警備は民間企業に業務委託される場合が多いし，公民館の経営を住民により構成される団体が担う事例も存在する。また，さまざまなメディアにおける博物館の展覧会のPRなどを注意してみれば，財団法人によって運営されている博物館の多さに気づくことであろう。われわれの周りにある社会教育施設の経営は，さまざまな主体によってさまざまな形態でになわれているのである。

　このかん，公立の社会教育施設における経営主体が多様になってきているが，その理由は，行政費の節減がはかれることや地縁団体に委ねる場合に施設の経営を通して地域住民の自治意識の高揚を期待できることなどが考えられる。そうした理由に対して，経営主体が行政でないことで教育施設としての機能を損なう恐れがあるのではないかという懸念も少なくない。[1]

　ここでは，本来行政が経営する公立の社会教育施設の経営を財団や第三セクターなどに委託する場合を議論の対象とする[2]。つまり，行政が設立した社会教育施設のみを対象とし，たとえば公益法人制度のもと，私人の出資で財団を設立して私立博物館（博物館法第2条第2項）を設立・経営する場合や誰でも任意に設置が可能な公民館類似施設（社会教育法第42条）や図書館同種施設（図書館法

第29条)などを行政以外の主体が設立・経営する場合などについては,議論の対象としない。ここでは公立の社会教育施設の経営主体と経営方式の全体像を素描し,多様化・複雑化する経営主体のありかたを考える手がかりを提供することとしたい。

ところで,経営という用語は,俗語として一般に使用されたり,各人が独自の経営観をもつなど,概念の混乱がみられ,また学説や学派によって定義が著しく異なることから,一義的な定義は難しい。実際,経営という用語は,論者によってさまざまな意味で,ときには無自覚に用いられているように思われる。経営概念について詳細な検討を加えることは主な目的でないことから一般的な用語理解によることとし,ここでは経営を社会教育施設の組織・機構を働かせて事業を遂行することであり,管理・運営を含めた概念であるとする。社会教育施設を含めた公の施設は,設置(設立)・所有・管理・運営という四つの次元をもつものとここでは考え,管理は施設の保全・維持のための作用で,運営は施設の事業を執行する作用であると考えることとする[3]。また,社会教育施設とは具体的に,公民館・図書館・博物館・青少年教育施設・婦人教育施設・スポーツ施設を中核としたものとする[4]。

2　経営主体別にみる社会教育施設経営

社会教育施設の経営主体の多様化は,1998(平成10)年12月の特定非営利活動促進法(以下,NPO法)の施行や1999(平成11)年9月の民間資金等の活用による公共施設等の整備等の促進に関する法律(PFI法)の施行,2001(平成13)年4月の独立行政法人制度の導入,2003(平成15)年6月の地方自治法改正(「指定管理者」が公の施設を管理・運営できるようになった),2003(平成15)年7月の地方独立行政法人法の制定(2004(平成16)年4月施行)などの動向により,ますます進行している。

社会教育施設の経営主体の見取り図を示すと,図特2-1のようになる。それぞれの経営主体による社会教育施設の経営の差異に関する理解を助ける意味

で，これまで公刊されている資料集などをもとにした公民館を中心とする施設の事例を表特2-1にまとめたので，それを参照しつつ，普通地方公共団体を除

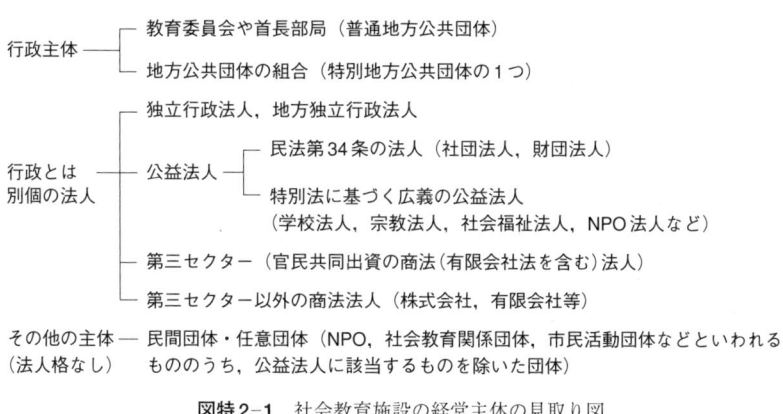

```
行政主体 ─┬─ 教育委員会や首長部局（普通地方公共団体）
          └─ 地方公共団体の組合（特別地方公共団体の1つ）

行政とは ─┬─ 独立行政法人，地方独立行政法人
別個の法人 │
          ├─ 公益法人 ─┬─ 民法第34条の法人（社団法人，財団法人）
          │            └─ 特別法に基づく広義の公益法人
          │               （学校法人，宗教法人，社会福祉法人，NPO法人など）
          ├─ 第三セクター（官民共同出資の商法（有限会社法を含む）法人）
          └─ 第三セクター以外の商法法人（株式会社，有限会社等）

その他の主体 ─ 民間団体・任意団体（NPO，社会教育関係団体，市民活動団体などといわれる
（法人格なし）  もののうち，公益法人に該当するものを除いた団体）
```

図特2-1 社会教育施設の経営主体の見取り図

表特2-1 社会教育施設の経営主体別事例

経営主体	事例
普通地方公共団体	秋田市中央公民館，袖ヶ浦市平川公民館，筑紫野市中央公民館
特別地方公共団体（組合）	喜多方プラザ文化センター（施設の管理を広域市町村圏組合に委託）*
独立行政法人	独立行政法人国立少年自然の家，独立行政法人国立女性教育会館 独立行政法人国立科学博物館
公益法人（狭義）	丸亀市中央公民館，世田谷美術館
NPO法人	宮崎市立図書館**
第三セクター	余市宇宙記念館
第三セクター以外の商法法人 （一部業務委託）	真狩村公民館，別海町公民館，塩尻市中央公民館
民間団体・任意団体など	松江市雑賀公民館，小野田市有帆公民館

注：断りのない限り，本表における公民館の事例については全国公民館連合会「新しい公民館活動のあり方に関する調査研究報告書」2000年を，公民館以外の社会教育施設の事例については地域政策研究会編「最新地方公社総覧1999」ぎょうせい，2000年を参照した。
*全国公民館連合会『連携事業の実施状況　公民館等複合・併設施設』1989, p.223。
**実務をNPO法人が担っており，さまざまな関係誌等で紹介されている。

いた各経営主体の概要と特徴を以下で説明してみよう。

(1) 地方公共団体の組合による経営

　地方公共団体の組合は，地方公共団体の事務の共同処理方式としては基本的なものであり，一部事務組合・広域連合・全部事務組合・役場事務組合の4種類が存在する（地方自治法第284条第1項）。地方自治法第1条の2第3項では，地方公共団体の組合は特別地方公共団体であるとされている。つまり，地方公共団体の組合は，一地方公共団体よりも広域にわたって事務を共同で処理するために設けられる行政主体であり，たとえば三つの地方公共団体が教育組合を作り，共同で公民館を設置・経営できるということである[5]。地方公共団体の組合は，財政規模が小さく，単独では社会教育施設を経営することが困難な地方公共団体にとって検討に値する行政主体であるし，一地方公共団体を超えた広域圏ごとの特性を生かした事業を展開する可能性も有している。

(2) 独立行政法人・地方独立行政法人による経営

　独立行政法人とは，「行政を企画立案部門と執行部門に分けて，後者を担わせる組織とする一方，それを国家行政組織の外に置くことによって，行政の減量化・効率化を図ろうというもの」[6]で，独立行政法人の一般的な規定を定めた独立行政法人通則法には，「国民生活及び社会経済の安定などの公共上の見地から確実に実施されることが必要な事務及び事業であって，国が自ら主体となって直接に実施する必要のないもののうち，民間の主体に委ねた場合には必ずしも実施されない恐れがあるもの又は一の主体に独占して行わせることが必要であるものを効率的かつ効果的に行わせることを目的」とする法人であることが規定されている。独立行政法人を創設した目的は，行政組織の減量化を通しての効率的・効果的な業務の実施にあり，「主務大臣が業務運営に関する中期目標を定め，独立行政法人がこれに基づく中期計画・年度計画を策定し，主務省に置かれる評価委員会が業務実績などを評価する」[7]という企画立案機能と実施機能を明確に分離した仕組みとなっている。独立行政法人は，制度上は行政とは独立した法人格となっているが，実質的には行政の機関に相当する存在であると考えてよいだろう。地方においても2004（平成16）年4月より地方独立行

政法人の設立（移行，新設）が可能となり，今後の動向が注目されている。地方独立行政法人法には，法人化の可能な対象事業の一つとして公共施設設置管理業務があげられていることから，社会教育施設の経営効率化をめざした地方独立行政法人の設置がなされると考えられる。

（地方）独立行政法人による経営は，行政の事務・事業を効率的かつ効果的に実施できることが利点であるが，経済的効率性の向上にのみ特化することで社会教育施設経営における不採算事業が軽視される可能性も考えられ，注意が必要である。

(3) 公益法人による経営

公益法人とは，一般に（狭義において）は民法第34条の規定にもとづいて設立される社団法人・財団法人を指し，①公益に関する事業をおこなうこと，②営利を目的としないこと，③主務官庁の許可を得ること，の三つの要件を満たして設立される社団・財団のことである。営利を目的としない（非営利）とは，株式会社などとは違って会員，寄附者などの公益法人関係者に利益を分配しないということであり，公益法人が収益事業をおこなうことは認められているし，勤務する職員に給与を支払う点は株式会社などの商法法人と同様である。

社団法人は，一定の共同目的の下に結合した人の集合体であり，構成員である社員とは別個の社会的存在として団体の名において行動するものに法人格が与えられたものである。一方，財団法人とは，一定の目的の下に拠出され，結合されている財産の集まりに対して法人格が与えられたものである。社団法人は社団構成員の意思により柔軟な活動が可能であることから営利機関に適し，財団法人は設立者の定めた寄附行為にもとづいて他律的に活動するのみで非営利機関に適するといわれる。法律の規定上は，両者の区分が明確であるが，実際は社団法人が団体の維持のために基金を有していたり，会員制度をもつ財団法人もあるなど，両者の差異は相対的・流動的なものとなっている。[8]

公益法人の事例には，行政が域内の社会教育施設を経営させる目的で法人を設立するものも多く，博物館を経営する財団がとりわけ多くみられるが，不況による金利の低下で資金の運用が困難になっている財団も多いといわれてい

る。

　また，広義の公益法人と呼ばれると，狭義における公益法人にそれぞれの特別法にもとづいて設立される学校法人・医療法人・社会福祉法人・宗教法人・更正保護法人・NPO法人などが加わる。とりわけ1998（平成10）年のNPO法の制定以降に注目され続けているNPO法人については，法人格を付与されることによって，社会的信用が増し，法人の名義で銀行口座を開設したり，事務所を借りるなどの法律行為がおこなえる等，同法制定以前よりも団体活動における不都合が生じなくなったが，税制面などにおいてさらなる支援が望まれている。

　公益法人による経営は，行政にみられるような職員定数や単年度予算といった縛りがなく，弾力的かつ機動的な社会教育施設経営が可能となるが，行政とは別個の法人であることから情報公開が不十分になるとの指摘もある。

(4) 第三セクターや第三セクター以外の商法法人による経営

　第三セクターについては法令上の定義がなく，論者によってさまざまに規定されているが，「行政と民間の共同出資による商法（有限会社法を含む）法人」をここでの第三セクターとする。そのメリットは，「議会の予算審議に縛られずに効率的かつ迅速に事業をおこなうことができる点と，官の信用力をよりどころに，少ない出資金でその数倍から数十倍の事業を営めること」にある。[9]しかし，それぞれの第三セクターがもつ事業性を度外視した金融機関からの過度な資金供給等により，巨額の債務を抱え，破綻する第三セクターが続出し，社会問題化されてもいる。第三セクターの特性に適合しないためか，社会教育施設を経営する第三セクターは数少なく，水族館の経営など，地域の活性化が期待されるイベント性の要素をもつ博物館経営の事例が相当数を占めている。第三セクターによる社会教育施設の経営は，上記のようなメリット・デメリットをもつほか，事業の継続性・安定性が相対的に低いという点もデメリットとして挙げられよう。

　ところで，2003（平成15）年6月の地方自治法改正によって地方公共団体が指定するもの（「指定管理者」）も公の施設を経営できるようになり，民間事業

者（第三セクター以外の商法法人）が経営を行える可能性が拡大した。1991（平成3）年の同法改正前は，公の施設の経営委託先は公共団体あるいは公共的団体にかぎられていたが，1991（平成3）年の改正により，第三セクター等，行政と財政・職員等の面で関係を有する法人による公の施設の経営が可能になった。[10] 2003（平成15）年の改正は，公の施設の経営委託先について，多様化をさらに推し進めるものとなったが，市場原理にもとづく民間事業者が社会教育施設の経営にどのような形でどのくらいの規模で参入してくるのかが今後注目される。

(5) 民間団体・任意団体による経営

ここでいう民間団体・任意団体とは，NPO（民間非営利組織），市民活動団体などとよばれる団体のうち，上記の公益法人を除いたものである。このような団体は無数に存在するが，NPO法成立以降，その活動にとくに注目・期待が寄せられるようになった。社会教育施設の経営においても民間団体や任意団体に経営を委託する事例はみられる。行政の下請け的役割を担うことへの懸念が指摘されることもあるが，施設の経営への参加自体が学習者の自己啓発，自治意識の向上につながることが期待されてもいる。

3　社会教育施設の経営方式

経営主体が多様であるのと同様に，社会教育施設の経営方式も図特2-2にみられる通り，さまざまな形態がある。公設民営と一口にいっても，委託業務の範囲によっていくつかの類型化がなされるし，施設を委託先に貸し付けて，委託先のより自由な経営に委ねる場合も考えられる。経営主体と経営方式の組み合わせは多様に存在するが，公設の社会教育施設経営における諸類型の特徴を大まかに理解するには図特2-2における三つの大分類を拠り所とするほうが理解を助けるであろう。

社会教育施設の経営の外部化がすすむなかで，独立行政法人化と並んで近年注目を浴びている経営方式がPFI（Private Finance Initiative）方式である。PFI

```
公設公営 ──── 地方公共団体による経営（地方公共団体の組合を活用して，広域的に施設を経営す
(行政直営)      る手法もある）
独立行政 ──── 独立行政法人・地方独立行政法人の設立による経営（公設民営や民設民営に位置付け
法人化          る分類も存在するが，行政の政策実施機能を担う性格などを考慮し，別個に区分した）
           ┌─ 管理・運営業務の委託（委託の範囲は運営〈事業委託〉のみか，あるいは管理まで
           │   も含めるかはさまざまである。）
公設民営 ──┼─ 施設の貸付（設置主体が無償あるいは有償で施設を貸し付けて，借り受け先が自主
(民間委託) │   的に経営する）
           └─ PFI（Private Finance Initiative）方式による施設の設置・経営（施設の設置における
               行政の関与は相対的に少ない，あるいは関与がないことから，
               民設民営に分類する意見もある）
```

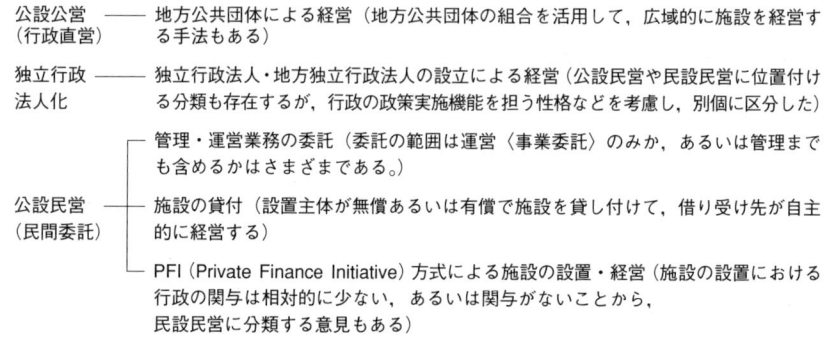

図特2-2 社会教育施設の経営方式の見取り図

とは，「従来，政府や自治体などの公共部門が対応してきた公共施設等の整備を，適切な官民役割分担の下に民間の資金や能力・ノウハウを活用することによってより効率的に行おうとする考え方」である[11]。民間の資金だけでなく，公共施設の設計・建設・経営まで，任せて効率があがるものはできるだけ民間に任せるという手法であることから「民間主導の公共事業」といわれることもある。事業遂行上のリスクについての官民の責任分担を明確にすることで，これまでの公共事業や第三セクター方式の欠陥を克服する手法になっている。しかし，民間事業者が参入するためには，事業に収益性をもたせることがある程度求められるわけであり，費用対効果の向上との両立が果たせるかどうかがPFI方式の大きな課題であるといえる。

なお，施設の経営方式に関して，図特2-2における類型以外に考えるべき論点が2点あり，まず複合施設の経営が論点としてあげられる。地域の中核的施設を作る，あるいは用地取得が困難であるといった理由から，図書館と公民館，市民ホールと博物館などのように，いくつかの施設をあわせた複合施設が建設される場合がある。たとえば図書館と公民館などのように，複合の相手が同じ教育委員会の所管であれば，意思疎通も容易になるが，複合の相手が一般部局の施設の場合は，開館時間帯や休館日が異なったり，予算執行の調整などの管理上の問題が出てくる可能性は高い。

もう一つの論点は，一部業務委託である。社会教育施設の基幹的業務以外の部分について，たとえば清掃や警備，夜間や休日の施設管理業務を民間企業などに一部業務委託しているケースは，とくに行政直営の施設に多くみられる。行政直営により公共性を担保しつつ，職員定数や人件費の制約のなかで施設利用のニーズに応えるための一般的な手法となっているように思われる。

4　経営方式の多様化の意味と課題

(1) 経営方式の多様化の利点と課題

　PPP（Public Private Partnership）という概念がある。PPPとは「公共サービスに市場メカニズムを導入することを旨に，サービスの属性に応じて民間委託，PFI，独立行政法人化，民営化等の方策を通じて，公共サービスの効率化を図ること」であり[12]，行政サービスの民間開放に関する包括的な概念である。社会教育施設を含めた公の施設における経営方式の多様化の目的・利点の一つとしては，それぞれの行政サービスの性質に照らしつつ，最も経費を効果的に使える主体に業務を委託することであると考えられる。もちろん，社会教育施設の経営を考える場合には，そこで提供される教育サービスの質も問われなければならないだろう。

　さて，教育サービスの質は重要であるが，一口に教育サービスの質といっても，そのよしあしを客観的に評価することは難しい。これまでの社会教育研究では，教育サービスの質を高めるために，常勤・専任の（身分保障が厚い）専門的な社会教育施設職員の拡充がこれまで以上に必要であるという主張が数多くなされており，そうした主張は行政による直営が前提とされているように思われるものがほとんどであった。しかし，そうした主張が本当に学習者の利益となっているかを検討することも考えられてよいのではないだろうか。冒頭で述べたように，施設の利用者にとって誰が経営しているかは，明らかに不満を覚えない限りは自覚しない問題であり，施設の職員が公務員であるかどうか，専門職としての資格を有しているかどうか，専門職として制度的に位置づいて

いるかどうか等が，社会教育施設の教育サービスの質を決定する重要な要素であるかどうかは検討を要するように思われる。むしろ，行政以外の経営主体に委ねることで教育サービスの質が高まる場合も考えられるであろうし，社会教育施設の経営方式は個別具体的な検討が望ましい問題であろう。[13]

(2) 経営方式の多様化に求められる理念

経営方式の多様化は，財政の逼迫がその背景であることはほぼ疑いない（なかには，民間の委託先がなければ施設の休館を検討するようなところさえある）。しかし，対症療法的に多様化をすすめるのではなく，公共サービスの適切なあり方を考え，修正する好機であるという認識がとくに地方公共団体の職員には求められよう。他市区町村との，あるいは一地方公共団体の地域間での「釣り合い」を保つために一律の施設建設をすすめるのではなく，納税者のニーズや学習者のニーズの有無，民間団体の成熟度，既存施設の活用余地，財政事情等を考慮して，社会教育施設の要否や施設経営の方式（委託か直営かなど）を決めることが地方公共団体には求められているのである。「はたして，社会教育施設でしか提供しえない『場』というものは存在するのだろうか。『学習』の本質は何か，それは施設を必要とするものなのかどうか，といったことまで踏み込んで，諸施設の今後のあり方を厳しく問い直す[14]」ことが，財政効率を高めるとともに学習者の満足度をも高める「施設」体系を創り出すために必要となっている。

【井上　伸良】

【注】
1) 1991（平成3）年の生涯学習審議会社会教育分科審議会施設部会「公民館の整備・運営の在り方について」においては，公民館の管理・運営は教育機関としての基幹的業務については外部委託がなじまないとの指摘がある。しかし，そのうえで「公民館活動を充実する観点から，委託内容，委託方法など十分勘案し，公共的団体等外部への委託について検討する必要がある」とも述べている。
2) 公民館については，民法第34条の公益法人も設置できる旨が社会教育法第21条第2項に規定されており，「本来行政が経営する公立の社会教育施設」という文言は，通常ならば不適切であることを断っておく。ここでは公益法人を，行政と別個の法人格を

もつことから、民間の経営主体の一つとして理解し、公立の社会教育施設の設置主体としては考えないこととする。
3) 経営の概念について、たとえば、山本和人「公民館の活動・経営をめぐる問題」鈴木眞理・守井典子編『生涯学習の計画・施設論』(シリーズ生涯学習社会における社会教育第6巻) 学文社、2003, p. 75-95を例にとると、山本のいう「経営」は、利用料の徴収やボランティアの導入など、施設における制度面への対応のあり方を想定して用いられており、「活動」は施設の管理や運営の総称として用いられているものと考えられる。
4) 1986 (昭和61) 年社会教育審議会社会教育施設分科会報告「社会教育施設におけるボランティア活動の促進について」において社会教育施設として列挙されている施設を参考にした。
5) 寺田文彦「地方公共団体の組合」山下茂編著『特別地方公共団体と地方公社・第三セクター・NPO』ぎょうせい、1997, p. 137-144参照。なお、行政主体とは、行政における権利・義務の主体になりうる法人格のことである。
6) 福家俊朗「はしがき」福家俊朗・浜川清・晴山一穂編『独立行政法人——その概要と問題点』日本評論社、1999, p. iii.
7) 晴山一穂「独立行政法人FAQ (Q1-8)」*Ibid.*, p. 14.
8) 総務省編『公益法人白書 (平成15年版)』独立行政法人国立印刷局、2003, p. 1-2参照。
9) 社団法人新構想研究会編著『PFIビジネス』日本能率協会マネジメントセンター、1999, p. 66.
10) 地方自治法第244条の2において、条例の定めで地方公共団体が指定する法人その他の団体 (指定管理者) に当該地方公共団体の公の施設の管理を委託でき、指定管理者は管理する施設の利用料金を定め、当該指定管理者の収入とすることができる旨定められている。なお、公共団体とは、国の下に国からその存立目的を与えられた法人 (地方公共団体、公共組合、公社・公団などの営造物法人) であり、公共的団体とは、農業協同組合、生活協同組合、商工会議所などの産業経済団体、養老院、赤十字社等の厚生社会事業団体、青年団、婦人会等の文化教育事業団体等いやしくも公共的な活動を営むものはすべて含まれ、法人たると否とを問わない、との行政実例 (昭和24年1月13日自発37号) がある。詳しくは、山下茂「地域における公共的活動」山下茂編著、*op.cit.*, p. 8-12参照。
11) 富澤幸弘「法律の解説」富澤幸弘・藤森克彦『知っておきたいPFI法 (改訂版)』財務省印刷局、2003, p. 1.
12) 杉田定大「日本版PPPの展望と課題」杉田定大・光多長温・美原融編著『21世紀の行政モデル 日本版PPP (公共サービスの民間開放)』東京リーガルマインド、2002, p. 4.
13) この点につき、井上伸良「社会教育行政費の特徴」鈴木眞理・津田英二編『生涯学習の支援論』(シリーズ生涯学習社会における社会教育第5巻) 学文社、2003, p. 184-185参照。

14) 守井典子「生涯学習支援の施設体系」鈴木眞理・守井典子編, *op.cit.*, p. 72.

キーワード

(地方)独立行政法人　公益法人　NPO法人　第三セクター　PFI　複合施設　一部業務委託　PPP

【参考文献】

河野重男・伊藤俊夫編『社会教育の施設』(社会教育講座4) 第一法規出版, 1979

宮木康夫『増補版　第三セクターとPFI——役割分担と正しい評価 (増補第6版)』ぎょうせい, 2003

杉田定大・光多長温・美原融編著『21世紀の行政モデル　日本版PPP (公共サービスの民間開放)』東京リーガルマインド, 2002

〔資料〕 関連法規

○教育基本法 （昭和22年3月31日 法律第25号）

われらは、さきに、日本国憲法を確定し、民主的で文化的な国家を建設して、世界の平和と人類の福祉に貢献しようとする決意を示した。この理想の実現は、根本において教育の力にまつべきものである。

われらは、個人の尊厳を重んじ、真理と平和を希求する人間の育成を期するとともに、普遍的にしてしかも個性ゆたかな文化の創造をめざす教育を普及徹底しなければならない。

ここに、日本国憲法の精神に則り、教育の目的を明示して、新しい日本の教育の基本を確立するため、この法律を制定する。

第1条 （教育の目的） 教育は、人格の完成をめざし、平和的な国家及び社会の形成者として、真理と正義を愛し、個人の価値をたつとび、勤労と責任を重んじ、自主的精神に充ちた心身ともに健康な国民の育成を期して行われなければならない。

第2条 （教育の方針） 教育の目的は、あらゆる機会に、あらゆる場所において実現されなければならない。この目的を達成するためには、学問の自由を尊重し、実際生活に即し、自発的精神を養い、自他の敬愛と協力によつて、文化の創造と発展に貢献するように努めなければならない。

第3条 （教育の機会均等） すべて国民は、ひとしく、その能力に応ずる教育を受ける機会を与えられなければならないものであつて、人種、信条、性別、社会的身分、経済的地位又は門地によつて、教育上差別されない。

② 国及び地方公共団体は、能力があるにもかかわらず、経済的理由によつて修学困難な者に対して、奨学の方法を講じなければならない。

第4条 （義務教育） 国民は、その保護する子女に、9年の普通教育を受けさせる義務を負う。

② 国又は地方公共団体の設置する学校における義務教育については、授業料は、これを徴収しない。

第五条 （男女共学） 男女は、互に敬重し、協力し合わなければならないものであつて、教育上男女の共学は、認められなければならない。

第6条 （学校教育） 法律に定める学校は、公の性質をもつものであつて、国又は地方公共団体の外、法律に定める法人のみが、これを設置することができる。

② 法律に定める学校の教員は、全体の奉仕者であつて、自己の使命を自覚し、その職責の遂行に努めなければならない。このためには、教員の身分は、尊重され、その待遇の適正が、期せられなければならない。

第7条 （社会教育） 家庭教育及び勤労の場所その他社会において行われる教育は、国及び地方公共団体によつて奨励されなければならない。

② 国及び地方公共団体は、図書館、博物館、公民館等の施設の設置、学校の施設の利用その他適当な方法によつて教育の目的の実現に努めなければならない。

第8条 （政治教育） 良識ある公民たるに必要な政治的教養は、教育上これを尊重しなければならない。

② 法律に定める学校は、特定の政党を支持し、又はこれに反対するための政治教育その他政治的活動をしてはならない。

第9条 （宗教教育） 宗教に関する寛容の態度及び宗教の社会生活における地位は、教育上これを尊重しなければならない。

② 国及び地方公共団体が設置する学校は、特定の宗教のための宗教教育その他宗教的活動をしてはならない。

第10条 （教育行政） 教育は、不当な支配に服することなく、国民全体に対し直接に責任を負つて行われるべきものである。

② 教育行政は、この自覚のもとに、教育の目的を遂行するに必要な諸条件の整備確立を目標として行われなければならない。

第11条 （補則） この法律に掲げる諸条項を実施するために必要がある場合には、適当な法令が制定されなければならない。

○生涯学習の振興のための施策の推進体制等の整備に関する法律

$\begin{pmatrix} 平成2年6月29日 \\ 法律第71号 \end{pmatrix}$

最終改正:平成14年3月31日法律第15号

(目的)
第1条 この法律は,国民が生涯にわたって学習する機会があまねく求められている状況にかんがみ,生涯学習の振興に資するための都道府県の事業に関しその推進体制の整備その他の必要な事項を定め,及び特定の地区において生涯学習に係る機会の総合的な提供を促進するための措置について定めるとともに,都道府県生涯学習審議会の事務について定める等の措置を講ずることにより,生涯学習の振興のための施策の推進体制及び地域における生涯学習に係る機会の整備を図り,もって生涯学習の振興に寄与することを目的とする。

(施策における配慮等)
第2条 国及び地方公共団体は,この法律に規定する生涯学習の振興のための施策を実施するに当たっては,学習に関する国民の自発的意思を尊重するよう配慮するとともに,職業能力の開発及び向上,社会福祉等に関し生涯学習に資するための別に講じられる施策と相まって,効果的にこれを行うよう努めるものとする。

(生涯学習の振興に資するための都道府県の事業)
第3条 都道府県の教育委員会は,生涯学習の振興に資するため,おおむね次の各号に掲げる事業について,これらを相互に連携させつつ推進するために必要な体制の整備を図りつつ,これらを一体的かつ効果的に実施するよう努めるものとする。
一 学校教育及び社会教育に係る学習(体育に係るものを含む。以下この項において「学習」という。)並びに文化活動の機会に関する情報を収集し,整理し,及び提供すること。
二 住民の学習に対する需要及び学習の成果の評価に関し,調査研究を行うこと。
三 地域の実情に即した学習の方法の開発を行うこと。
四 住民の学習に関する指導者及び助言者に対する研修を行うこと。
五 地域における学校教育,社会教育及び文化に関する機関及び団体に対し,これらの機関及び団体相互の連携に関し,照会及び相談に応じ,並びに助言その他の援助を行うこと。
六 前各号に掲げるもののほか,社会教育のための講座の開設その他の住民の学習の機会の提供に関し必要な事業を行うこと。
2 都道府県の教育委員会は,前項に規定する事業を行うに当たっては,社会教育関係団体その他の地域において生涯学習に資する事業を行う機関及び団体との連携に努めるものとする。

(都道府県の事業の推進体制の整備に関する基準)
第4条 文部科学大臣は,生涯学習の振興に資するため,都道府県の教育委員会が行う前条第1項に規定する体制の整備に関し望ましい基準を定めるものとする。
2 文部科学大臣は,前項の基準を定めようとするときは,あらかじめ,審議会等(国家行政組織法(昭和23年法律第120号)第8条に規定する機関をいう。以下同じ。)で政令で定めるものの意見を聴かなければならない。これを変更しようとするときも,同様とする。

(地域生涯学習振興基本構想)
第5条 都道府県は,当該都道府県内の特定の地区において,当該地区及びその周辺の相当程度広範囲の地域における住民の生涯学習の振興に資するため,社会教育に係る学習(体育に係るものを含む。)及び文化活動その他の生涯学習に資する諸活動の多様な機会の総合的な提供を民間事業者の能力を活用しつつ行うことに関する基本的な構想(以下「基本構想」という。)を作成することができる。
2 基本構想においては,次に掲げる事項について定めるものとする。
一 前項に規定する多様な機会(以下「生涯学習に係る機会」という。)の総合的な提供の方針に関する事項
二 前項に規定する地区の区域に関する事項
三 総合的な提供を行うべき生涯学習に係る機会(民間事業者により提供されるものを含む。)の種類及び内容に関する基本的な事項
四 前号に規定する民間事業者に対する資金の融通の円滑化その他の前項に規定する地区において行われる生涯学習に係る機会の総合的な提供に必要な業務であって政令で定めるものを行う者及び当該業

務の運営に関する事項
　五　その他生涯学習に係る機会の総合的な提供に関する重要事項
3　都道府県は，基本構想を作成しようとするときは，あらかじめ，関係市町村に協議しなければならない。
4　都道府県は，基本構想を作成しようとするときは，前項の規定による協議を経た後，文部科学大臣及び経済産業大臣に協議することができる。
5　文部科学大臣及び経済産業大臣は，前項の規定による協議を受けたときは，都道府県が作成しようとする基本構想が次の各号に該当するものであるかどうかについて判断するものとする。
　一　当該基本構想に係る地区が，生涯学習に係る機会の提供の程度が著しく高い地域であって政令で定めるもの以外の地域のうち，交通条件及び社会的自然的条件からみて生涯学習に係る機会の総合的な提供を行うことが相当と認められる地区であること。
　二　当該基本構想に係る生涯学習に係る機会の総合的な提供が当該基本構想に係る地区及びその周辺の相当程度広範囲の地域における住民の生涯学習に係る機会に対する要請に適切にこたえるものであること。
　三　その他文部科学大臣及び経済産業大臣が判断に当たっての基準として次条の規定により定める事項（以下「判断基準」という。）に適合するものであること。
6　文部科学大臣及び経済産業大臣は，基本構想につき前項の判断をするに当たっては，あらかじめ，関係行政機関の長に協議するとともに，文部科学大臣にあっては前条第2項の政令で定める審議会等の意見を，経済産業大臣にあっては産業構造審議会の意見をそれぞれ聴くものとし，前項各号に該当するものであると判断するに至ったときは，速やかにその旨を当該都道府県に通知するものとする。
7　都道府県は，基本構想を作成したときは，遅滞なく，これを公表しなければならない。
8　第3項から前項までの規定は，基本構想の変更（文部科学省令，経済産業省令で定める軽微な変更を除く。）について準用する。

（判断基準）
第6条　判断基準においては，次に掲げる事項を定めるものとする。
　一　生涯学習に係る機会の総合的な提供に関する基本的な事項
　二　前条第1項に規定する地区の設定に関する基本的な事項
　三　総合的な提供を行うべき生涯学習に係る機会（民間事業者により提供されるものを含む。）の種類及び内容に関する基本的な事項
　四　生涯学習に係る機会の総合的な提供に必要な事業に関する基本的な事項
　五　生涯学習に係る機会の総合的な提供に際し配慮すべき重要事項
2　文部科学大臣及び経済産業大臣は，判断基準を定めるに当たっては，あらかじめ，総務大臣その他関係行政機関の長に協議するとともに，文部科学大臣にあっては第4条第2項の政令で定める審議会等の意見を，経済産業大臣にあっては産業構造審議会の意見をそれぞれ聴かなければならない。
3　文部科学大臣及び経済産業大臣は，判断基準を定めたときは，遅滞なく，これを公表しなければならない。
4　前2項の規定は，判断基準の変更について準用する。

第7条　削除

（基本構想の実施等）
第8条　都道府県は，関係民間事業者の能力を活用しつつ，生涯学習に係る機会の総合的な提供を基本構想に基づいて計画的に行うよう努めなければならない。
2　文部科学大臣は，基本構想の円滑な実施の促進のため必要があると認めるときは，社会教育関係団体及び文化に関する団体に対し必要な協力を求めるものとし，かつ，関係地方公共団体及び関係事業者等の要請に応じ，その所管に属する博物館資料の貸出しを行うよう努めるものとする。
3　経済産業大臣は，基本構想の円滑な実施の促進のため必要があると認めるときは，商工会議所及び商工会に対し，これらの団体及びその会員による生涯学習に係る機会の提供その他の必要な協力を求めるものとする。
4　前2項に定めるもののほか，文部科学大臣及び経済産業大臣は，基本構想の作成及び円滑な実施の促進のため，関係地方公共団体に対し必要な助言，指導その他の援助を行うよう努めなければならない。
5　前3項に定めるもののほか，文部科学大臣，経済産業大臣，関係行政機関の長，関係地

方公共団体及び関係事業者は，基本構想の円滑な実施が促進されるよう，相互に連携を図りながら協力しなければならない。

第9条　削除

(都道府県生涯学習審議会)

第10条　都道府県に，都道府県生涯学習審議会（以下「都道府県審議会」という。）を置くことができる。

2　都道府県審議会は，都道府県の教育委員会又は知事の諮問に応じ，当該都道府県の処理する事務に関し，生涯学習に資するための施策の総合的な推進に関する重要事項を調査審議する。

3　都道府県審議会は，前項に規定する事項に関し必要と認める事項を当該都道府県の教育委員会又は知事に建議することができる。

4　前3項に定めるもののほか，都道府県審議会の組織及び運営に関し必要な事項は，条例で定める。

(市町村の連携協力体制)

第11条　市町村（特別区を含む。）は，生涯学習の振興に資するため，関係機関及び関係団体等との連携協力体制の整備に努めるものとする。

附則
(施行期日)

1　この法律は，平成2年7月1日から施行する。

附則［抄］（平成14年3月31日　法律第15号）

(施行期日)

第1条　この法律は，平成14年4月1日から施行する。

○社会教育法（昭和24年6月10日　法律第207号）

最終改正：平成15年7月16日法律第119号

第1章　総則

(この法律の目的)

第1条　この法律は，教育基本法（昭和22年法律第25号）の精神に則り，社会教育に関する国及び地方公共団体の任務を明らかにすることを目的とする。

(社会教育の定義)

第2条　この法律で「社会教育」とは，学校教育法（昭和22年法律第26号）に基き，学校の教育課程として行われる教育活動を除き，主として青少年及び成人に対して行われる組織的な教育活動（体育及びレクリエーションの活動を含む。）をいう。

(国及び地方公共団体の任務)

第3条　国及び地方公共団体は，この法律及び他の法令の定めるところにより，社会教育の奨励に必要な施設の設置及び運営，集会の開催，資料の作製，頒布その他の方法により，すべての国民があらゆる機会，あらゆる場所を利用して，自ら実際生活に即する文化的教養を高め得るような環境を醸成するように努めなければならない。

2　国及び地方公共団体は，前項の任務を行うに当たつては，社会教育が学校教育及び家庭教育との密接な関連性を有することにかんがみ，学校教育との連携の確保に努めるとともに，家庭教育の向上に資することとなるよう必要な配慮をするものとする。

(国の地方公共団体に対する援助)

第4条　前条第1項の任務を達成するために，国は，この法律及び他の法令の定めるところにより，地方公共団体に対し，予算の範囲内において，財政的援助並びに物資の提供及びそのあつせんを行う。

(市町村の教育委員会の事務)

第5条　市（特別区を含む。以下同じ。）町村の教育委員会は，社会教育に関し，当該地方の必要に応じ，予算の範囲内において，次の事務を行う。

一　社会教育に必要な援助を行うこと。
二　社会教育委員の委嘱に関すること。
三　公民館の設置及び管理に関すること。
四　所管に属する図書館，博物館，青年の家その他社会教育に関する施設の設置及び管理に関すること。
五　所管に属する学校の行う社会教育のための講座の開設及びその奨励に関すること。
六　講座の開設及び討論会，講習会，講演会，展示会その他の集会の開催並びにこれらの奨励に関すること。
七　家庭教育に関する学習の機会を提供するための講座の開設及び集会の開催並びにこれらの奨励に関すること。
八　職業教育及び産業に関する科学技術指導のための集会の開催及びその奨励に関すること。
九　生活の科学化の指導のための集会の開催及びその奨励に関すること。
十　運動会，競技会その他体育指導のための集会の開催及びその奨励に関すること。

十一　音楽，演劇，美術その他芸術の発表会等の開催及びその奨励に関すること。
十二　青少年に対しボランティア活動など社会奉仕体験活動，自然体験活動その他の体験活動の機会を提供する事業の実施及びその奨励に関すること。
十三　一般公衆に対する社会教育資料の刊行配布に関すること。
十四　視聴覚教育，体育及びレクリエーションに必要な設備，器材及び資料の提供に関すること。
十五　情報の交換及び調査研究に関すること。
十六　その他第3条第1項の任務を達成するために必要な事務

（都道府県の教育委員会の事務）
第6条　都道府県の教育委員会は，社会教育に関し，当該地方の必要に応じ，予算の範囲内において，前条各号の事務（第三号の事務を除く。）を行う外，左の事務を行う。
一　公民館及び図書館の設置及び管理に関し，必要な指導及び調査を行なうこと。
二　社会教育を行う者の研修に必要な施設の設置及び運営，講習会の開催，資料の配布等に関すること。
三　社会教育に関する施設の設置及び運営に必要な物資の提供及びそのあつせんに関すること。
四　市町村の教育委員会との連絡に関すること。
五　その他法令によりその職務権限に属する事項

（教育委員会と地方公共団体の長との関係）
第7条　地方公共団体の長は，その所掌事項に関する必要な広報宣伝で視聴覚教育の手段を利用しその他教育の施設及び手段によることを適当とするものにつき，教育委員会に対し，その実施を依頼し，又は実施の協力を求めることができる。
2　前項の規定は，他の行政庁がその所掌に関する必要な広報宣伝につき，教育委員会に対し，その実施を依頼し，又は実施の協力を求める場合に準用する。
第8条　教育委員会は，社会教育に関する事務を行うために必要があるときは，当該地方公共団体の長及び関係行政庁に対し，必要な資料の提供その他の協力を求めることができる。

（図書館及び博物館）
第9条　図書館及び博物館は，社会教育のための機関とする。
2　図書館及び博物館に関し必要な事項は，別に法律をもつて定める。

第2章　社会教育主事及び社会教育主事補
（社会教育主事及び社会教育主事補の設置）
第9条の2　都道府県及び市町村の教育委員会の事務局に，社会教育主事を置く。
2　都道府県及び市町村の教育委員会の事務局に，社会教育主事補を置くことができる。
（社会教育主事及び社会教育主事補の職務）
第9条の3　社会教育主事は，社会教育を行う者に専門的技術的な助言と指導を与える。但し，命令及び監督をしてはならない。
2　社会教育主事補は，社会教育主事の職務を助ける。
（社会教育主事の資格）
第9条の4　次の各号のいずれかに該当する者は，社会教育主事となる資格を有する。
一　大学に2年以上在学して62単位以上を修得し，又は高等専門学校を卒業して，かつ，次に掲げる期間を通算した期間が3年以上になる者で，次条の規定による社会教育主事の講習を修了したもの
イ　社会教育主事補の職にあつた期間
ロ　官公署又は社会教育関係団体における社会教育に関係のある職で文部科学大臣の指定するものにあつた期間
ハ　官公署又は社会教育関係団体が実施する社会教育に関係のある事業における業務であつて，社会教育主事として必要な知識又は技能の習得に資するものとして文部科学大臣が指定するものに従事した期間（イ又はロに掲げる期間に該当する期間を除く。）
二　教育職員の普通免許状を有し，かつ，5年以上文部科学大臣の指定する教育に関する職にあつた者で，次条の規定による社会教育主事の講習を修了したもの
三　大学に2年以上在学して，62単位以上を修得し，かつ，大学において文部科学省令で定める社会教育に関する科目の単位を修得した者で，第一号イからハまでに掲げる期間を通算した期間が1年以上になるもの
四　次条の規定による社会教育主事の講習を修了した者（第一号及び第二号に掲げる者を除く。）で，社会教育に関する専門的事項について前三号に掲げる者に相当

する教養と経験があると都道府県の教育委員会が認定したもの
(社会教育主事の講習)
第9条の5　社会教育主事の講習は，文部科学大臣の委嘱を受けた大学その他の教育機関が行う。
2　受講資格その他社会教育主事の講習に関し必要な事項は，文部科学省令で定める。
(社会教育主事及び社会教育主事補の研修)
第9条の6　社会教育主事及び社会教育主事補の研修は，任命権者が行うもののほか，文部科学大臣及び都道府県が行う。

第3章　社会教育関係団体
(社会教育関係団体の定義)
第10条　この法律で「社会教育関係団体」とは，法人であると否とを問わず，公の支配に属しない団体で社会教育に関する事業を行うことを主たる目的とするものをいう。
(文部科学大臣及び教育委員会との関係)
第11条　文部科学大臣及び教育委員会は，社会教育関係団体の求めに応じ，これに対し，専門的技術的指導又は助言を与えることができる。
2　文部科学大臣及び教育委員会は，社会教育関係団体の求めに応じ，これに対し，社会教育に関する事業に必要な物資の確保につき援助を行う。
(国及び地方公共団体との関係)
第12条　国及び地方公共団体は，社会教育関係団体に対し，いかなる方法によつても，不当に統制的支配を及ぼし，又はその事業に干渉を加えてはならない。
(審議会等への諮問)
第13条　国又は地方公共団体が社会教育関係団体に対し補助金を交付しようとする場合には，あらかじめ，国にあつては文部科学大臣が審議会等（国家行政組織法（昭和23年法律第120号）第8条に規定する機関をいう。第51条第3項において同じ。）で政令で定めるものの，地方公共団体にあつては教育委員会が社会教育委員の会議の意見を聴いて行わなければならない。
(報告)
第14条　文部科学大臣及び教育委員会は，社会教育関係団体に対し，指導資料の作製及び調査研究のために必要な報告を求めることができる。

第4章　社会教育委員
(社会教育委員の構成)
第15条　都道府県及び市町村に社会教育委員を置くことができる。
2　社会教育委員は，学校教育及び社会教育の関係者，家庭教育の向上に資する活動を行う者並びに学識経験のある者の中から，教育委員会が委嘱する。
第16条　削除
(社会教育委員の職務)
第17条　社会教育委員は，社会教育に関し教育長を経て教育委員会に助言するため，左の職務を行う。
一　社会教育に関する諸計画を立案すること。
二　定時又は臨時に会議を開き，教育委員会の諮問に応じ，これに対して，意見を述べること。
三　前二号の職務を行うために必要な研究調査を行うこと。
2　社会教育委員は，教育委員会の会議に出席して社会教育に関し意見を述べることができる。
3　市町村の社会教育委員は，当該市町村の教育委員会から委嘱を受けた青少年教育に関する特定の事項について，社会教育関係団体，社会教育指導者その他関係者に対し，助言と指導を与えることができる。
(社会教育委員の定数等)
第18条　社会教育委員の定数，任期その他必要な事項は，当該地方公共団体の条例で定める。
第19条　削除

第5章　公民館
(目的)
第20条　公民館は，市町村その他一定区域内の住民のために，実際生活に即する教育，学術及び文化に関する各種の事業を行い，もつて住民の教養の向上，健康の増進，情操の純化を図り，生活文化の振興，社会福祉の増進に寄与することを目的とする。
(公民館の設置者)
第21条　公民館は，市町村が設置する。
2　前項の場合を除く外，公民館は，公民館設置の目的をもつて民法第34条の規定により設立する法人（この章中以下「法人」という。）でなければ設置することができない。
3　公民館の事業の運営上必要があるときは，公民館に分館を設けることができる。

（公民館の事業）
第22条　公民館は，第20条の目的達成のために，おおむね，左の事業を行う。但し，この法律及び他の法令によつて禁じられたものは，この限りでない。
一　定期講座を開設すること。
二　討論会，講習会，講演会，実習会，展示会等を開催すること。
三　図書，記録，模型，資料等を備え，その利用を図ること。
四　体育，レクリエーション等に関する集会を開催すること。
五　各種の団体，機関等の連絡を図ること。
六　その施設を住民の集会その他の公共的利用に供すること。
（公民館の運営方針）
第23条　公民館は，次の行為を行つてはならない。
一　もつぱら営利を目的として事業を行い，特定の営利事務に公民館の名称を利用させその他営利事業を援助すること。
二　特定の政党の利害に関する事業を行い，又は公私の選挙に関し，特定の候補者を支持すること。
2　市町村の設置する公民館は，特定の宗教を支持し，又は特定の教派，宗派若しくは教団を支援してはならない。
（公民館の基準）
第23条の2　文部科学大臣は，公民館の健全な発達を図るために，公民館の設置及び運営上必要な基準を定めるものとする。
2　文部科学大臣及び都道府県の教育委員会は，市町村の設置する公民館が前項の基準に従つて設置され及び運営されるように，当該市町村に対し，指導，助言その他の援助に努めるものとする。
（公民館の設置）
第24条　市町村が公民館を設置しようとするときは，条例で，公民館の設置及び管理に関する事項を定めなければならない。
第25条及び第26条　削除
（公民館の職員）
第27条　公民館に館長を置き，主事その他必要な職員を置くことができる。
2　館長は，公民館の行う各種の事業の企画実施その他必要な事務を行い，所属職員を監督する。
3　主事は，館長の命を受け，公民館の事業の実施にあたる。
第28条　市町村の設置する公民館の館長，主事その他必要な職員は，教育長の推薦により，当該市町村の教育委員会が任命する。
（公民館の職員の研修）
第28条の2　第9条の6の規定は，公民館の職員の研修について準用する。
（公民館運営審議会）
第29条　公民館に公民館運営審議会を置くことができる。
2　公民館運営審議会は，館長の諮問に応じ，公民館における各種の事業の企画実施につき調査審議するものとする。
第30条　市町村の設置する公民館にあつては，公民館運営審議会の委員は，学校教育及び社会教育の関係者，家庭教育の向上に資する活動を行う者並びに学識経験のある者の中から，市町村の教育委員会が委嘱する。
2　前項の公民館運営審議会の委員の定数，任期その他必要な事項は，市町村の条例で定める。
第31条　法人の設置する公民館に公民館運営審議会を置く場合にあつては，その委員は，当該法人の役員をもつて充てるものとする。
第32条　削除
（基金）
第33条　公民館を設置する市町村にあつては，公民館の維持運営のために，地方自治法（昭和22年法律第67号）第241条の基金を設けることができる。
（特別会計）
第34条　公民館を設置する市町村にあつては，公民館の維持運営のために，特別会計を設けることができる。
（公民館の補助）
第35条　国は，公民館を設置する市町村に対し，予算の範囲内において，公民館の施設，設備に要する経費その他必要な経費の一部を補助することができる。
2　前項の補助金の交付に関し必要な事項は，政令で定める。
第36条　削除
第37条　都道府県が地方自治法第232条の2の規定により，公民館の運営に要する経費を補助する場合において，文部科学大臣は，政令の定めるところにより，その補助金の額，補助の比率，補助の方法その他必要な事項につき報告を求めることができる。
第38条　国庫の補助を受けた市町村は，左に掲げる場合においては，その受けた補助金を国庫に返還しなければならない。

〔資　料〕関連法規　　227

一　公民館がこの法律若しくはこの法律に基く命令又はこれらに基いてした処分に違反したとき。
二　公民館がその事業の全部若しくは一部を廃止し，又は第20条に掲げる目的以外の用途に利用されるようになつたとき。
三　補助金交付の条件に違反したとき。
四　虚偽の方法で補助金の交付を受けたとき。

(法人の設置する公民館の指導)
第39条　文部科学大臣及び都道府県の教育委員会は，法人の設置する公民館の運営その他に関し，その求めに応じて，必要な指導及び助言を与えることができる。

(公民館の事業又は行為の停止)
第40条　公民館が第23条の規定に違反する行為を行つたときは，市町村の設置する公民館にあつては市町村の教育委員会，法人の設置する公民館にあつては都道府県の教育委員会は，その事業又は行為の停止を命ずることができる。
2　前項の規定による法人の設置する公民館の事業又は行為の停止命令に関し必要な事項は，都道府県の条例で定めることができる。

(罰則)
第41条　前条第1項の規定による公民館の事業又は行為の停止命令に違反する行為をした者は，1年以下の懲役若しくは禁錮又は3万円以下の罰金に処する。

(公民館類似施設)
第42条　公民館に類似する施設は，何人もこれを設置することができる。
2　前項の施設の運営その他に関しては，第39条の規定を準用する。

第6章　学校施設の利用

(適用範囲)
第43条　社会教育のためにする国立学校(学校教育法第2条第2項に規定する国立学校をいう。以下同じ。)又は公立学校(同項に規定する公立学校をいう。以下同じ。)の施設の利用に関しては，この章の定めるところによる。

(学校施設の利用)
第44条　学校(国立学校又は公立学校をいう。以下この章において同じ。)の管理機関は，学校教育上支障がないと認める限り，その管理する学校の施設を社会教育のために利用に供するように努めなければならない。
2　前項において「学校の管理機関」とは，国立学校にあつては設置者である国立大学法人(国立大学法人法(平成15年法律第112号)第2条第1項に規定する国立大学法人をいう。)の学長又は独立行政法人国立高等専門学校機構の理事長，公立学校のうち，大学にあつては設置者である地方公共団体の長又は公立大学法人(地方独立行政法人法(平成15年法律第118号)第68条第1項に規定する公立大学法人をいう。第48条第1項において同じ。)の理事長，大学以外の学校にあつては設置者である地方公共団体に設置されている教育委員会をいう。

(学校施設利用の許可)
第45条　社会教育のために学校の施設を利用しようとする者は，当該学校の管理機関の許可を受けなければならない。
2　前項の規定により，学校の管理機関が学校施設の利用を許可しようとするときは，あらかじめ，学校の長の意見を聞かなければならない。
第46条　国又は地方公共団体が社会教育のために，学校の施設を利用しようとするときは，前条の規定にかかわらず，当該学校の管理機関と協議するものとする。
第47条　第45条の規定による学校施設の利用が一時的である場合には，学校の管理機関は，同条第1項の許可に関する権限を学校の長に委任することができる。
2　前項の権限の委任その他学校施設の利用に関し必要な事項は，学校の管理機関が定める。

(社会教育の講座)
第48条　文部科学大臣は国立学校に対し，地方公共団体の長は当該地方公共団体が設置する大学又は当該地方公共団体が設立する公立大学法人が設置する大学に対し，地方公共団体に設置されている教育委員会は当該地方公共団体が設置する大学以外の公立学校に対し，その教員組織及び学校の施設の状況に応じ，文化講座，専門講座，夏期講座，社会学級講座等学校施設の利用による社会教育のための講座の開設を求めることができる。
2　文化講座は，成人の一般的教養に関し，専門講座は，成人の専門的学術知識に関し，夏期講座は，夏期休暇中，成人の一般的教養又は専門的学術知識に関し，それぞれ大学，高等専門学校又は高等学校において開設する。
3　社会学級講座は，成人の一般的教養に関し，小学校又は中学校において開設する。

4　第1項の規定する講座を担当する講師の報酬その他必要な経費は，予算の範囲内において，国又は地方公共団体が負担する。

第7章　通信教育
(適用範囲)
第49条　学校教育法第45条，第51条の9第1項，第52条の2及び第76条の規定により行うものを除き，通信による教育に関しては，この章の定めるところによる。

(通信教育の定義)
第50条　この法律において「通信教育」とは，通信の方法により一定の教育計画の下に，教材，補助教材等を受講者に送付し，これに基づき，設問解答，添削指導，質疑応答等を行う教育をいう。
2　通信教育を行う者は，その計画実現のために，必要な指導者を置かなければならない。

(通信教育の認定)
第51条　文部科学大臣は，学校又は民法第34条の規定による法人の行う通信教育で社会教育上奨励すべきものについて，通信教育の認定(以下「認定」という。)を与えることができる。
2　認定を受けようとする者は，文部科学大臣の定めるところにより，文部科学大臣に申請しなければならない。
3　文部科学大臣が，第1項の規定により，認定を与えようとするときは，あらかじめ，第13条の政令で定める審議会等に諮問しなければならない。

(認定手数料)
第52条　文部科学大臣は，認定を申請する者から実費の範囲内において文部科学省令で定める額の手数料を徴収することができる。ただし，国立学校又は公立学校が行う通信教育に関しては，この限りでない。

第53条　削除

(郵便料金の特別取扱)
第54条　認定を受けた通信教育に要する郵便料金については，郵便法(昭和22年法律第165号)の定めるところにより，特別の取扱を受けるものとする。

(通信教育の廃止)
第55条　認定を受けた通信教育を廃止しようとするとき，又はその条件を変更しようとするときは，文部科学大臣の定めるところにより，その許可を受けなければならない。
2　前項の許可に関しては，第51条第3項の規定を準用する。

(報告及び措置)
第56条　文部科学大臣は，認定を受けた者に対し，必要な報告を求め，又は必要な措置を命ずることができる。

(認定の取消)
第57条　認定を受けた者がこの法律若しくはこの法律に基く命令又はこれらに基いてした処分に違反したときは，文部科学大臣は，認定を取り消すことができる。
2　前項の認定の取消に関しては，第51条第3項の規定を準用する。

　　附則　[抄]
1　この法律は，公布の日から施行する。
2～4　[省略]
5　この法律施行前通信教育認定規程(昭和22年文部省令第22号)により認定を受けた通信教育は，第51条第1項の規定により，認定を受けたものとみなす。

　　附則　[抄]　（平成15年7月16日　法律第117号）
(施行期日)
第1条　この法律は，平成16年4月1日から施行する。

　　附則　[抄]　（平成15年7月16日　法律第119号）
(施行期日)
第1条　この法律は，地方独立行政法人法(平成15年法律第118号)の施行の日から施行する。

○図書館法　（昭和25年4月30日　法律第118号）

最終改正：平成14年5月10日法律第41号
第1章　総則
(この法律の目的)
第1条　この法律は，社会教育法(昭和24年法律第207号)の精神に基き，図書館の設置及び運営に関して必要な事項を定め，その健全な発達を図り，もつて国民の教育と文化の発展に寄与することを目的とする。

(定義)
第2条　この法律において「図書館」とは，図書，記録その他必要な資料を収集し，整理し，保存して，一般公衆の利用に供し，その教養，調査研究，レクリエーション等に資することを目的とする施設で，地方公共団体，日本赤十字社又は民法(明治29年法

律第89号）第34条の法人が設置するもの（学校に附属する図書館又は図書室を除く。）をいう。
2　前項の図書館のうち，地方公共団体の設置する図書館を公立図書館といい，日本赤十字社又は民法第34条の法人の設置する図書館を私立図書館という。

（図書館奉仕）
第3条　図書館は，図書館奉仕のため，土地の事情及び一般公衆の希望にそい，更に学校教育を援助し得るように留意し，おおむね左の各号に掲げる事項の実施に努めなければならない。
一　郷土資料，地方行政資料，美術品，レコード，フイルムの収集にも十分留意して，図書，記録，視覚聴覚教育の資料その他必要な資料（以下「図書館資料」という。）を収集し，一般公衆の利用に供すること。
二　図書館資料の分類排列を適切にし，及びその目録を整備すること。
三　図書館の職員が図書館資料について十分な知識を持ち，その利用のための相談に応ずるようにすること。
四　他の図書館，国立国会図書館，地方公共団体の議会に附置する図書室及び学校に附属する図書館又は図書室と緊密に連絡し，協力し，図書館資料の相互貸借を行うこと。
五　分館，閲覧所，配本所等を設置し，及び自動車文庫，貸出文庫の巡回を行うこと。
六　読書会，研究会，鑑賞会，映写会，資料展示会等を主催し，及びその奨励を行うこと。
七　時事に関する情報及び参考資料を紹介し，及び提供すること。
八　学校，博物館，公民館，研究所等と緊密に連絡し，協力すること。

（司書及び司書補）
第4条　図書館に置かれる専門的職員を司書及び司書補と称する。
2　司書は，図書館の専門的事務に従事する。
3　司書補は，司書の職務を助ける。

（司書及び司書補の資格）
第5条　左の各号の一に該当する者は，司書となる資格を有する。
一　大学又は高等専門学校を卒業した者で第6条の規定による司書の講習を修了したもの
二　大学を卒業した者で大学において図書館に関する科目を履修したもの
三　3年以上司書補（国立国会図書館又は大学若しくは高等専門学校の附属図書館の職員で司書補に相当するものを含む。）として勤務した経験を有する者で第6条の規定による司書の講習を修了したもの
2　次の各号のいずれかに該当する者は，司書補となる資格を有する。
一　司書の資格を有する者
二　高等学校若しくは中等教育学校を卒業した者又は高等専門学校第3学年を修了した者で第6条の規定による司書補の講習を修了したもの

（司書及び司書補の講習）
第6条　司書及び司書補の講習は，大学が，文部科学大臣の委嘱を受けて行う。
2　司書及び司書補の講習に関し，履修すべき科目，単位その他必要な事項は，文部科学省令で定める。ただし，その履修すべき単位数は，15単位を下ることができない。
第7条　削除

（協力の依頼）
第8条　都道府県の教育委員会は，当該都道府県内の図書館奉仕を促進するために，市（特別区を含む。以下同じ。）町村の教育委員会に対し，総合目録の作製，貸出文庫の巡回，図書館資料の相互貸借等に関して協力を求めることができる。

（公の出版物の収集）
第9条　政府は，都道府県の設置する図書館に対し，官報その他一般公衆に対する広報の用に供せられる独立行政法人国立印刷局の刊行物を2部提供するものとする。
2　国及び地方公共団体の機関は，公立図書館の求めに応じ，これに対して，それぞれの発行する刊行物その他の資料を無償で提供することができる。

第2章　公立図書館

（設置）
第10条　公立図書館の設置に関する事項は，当該図書館を設置する地方公共団体の条例で定めなければならない。
第11条及び第12条　削除

（職員）
第13条　公立図書館に館長並びに当該図書館を設置する地方公共団体の教育委員会が必要と認める専門的職員，事務職員及び技術職員を置く。
2　館長は，館務を掌理し，所属職員を監督して，図書館奉仕の機能の達成に努めなければならない。

（図書館協議会）
第14条　公立図書館に図書館協議会を置くことができる。
2　図書館協議会は，図書館の運営に関し館長の諮問に応ずるとともに，図書館の行う図書館奉仕につき，館長に対して意見を述べる機関とする。
第15条　図書館協議会の委員は，学校教育及び社会教育の関係者並びに学識経験のある者の中から，教育委員会が任命する。
第16条　図書館協議会の設置，その委員の定数，任期その他必要な事項については，当該図書館を設置する地方公共団体の条例で定めなければならない。
（入館料等）
第17条　公立図書館は，入館料その他図書館資料の利用に対するいかなる対価をも徴収してはならない。
（公立図書館の基準）
第18条　文部科学大臣は，図書館の健全な発達を図るために，公立図書館の設置及び運営上望ましい基準を定め，これを教育委員会に提示するとともに一般公衆に対して示すものとする。
第19条　削除
（図書館の補助）
第20条　国は，図書館を設置する地方公共団体に対し，予算の範囲内において，図書館の施設，設備に要する経費その他必要な経費の一部を補助することができる。
2　前項の補助金の交付に関し必要な事項は，政令で定める。
第21条及び第22条　削除
第23条　国は，第20条の規定による補助金の交付をした場合において，左の各号の一に該当するときは，当該年度におけるその後の補助金の交付をやめるとともに，既に交付した当該年度の補助金を返還させなければならない。
一　図書館がこの法律の規定に違反したとき。
二　地方公共団体が補助金の交付の条件に違反したとき。
三　地方公共団体が虚偽の方法で補助金の交付を受けたとき。

　　　　　第3章　私立図書館
第24条　削除
（都道府県の教育委員会との関係）
第25条　都道府県の教育委員会は，私立図書館に対し，指導資料の作製及び調査研究のために必要な報告を求めることができる。
2　都道府県の教育委員会は，私立図書館に対し，その求めに応じて，私立図書館の設置及び運営に関して，専門的，技術的の指導又は助言を与えることができる。
（国及び地方公共団体との関係）
第26条　国及び地方公共団体は，私立図書館の事業に干渉を加え，又は図書館を設置する法人に対し，補助金を交付してはならない。
第27条　国及び地方公共団体は，私立図書館に対し，その求めに応じて，必要な物資の確保につき，援助を与えることができる。
（入館料等）
第28条　私立図書館は，入館料その他図書館資料の利用に対する対価を徴収することができる。
（図書館同種施設）
第29条　図書館と同種の施設は，何人もこれを設置することができる。
2　第25条第2項の規定は，前項の施設について準用する。

　　附則［抄］
1　この法律は，公布の日から起算して3月を経過した日から施行する。但し，第17条の規定は，昭和26年4月1日から施行する。

　　附則［抄］（平成14年5月10日　法律第41号）
（施行期日）
第1条　この法律は，平成15年4月1日から施行する。ただし，第21条並びに附則第4条及び第22条の規定は，公布の日から施行する。

○博物館法　　　（昭和26年12月1日　法律第285号）

最終改正：平成13年7月11日法律第105号
　　第1章　総則
（この法律の目的）
第1条　この法律は，社会教育法（昭和24年法律第207号）の精神に基き，博物館の設置及び運営に関して必要な事項を定め，その健全な発達を図り，もつて国民の教育，学術及び文化の発展に寄与することを目的とする。
（定義）
第2条　この法律において「博物館」とは，歴史，芸術，民俗，産業，自然科学等に関す

〔資　料〕関連法規　　231

る資料を収集し，保管（育成を含む。以下同じ。）し，展示して教育的配慮の下に一般公衆の利用に供し，その教養，調査研究，レクリエーション等に資するために必要な事業を行い，あわせてこれらの資料に関する調査研究をすることを目的とする機関（社会教育法による公民館及び図書館法（昭和25年法律第118号）による図書館を除く。）のうち，地方公共団体，民法（明治29年法律第89号）第34条の法人，宗教法人又は政令で定めるその他の法人（独立行政法人（独立行政法人通則法（平成11年法律第103号）第2条第1項に規定する独立行政法人をいう。第29条において同じ。）を除く。）が設置するもので第2章の規定による登録を受けたものをいう。
2 この法律において，「公立博物館」とは，地方公共団体の設置する博物館をいい，「私立博物館」とは，民法第34条の法人，宗教法人又は前項の政令で定める法人の設置する博物館をいう。
3 この法律において「博物館資料」とは，博物館が収集し，保管し，又は展示する資料をいう。

（博物館の事業）
第3条 博物館は，前条第1項に規定する目的を達成するため，おおむね左に掲げる事業を行う。
一 実物，標本，模写，模型，文献，図表，写真，フイルム，レコード等の博物館資料を豊富に収集し，保管し，及び展示すること。
二 分館を設置し，又は博物館資料を当該博物館外で展示すること。
三 一般公衆に対して，博物館資料の利用に関し必要な説明，助言，指導等を行い，又は研究室，実験室，工作室，図書室等を設置してこれを利用させること。
四 博物館資料に関する専門的，技術的な調査研究を行うこと。
五 博物館資料の保管及び展示等に関する技術的研究を行うこと。
六 博物館資料に関する案内書，解説書，目録，図録，年報，調査研究の報告書等を作成し，及び頒布すること。
七 博物館資料に関する講演会，講習会，映写会，研究会等を主催し，及びその開催を援助すること。
八 当該博物館の所在地又はその周辺にある文化財保護法（昭和25年法律第214号）の適用を受ける文化財について，解説書又は目録を作成する等一般公衆の当該文化財の利用の便を図ること。
九 他の博物館，博物館と同一の目的を有する国の施設等と緊密に連絡し，協力し，刊行物及び情報の交換，博物館資料の相互貸借等を行うこと。
十 学校，図書館，研究所，公民館等の教育，学術又は文化に関する諸施設と協力し，その活動を援助すること。
2 博物館は，その事業を行うに当つては，土地の事情を考慮し，国民の実生活の向上に資し，更に学校教育を援助し得るようにも留意しなければならない。

（館長，学芸員その他の職員）
第4条 博物館に，館長を置く。
2 館長は，館務を掌理し，所属職員を監督して，博物館の任務の達成に努める。
3 博物館に，専門的職員として学芸員を置く。
4 学芸員は，博物館資料の収集，保管，展示及び調査研究その他これと関連する事業についての専門的事項をつかさどる。
5 博物館に，館長及び学芸員のほか，学芸員補その他の職員を置くことができる。
6 学芸員補は，学芸員の職務を助ける。

（学芸員の資格）
第5条 次の各号の一に該当する者は，学芸員となる資格を有する。
一 学士の学位を有する者で，大学において文部科学省令で定める博物館に関する科目の単位を修得したもの
二 大学に2年以上在学し，前号の博物館に関する科目の単位を含めて62単位以上を修得した者で，3年以上学芸員補の職にあつたもの
三 文部科学大臣が，文部科学省令で定めるところにより，前各号に掲げる者と同等以上の学力及び経験を有する者と認めた者
2 前項第二号の学芸員補の職には，博物館の事業に類する事業を行う施設における職で，学芸員補の職に相当する職又はこれと同等以上の職として文部科学大臣が指定するものを含むものとする。

（学芸員補の資格）
第6条 学校教育法（昭和22年法律第26号）第56条第1項の規定により大学に入学することのできる者は，学芸員補となる資格を有する。
第7条 削除

（設置及び運営上望ましい基準）
第8条 文部科学大臣は，博物館の健全な発達を図るために，博物館の設置及び運営上望ましい基準を定め，これを教育委員会に提示するとともに一般公衆に対して示すものとする。
第9条 削除

第2章 登録

（登録）
第10条 博物館を設置しようとする者は，当該博物館について，当該博物館の所在する都道府県の教育委員会に備える博物館登録原簿に登録を受けるものとする。
（登録の申請）
第11条 前条の規定による登録を受けようとする者は，設置しようとする博物館について，左に掲げる事項を記載した登録申請書を都道府県の教育委員会に提出しなければならない。
一　設置者の名称及び私立博物館にあつては設置者の住所
二　名称
三　所在地
2　前項の登録申請書には，左に掲げる書類を添附しなければならない。
一　公立博物館にあつては，設置条例の写，館則の写，直接博物館の用に供する建物及び土地の面積を記載した書面及びその図面，当該年度における事業計画書及び予算の歳出の見積に関する書類，博物館資料の目録並びに館長及び学芸員の氏名を記載した書面
二　私立博物館にあつては，当該法人の定款若しくは寄附行為の写又は当該宗教法人の規則の写，館則の写，直接博物館の用に供する建物及び土地の面積を記載した書面及びその図面，当該年度における事業計画書及び収支の見積に関する書類，博物館資料の目録並びに館長及び学芸員の氏名を記載した書面
（登録要件の審査）
第12条 都道府県の教育委員会は，前条の規定による登録の申請があつた場合においては，当該申請に係る博物館が左に掲げる要件を備えているかどうかを審査し，備えていると認めたときは，同条第1項各号に掲げる事項及び登録の年月日を博物館登録原簿に登録するとともに登録した旨を当該登録申請者に通知し，備えていないと認めたときは，登録しない旨をその理由を附記した書面で当該登録申請者に通知しなければならない。
一　第2条第1項に規定する目的を達成するために必要な博物館資料があること。
二　第2条第1項に規定する目的を達成するために必要な学芸員その他の職員を有すること。
三　第2条第1項に規定する目的を達成するために必要な建物及び土地があること。
四　1年を通じて150日以上開館すること。
（登録事項等の変更）
第13条 博物館の設置者は，第11条第1項各号に掲げる事項について変更があつたとき，又は同条第2項に規定する添付書類の記載事項について重要な変更があつたときは，その旨を都道府県の教育委員会に届け出なければならない。
2　都道府県の教育委員会は，第11条第1項各号に掲げる事項に変更があつたことを知つたときは，当該博物館に係る登録事項の変更登録をしなければならない。
（登録の取消）
第14条 都道府県の教育委員会は，博物館が第12条各号に掲げる要件を欠くに至つたものと認めたとき，又は虚偽の申請に基いて登録した事実を発見したときは，当該博物館に係る登録を取り消さなければならない。但し，博物館が天災その他やむを得ない事由により要件を欠くに至つた場合においては，その要件を欠くに至つた日から2年間はこの限りでない。
2　都道府県の教育委員会は，前項の規定により登録の取消しをしたときは，当該博物館の設置者に対し，速やかにその旨を通知しなければならない。
（博物館の廃止）
第15条 博物館の設置者は，博物館を廃止したときは，すみやかにその旨を都道府県の教育委員会に届け出なければならない。
2　都道府県の教育委員会は，博物館の設置者が当該博物館を廃止したときは，当該博物館に係る登録をまつ消しなければならない。
（規則への委任）
第16条 この章に定めるものを除くほか，博物館の登録に関し必要な事項は，都道府県の教育委員会の規則で定める。
第17条 削除

第3章　公立博物館

(設置)
第18条　公立博物館の設置に関する事項は，当該博物館を設置する地方公共団体の条例で定めなければならない。

(所管)
第19条　公立博物館は，当該博物館を設置する地方公共団体の教育委員会の所管に属する。

(博物館協議会)
第20条　公立博物館に，博物館協議会を置くことができる。
2　博物館協議会は，博物館の運営に関し館長の諮問に応ずるとともに，館長に対して意見を述べる機関とする。
第21条　博物館協議会の委員は，学校教育及び社会教育の関係者並びに学識経験のある者の中から，当該博物館を設置する地方公共団体の教育委員会が任命する。
第22条　博物館協議会の設置，その委員の定数及び任期その他博物館協議会に関し必要な事項は，当該博物館を設置する地方公共団体の条例で定めなければならない。

(入館料等)
第23条　公立博物館は，入館料その他博物館資料の利用に対する対価を徴収してはならない。但し，博物館の維持運営のためにやむを得ない事情のある場合は，必要な対価を徴収することができる。

(博物館の補助)
第24条　国は，博物館を設置する地方公共団体に対し，予算の範囲内において，博物館の施設，設備に要する経費その他必要な経費の一部を補助することができる。
2　前項の補助金の交付に関し必要な事項は，政令で定める。

第25条　削除

(補助金の交付中止及び補助金の返還)
第26条　国は，博物館を設置する地方公共団体に対し第24条の規定による補助金の交付をした場合において，左の各号の一に該当するときは，当該年度におけるその後の補助金の交付をやめるとともに，第一号の場合の取消が虚偽の申請に基いて登録した事実の発見に因るものである場合には，既に交付した補助金を，第三号及び第四号に該当する場合には，既に交付した当該年度の補助金を返還させなければならない。
一　当該博物館について，第14条の規定による登録の取消があつたとき。

二　地方公共団体が当該博物館を廃止したとき。
三　地方公共団体が補助金の交付の条件に違反したとき。
四　地方公共団体が虚偽の方法で補助金の交付を受けたとき。

第4章　私立博物館

(都道府県の教育委員会との関係)
第27条　都道府県の教育委員会は，博物館に関する指導資料の作成及び調査研究のために，私立博物館に対し必要な報告を求めることができる。
2　都道府県の教育委員会は，私立博物館に対し，その求めに応じて，私立博物館の設置及び運営に関して，専門的，技術的な指導又は助言を与えることができる。

(国及び地方公共団体との関係)
第28条　国及び地方公共団体は，私立博物館に対し，その求めに応じて，必要な物資の確保につき援助を与えることができる。

第5章　雑則

(博物館に相当する施設)
第29条　博物館の事業に類する事業を行う施設で，国又は独立行政法人が設置する施設にあつては文部科学大臣が，その他の施設にあつては当該施設の所在する都道府県の教育委員会が，文部科学省令で定めるところにより，博物館に相当する施設として指定したものについては，第27条第2項の規定を準用する。

附則

(施行期日)
1　この法律は，公布の日から起算して3箇月を経過した日から施行する。

附則　［抄］　（平成13年7月11日　法律第105号）

(施行期日)
第1条　この法律は，公布の日から施行する。ただし，次の各号に掲げる規定は，当該各号に定める日から施行する。
二　第56条に一項を加える改正規定，第57条第3項の改正規定，第67条に一項を加える改正規定並びに第73条の3及び第82条の10の改正規定並びに次条及び附則第5条から第16条までの規定　平成14年4月1日

○スポーツ振興法 （昭和36年6月16日 法律第141号）

最終改正：平成15年7月16日法律第117号

第1章　総則

（目的）

第1条　この法律は，スポーツの振興に関する施策の基本を明らかにし，もつて国民の心身の健全な発達と明るく豊かな国民生活の形成に寄与することを目的とする。

2　この法律の運用に当たつては，スポーツをすることを国民に強制し，又はスポーツを前項の目的以外の目的のために利用することがあつてはならない。

（定義）

第2条　この法律において「スポーツ」とは，運動競技及び身体運動（キャンプ活動その他の野外活動を含む。）であつて，心身の健全な発達を図るためにされるものをいう。

（施策の方針）

第3条　国及び地方公共団体は，スポーツの振興に関する施策の実施に当たつては，国民の間において行なわれるスポーツに関する自発的な活動に協力しつつ，ひろく国民があらゆる機会とあらゆる場所において自主的にその適性及び健康状態に応じてスポーツをすることができるような諸条件の整備に努めなければならない。

2　この法律に規定するスポーツの振興に関する施策は，営利のためのスポーツを振興するためのものではない。

（計画の策定）

第4条　文部科学大臣は，スポーツの振興に関する基本的計画を定めるものとする。

2　文部科学大臣は，前項の基本的計画を定めるについては，あらかじめ，審議会等（国家行政組織法（昭和23年法律第120号）第8条に規定する機関をいう。第23条において同じ。）で政令で定めるものの意見を聴かなければならない。

3　都道府県及び市（特別区を含む。以下同じ。）町村の教育委員会は，第1項の基本的計画を参しやくして，その地方の実情に即したスポーツの振興に関する計画を定めるものとする。

4　都道府県及び第18条第2項の審議会その他の合議制の機関が置かれている市町村の教育委員会は，前項の計画を定めるについては，あらかじめ，同条第3項に規定するスポーツ振興審議会等の意見を聴かなければならない。

第2章　スポーツの振興のための措置

（体育の日の行事）

第5条　国及び地方公共団体は，国民の祝日に関する法律（昭和23年法律第178号）第2条に規定する体育の日において，国民の間にひろくスポーツについての理解と関心を深め，かつ，積極的にスポーツをする意欲を高揚するような行事を実施するとともに，この日において，ひろく国民があらゆる地域及び職域でそれぞれその生活の実情に即してスポーツをすることができるような行事が実施されるよう，必要な措置を講じ，及び援助を行なうものとする。

（国民体育大会）

第6条　国民体育大会は，財団法人日本体育協会，国及び開催地の都道府県が共同して開催する。

2　国民体育大会においては，都道府県ごとに選出された選手が参加して総合的に運動競技をするものとする。

3　国は，国民体育大会の円滑な運営に資するため，財団法人日本体育協会及び開催地の都道府県に対し，必要な援助を行なうものとする。

（スポーツ行事の実施及び奨励）

第7条　地方公共団体は，ひろく住民が自主的かつ積極的に参加できるような運動会，競技会，運動能力テスト，スポーツ教室等のスポーツ行事を実施するように努め，かつ，団体その他の者がこれらの行事を実施するよう奨励しなければならない。

2　国は，地方公共団体に対し，前項の行事の実施に関し必要な援助を行なうものとする。

（青少年スポーツの振興）

第8条　国及び地方公共団体は，青少年スポーツの振興に関し特別の配慮をしなければならない。

（職場スポーツの奨励）

第9条　国及び地方公共団体は，勤労者が勤労の余暇を利用して積極的にスポーツをすることができるようにするため，職場スポーツの奨励に必要な措置を講ずるよう努めなければならない。

（野外活動の普及奨励）

第10条　国及び地方公共団体は，心身の健全な発達のために行なわれる徒歩旅行，自転車旅行，キャンプ活動その他の野外活動を普及奨励するため，コースの設定，キャンプ場の開設その他の必要な措置を講ずるよ

う努めなければならない。

(指導者の充実)
第11条　国及び地方公共団体は、スポーツの指導者の養成及びその資質の向上のため、講習会、研究集会等の開催その他の必要な措置を講ずるよう努めなければならない。

(施設の整備)
第12条　国及び地方公共団体は、体育館、水泳プールその他の政令で定めるスポーツ施設(スポーツの設備を含む。以下同じ。)が政令で定める基準に達するよう、その整備に努めなければならない。

(学校施設の利用)
第13条　学校教育法(昭和22年法律第26号)第2条第2項に規定する国立学校及び公立学校の設置者は、その設置する学校の教育に支障のない限り、当該学校のスポーツ施設を一般のスポーツのための利用に供するよう努めなければならない。

2　国及び地方公共団体は、前項の利用を容易にさせるため、当該学校の施設(設備を含む。)の補修等に関し適切な措置を講ずるよう努めなければならない。

(スポーツの水準の向上のための措置)
第14条　国及び地方公共団体は、わが国のスポーツの水準を国際的に高いものにするため、必要な措置を講ずるよう努めなければならない。

2　国は、前項に定める措置のうち、財団法人日本オリンピック委員会が行う国際的な規模のスポーツの振興のための事業に関する措置を講ずるに当たつては、財団法人日本オリンピック委員会との緊密な連絡に努めるものとする。

(顕彰)
第15条　国及び地方公共団体は、スポーツの優秀な成績を収めた者及びスポーツの振興に寄与した者の顕彰に努めなければならない。

(スポーツ事故の防止)
第16条　国及び地方公共団体は、登山事故、水泳事故その他のスポーツ事故を防止するため、施設の整備、指導者の養成、事故防止に関する知識の普及その他の必要な措置を講ずるよう努めなければならない。

(プロスポーツの選手の競技技術の活用)
第16条の2　国及び地方公共団体は、スポーツの振興のための措置を講ずるに当たつては、プロスポーツの選手の高度な競技技術が我が国におけるスポーツに関する競技水準の向上及びスポーツの普及に重要な役割を果たしていることにかんがみ、その活用について適切な配慮をするよう努めなければならない。

(科学的研究の促進)
第17条　国は、医学、生理学、心理学、力学その他の諸科学を総合して、スポーツに関する実際的、基礎的研究を促進するよう努めるものとする。

第3章　スポーツ振興審議会等及び体育指導委員

(スポーツ振興審議会等)
第18条　都道府県に、スポーツの振興に関する審議会その他の合議制の機関を置くものとする。

2　市町村に、スポーツの振興に関する審議会その他の合議制の機関を置くことができる。

3　前2項の審議会その他の合議制の機関(以下「スポーツ振興審議会等」という。)は、第4条第4項に規定するもののほか、都道府県の教育委員会若しくは知事又は市町村の教育委員会の諮問に応じて、スポーツの振興に関する重要事項について調査審議し、及びこれらの事項に関して都道府県の教育委員会若しくは知事又は市町村の教育委員会に建議する。

4　スポーツ振興審議会等の委員は、スポーツに関する学識経験のある者及び関係行政機関の職員の中から、教育委員会が任命する。この場合において、都道府県の教育委員会は知事の、市町村の教育委員会はその長の意見を聴かなければならない。

5　第1項から前項までに定めるもののほか、スポーツ振興審議会等の委員の定数、任期その他スポーツ振興審議会等に関し必要な事項については、条例で定める。

(体育指導委員)
第19条　市町村の教育委員会は、社会的信望があり、スポーツに関する深い関心と理解を持ち、及び次項に規定する職務を行うのに必要な熱意と能力を持つ者の中から、体育指導委員を委嘱するものとする。

2　体育指導委員は、教育委員会規則の定めるところにより、当該市町村におけるスポーツの振興のため、住民に対し、スポーツの実技の指導その他スポーツに関する指導、助言を行なうものとする。

3　体育指導委員は、非常勤とする。

第4章 国の補助等

(国の補助)

第20条 国は、地方公共団体に対し、予算の範囲内において、政令で定めるところにより、次の各号に掲げる経費について、その一部を補助する。この場合において、国の補助する割合は、それぞれ当該各号に掲げる割合によるものとする。

一　地方公共団体の設置する学校の水泳プールその他の政令で定めるスポーツ施設の整備に要する経費　3分の1

二　地方公共団体の設置する一般の利用に供するための体育館、水泳プールその他の政令で定めるスポーツ施設の整備に要する経費　3分の1

三　都道府県が行なうスポーツの指導者の養成及びその資質の向上のための講習に要する経費　2分の1

四　都道府県の教育委員会の推せんに基づいて文部科学大臣が指定する市町村が行なう青少年スポーツの振興のための事業に要する経費　2分の1

2　国は、地方公共団体に対し、予算の範囲内において、政令で定めるところにより、次の各号に掲げる経費について、その一部を補助する。

一　国民体育大会の運営に要する経費であつてその開催地の都道府県において要するもの

二　その他スポーツの振興のために地方公共団体が行なう事業に要する経費であつて特に必要と認められるもの

3　国は、学校法人に対し、その設置する学校のスポーツ施設の整備に要する経費について、予算の範囲内において、その一部を補助することができる。この場合においては、私立学校振興助成法（昭和50年法律第61号）第11条から第13条までの規定の適用があるものとする。

4　国は、スポーツの振興のための事業を行なうことを主たる目的とする団体であつて当該事業がわが国のスポーツの振興に重要な意義を有すると認められるものに対し、当該事業に関し必要な経費について、予算の範囲内において、その一部を補助することができる。

(他の法律との関係)

第21条 前条第1項から第3項までの規定は、他の法律の規定に基づき国が負担し、又は補助する経費については、適用しない。

(地方公共団体の補助)

第22条 地方公共団体は、スポーツの振興のための事業を行なうことを主たる目的とする団体に対し、当該事業に関し必要な経費についてその一部を補助することができる。

(審議会への諮問等)

第23条 国又は地方公共団体が第20条第4項又は前条の規定により団体に対し補助金を交付しようとする場合には、あらかじめ、国にあつては文部科学大臣が第4条第2項の政令で定める審議会等の、地方公共団体にあつては教育委員会がスポーツ振興審議会等の意見を聴かなければならない。この意見を聴いた場合においては、社会教育法（昭和24年法律第207号）第13条の規定による意見を聴くことを要しない。

　　附則〔抄〕

(施行期日)

1　この法律中第4条第4項及び第18条の規定、第23条の規定（地方公共団体に係る部分に限る。）並びに附則第7項の規定は昭和37年4月1日から、その他の規定は公布の日から起算して3箇月をこえない範囲内において政令で定める日から施行する。

　　附則〔抄〕　（平成15年7月16日　法律第117号）

(施行期日)

第1条 この法律は、平成16年4月1日から施行する。

索　引

hidden curriculum　9, 16
self-directed learning　8, 136, 182

あ

アウトカム　170, 171
アウトプット　170
アカウンタビリティ　171, 180
新たな「公共」　55
アンドラゴジー　103
意識変容　107, 108, 110, 112, 113
委託　16, 43
一部業務委託　217
eラーニング　139
イリイチ　73
インターネット　15, 138, 144
インフォーマル・エデュケーション　69, 73, 77
ウェンガー　77
碓井正久　50
エリクソン　116
NGO　57, 61
NPO　10, 16, 18, 43, 55, 57, 76, 79, 80, 159, 215
NPO法人　211, 214
遠隔学習　136
遠隔教育　135, 136
援助促進者　109
エンパワーメント　157
公の施設　210, 214, 217, 219
岡本包治　149
オープン・ユニバーシティ　138
オンライン教育　138

か

外部評価　164, 171
学芸員　38, 39
学社融合　70, 72
学社連携　70, 71
学習　115, 194
学習課題　100, 120, 121, 128
学習活動　133
学習関心　133, 198

学習関心調査　198, 201
学習機会　99, 147
学習行動　199
学習者　100, 181, 189, 194
学習者率　195
学習情報　144
学習情報提供　54, 123
学習相談　54, 123, 144
学習ニーズ　44, 83, 105, 123
学習(の)成果　165, 173, 186
学習必要　123, 127, 128
学習プログラム　99, 102, 106, 108, 110, 113, 154, 164
学習方法　133
学習メニュー方式　155
学習目標　100
学習要求　123, 125, 128, 130
学習履歴　157
学習歴　173, 175
課題提起教育　158
学校教育　13, 14, 99, 175, 185
学校週5日制　13, 72
学校歴　173
家庭教育　13, 14
家庭教育支援　56, 122
過渡期　116, 119
カルチャーセンター　74, 125, 129, 150, 190
環境(の)醸成　11, 65
管理運営　43
記述的調査　86
キャリア　174
教育改革国民会議　9
教育基本法　7, 51, 70
教育行政　52
教育振興基本計画　14, 15
教育の事業　53
教化　9, 50
教化的社会教育　51
行財政改革　10, 11, 16, 18
行政委嘱委員　152
行政評価　165, 166

239

業績指標　168, 171
協働　10, 16, 18, 79
共同学習　79, 109
共同学習運動　53
業務実績報告書　167
銀行型教育　157
偶発的学習　7, 77, 184
倉内史郎　148
クラントン　110, 158
グループ・ワーク　52
グローバル化　60
現代的課題　9, 18, 26, 102, 120
憲法第89条　53
公益法人　211, 213, 218
公共　17, 18, 55
公共性　10
公共団体　215, 219
公共的団体　218, 219
広報・広聴　152
公民館　17, 33, 36, 41, 44, 48, 49, 168
公民館運営審議会　45, 49
公民館主事　38
公民館の設置及び運営に関する基準　30, 41, 56, 168
公立図書館の設置及び運営上の望ましい基準　169
公立博物館の設置及び運営上の望ましい基準　168
公立博物館の設置及び運営に関する基準　41, 168
国民生活時間調査　198
個人学習　135, 136
個人情報　187, 190
子育て支援　129
コミュニティ　22
コミュニティ・センター　17, 23, 34, 38

さ

財団　209, 213
財団法人　43, 211, 213
財務諸表　167
サポート・バット・ノーコントロール　54
サラモン　76
参加　26, 80, 151, 154
参加型学習　28, 108, 109, 140, 154, 157, 179, 185
参画　154
ジェルピ　128
資格　175, 186
自己管理型学習　182
自己教育　8
自己決定型学習　158, 182
自己決定性　100, 103, 104, 109, 111
自己主導的学習　136
自己点検・評価　89, 171
自己評価　164, 171, 174, 175
市場原理　17, 159
司書　38, 39, 189
自然体験活動　56
質的データ　194, 206
指定管理者　10, 16, 17, 43, 78, 210, 214, 219
指導系職員　38, 39, 189
自発性　9, 19, 121, 184
市民活動団体　18
市民セクター　76
事務事業評価　166
社会教育　7, 13, 99, 185, 192
社会教育委員　11, 152, 160, 179
社会教育委員の会議　53, 152
社会教育関係職員　149, 151
社会教育関係団体　52, 77, 153
社会教育関連施設　34
社会教育行政　8, 17, 65, 164
社会教育計画　7, 12, 19, 83, 85, 89, 152, 153, 164, 178, 183, 191, 192
社会教育施設　17, 33, 41, 43, 44, 51, 126, 141, 164, 170, 209
社会教育施設職員　39, 41
社会教育主事　56, 152, 160, 188
社会教育調査　11, 85
社会教育法　7, 13, 51, 65, 70, 152, 168
社会生活基本調査　195
社会奉仕体験活動　13, 56, 72
社団法人　211, 213
ジャービス　7
集会学習　140
集合学習　135
集団学習　52, 140
周辺的学習者　145
住民自治　17

生涯学習関連施設	34	地域課題	22, 26, 101
生涯学習市場	147	地域（社会）	21
生涯学習施設	34	地域生涯学習振興基本構想	179
生涯学習社会	65, 85, 120, 172	地域青年団	52
生涯学習振興法	74, 179	地域の教育力	21
生涯学習センター	33, 36, 37, 48	地域婦人会	52
生涯学習体系への移行	148	地方改良運動	50
生涯学習パスポート	174	地方自治法	9, 10, 12, 16
生涯学習モデル市町村事業	13, 24	地方独立行政法人	211, 212, 216
生涯学習のまちづくり	24	仲介者	147, 149, 151
生涯教育	66	中期目標	167
生涯大学システム	156	調整者	148, 149, 151
生涯発達	115	著作権	188
小集団	52, 109	統計的調査	91
少年自然の家	33, 37, 72	登録博物館	38, 39
情報提供サービス	187	独学	7
情報リテラシー	15	特定公益増進法人	169
女性教育施設	33, 35, 37, 44	特定非営利活動促進法（NPO法）	10, 57, 66, 76, 210, 215
事例研究的調査	90		
人生各（時）期	115, 204	独立行政法人	165, 167, 210, 212, 216
数値化	15	図書館	33, 36, 37, 39, 44, 48, 187, 188, 190
末本誠	78		
鈴木眞理	9, 74	図書館協議会	45
ストラテジック・プラン	167	図書館法	39, 169, 188

な

スポーツ施設	33, 35, 36, 43		
生活課題	26, 52	ニーズ	83, 124
青少年教育施設	33, 35, 37, 189	ニーズの啓発や発掘	124
青年学級振興法	53	ニーズの自己査定	124
青年団体	50	ニーズの診断	124
青年の家	33, 37, 72	日本青年団協議会	53
世代	194	人間開発	61
説明責任	15, 180	認証システム	174
専任職員	41	ネットワーク	16, 57, 62, 68, 76, 79
専門性	182, 189	ネットワーク型行政	67
専門的技術的	54, 188	ノーサポート・ノーコントロール	53
専門（的）職員	38, 39, 48, 143, 188	ノールズ	103, 123
総合的な学習の時間	13, 72	望ましい基準	168
属性的特性	121	ノンフォーマル・エデュケーション	8, 69, 73

た

は

体験活動	13, 55, 72	ハヴィガースト	115
第三者評価	164, 167, 172, 175	博物館	33, 36, 38, 39, 44, 48, 169, 189, 190
第三セクター	43, 209, 211, 214		
他者（による）評価	89, 164	博物館協議会	45
探索的・予測的調査	86, 88	博物館相当施設	38, 39
		博物館法	39, 169, 189

博物館類似施設　35, 38, 39
バーチャル・ユニバーシティ　139
発達課題　101, 115
発達課題論　116
パートナーシップ　25, 68, 69
パフォーマンス・メジャメント　167
ピアジェ　115
PFI　10, 210, 215, 217
PPP　217
非常勤職員　40
必要課題　101
評価　15, 16, 164
評価的調査　86, 89
標本調査　91
費用対効果　11, 15, 216
ファシリテーター　109, 143
フォーマル・エデュケーション　69
複合施設　216
婦人団体　50
不当な支配　51
プライバシー　187, 190
プラニング　103
フレイレ　158
プログラミング　103
文化施設　33, 35, 38, 43, 48, 49
ボーイスカウト　52
ポートフォリオ　174
奉仕活動　10, 55
補助金　53
ボランティア　30, 45, 46, 190
ボランティア学習　141
ボランティア活動　9, 13, 55, 56, 58, 141

ま

松下圭一　17, 77
マニュアル　191
宮坂廣作　8
民間活力　16, 19
民間教育事業者　68, 75
民間教育文化産業　11, 18, 74, 75
メタ・ネットワーク　68, 76
メディア・リテラシー　139
メンター　143

や

山本恒夫　72
要求課題　101

ら

ライフイベント　119
ライフコース　119
ライフサイクル　13, 101, 115, 119
ラングラン　66, 120
リテラシー　159
量的データ　194, 206
臨時教育審議会　9, 71, 172
レヴ　77
レヴィンソン　116
連携　18, 42, 65, 78, 79
ロジャース　110

わ

ワークショップ　140

社会教育計画の基礎

2004年8月10日　第1版第1刷発行

編著者　鈴木　眞理
　　　　清國　祐二

発行者　田中　千津子

発行所　株式会社　学文社
　　　　〒153-0064　東京都目黒区下目黒3-6-1
　　　　電話　03（3715）1501（代）
　　　　FAX　03（3715）2012
　　　　http://www.gakubunsha.com

©M. Suzuki/Y. Kiyokuni 2004

印刷所　新灯印刷
製本所　小泉企画

乱丁・落丁の場合は本社でお取替えします。
定価は売上カード，カバーに表示。

ISBN4-7620-1338-2

倉内史郎・鈴木眞理編著 **生涯学習の基礎** A5判 215頁 本体2100円	生涯学習のとらえ方，見方を，より教育学的なものに近づけようと試みる。全編を学習者(その特性)→学習内容(社会的課題)→学習方法(反復)の流れから，それに行政・制度と国際的展望を加えて構成。0779-X C3037
鈴木眞理著 **ボランティア活動と集団** ――生涯学習・社会教育論的探求―― A5判 304頁 本体2500円	生涯学習・社会教育の領域におけるボランティア活動・集団に関する意味と論点を整理。その支援はどのようになされ，課題は何かについて，原理的なレベルから具体的なレベルまで総合的に検討する。1282-3 C3037
吉富啓一郎・国生 寿編著 **生涯学習の展開** A5判 224頁 本体2300円	高齢者の社会参加，男女共同参画，多世代の交流，学校5日制など，新たな社会課題にも目を向けながら，生涯学習社会実現のための基本的な諸施策，内容・方法，学習者，指導者，施設等について概説。0960-1 C3037
村田文生・佐伯通世著 **生活のなかの生涯学習** ―生涯学習援助に喜びを見出そうとする人々のために― A5判 202頁 本体2100円	社会教育行政，生涯学習振興行政の責任者としての長年の実務経験に基づき生涯学習の全容について基礎から実践，応用的知識まで具体的に解説した。生涯学習に対する援助に関心のある人のために役立つ。0777-3 C3037
北田耕也・草野滋之 畑 潤・山崎 功 編著 **地域と社会教育** ――伝統と創造―― 四六判 225頁 本体2100円	地域民衆史の発掘／実践の自己検証／学習・文化活動の意識化，三地域(昭島・浦和・富士見)の方法をたがえた共同研究の集成。投影，座談，自己省察の方法，自己変革と社会変革の統合を企図する。0795-1 C3037
田中雅文著 **現代生涯学習の展開** A5判 208頁 本体1800円	日本の生涯学習の今日までの流れを追い，公民館やカルチャーセンターなどで学ぶ成人学習者の特徴や学習支援側の実態を分析。市民活動の活発化による需給融合化の生涯学習政策について考察したテキスト。1279-3 C3037
お茶の水女子大学社会教育研究会編 **人間の発達と社会教育学の課題** A5判 340頁 本体3500円	社会教育実践と公的条件整備を基調に，理論・歴史・実践・生活より諸課題を考察。青少年健全育成施設としての博物館，「わかる」ということを子どもの側から見るための試み，タイから考える等。0850-8 C3037
大堀 哲・斎藤慶三郎・村田文生著 **生涯学習と開かれた施設活動** A5判 200頁 本体2000円	生涯学習関連施設において，それぞれの施設目的にかなう利用を促進し，活発な学習活動を展開するため施設はどうあればよいか。施設運営，事業のあり方を現場責任の立場からまとめた施設運営実践論。0556-8 C3037

井上講四著 **生涯学習体系構築のヴィジョン** ──見えているか？生涯学習行政の方向性── 四六判 221頁 本体2200円	見切り発進状況の錯綜に苦しむ関係職員や理解者のために，生涯学習体系の具体像を教育の3層構造の再編からしめす。教育行政，まちづくりや生涯学習の推進ほか，教育学部改革の状況を丁寧に解説。 0763-3 C3037
北田耕也著 **明治社会教育思想史研究** A5判 267頁 本体5000円	近代日本教育史の大枠がさし迫った「政治的課題」をし，「教育的課題」を孕むかたちで政策化，実行に移される態をあらしめたならば，本書はかかる政治思想史の社会教育的見地からする読み換えとなる。 0871-0 C3037
北田耕也著 **自己という課題** ──成人の発達と学習・文化活動── A5判 240頁 本体2300円	成人の学習活動と知的発達，芸術文化活動と感性の陶冶，学習・文化活動と行動様式の変革，の三部構成により，成人の発達と学習・文化活動はいかにかかわるかを検証。社会教育の原理論構築をめざす。 0836-2 C3037
岩井龍也・国生 寿・吉富啓一郎編著 **生涯学習と社会教育計画** A5判 278頁 本体2500円	実際の「地域」社会教育計画の樹立の基本理念および事業の内容を具体的に展開するとともに，「生涯学習基盤整備法」制度下における社会教育計画のあり方を明らかにする。社会教育主事養成テキスト。 0432-4 C3037
堀 薫夫著 **教育老年学の構想** ──エイジングと生涯学習── A5判 257頁 本体2900円	教育老年学はどうあるべきか。これまでの基礎理論研究と実践調査研究を集大成し，従来の枠を超え，エイジングと成人の学びとを，より根源的な次元から結びつけるこの新しい学問分野の位置づけを構想。 0907-3 C3037
E.リンデマン著 堀 薫夫訳 **成人教育の意味** A5判 134頁 本体1500円	「教育は生活である」「成人教育の目的は，生活の意味の探求にある」「大人の経験は成人教育のすばらしい資源である」「成人教育の方法は，生活状況を話し合うことである」を訴えた好訳書。 0605-X C3037
瀬沼克彰著 **日本型生涯学習の特徴と振興策** A5判 378頁 本体5500円	欧米と様子が違う日本型生涯学習，供給側に力点をおき分析。多様な供給主体が各々で革新を努め，ネットワークや異業種交流の利点を生かせば，行政・企業・教育機関・住民団体が連携され活性化できる。 1055-3 C3037
瀬沼克彰著 **現代余暇論の構築** A5判 360頁 本体3800円	余暇問題への取り組みがいまだに遅れている日本にあって，余暇をどう捉えるか。日本の余暇についての歴史をもらさず記録。余暇論の第一人者である著者が30年にわたる諸論考をまとめた余暇論の集大成。 1181-9 C3037

編集代表 鈴木眞理
シリーズ
生涯学習社会における社会教育

新進気鋭の研究者・行政関係者など65氏の執筆陣，論文総数93を収載した待望の本格的シリーズ。生涯学習の創造やその到来が喧伝されるなかでの社会教育の諸問題を総合的かつ多面的に分析，新しい時代の社会教育のあり方をさぐる。

鈴木眞理・松岡廣路編著
1 生涯学習と社会教育
A5判 194頁 本体 2300円

生涯教育論・生涯学習論と社会教育の関係についての基本的な論点や施策の展開等について，集中的に検討を加えている。特論として日本型生涯学習支援論・社会教育研究小史を配した。
1206-8 C3337

鈴木眞理・佐々木英和編著
2 社会教育と学校
A5判 240頁 本体 2300円

今日の状況における社会教育と学校との関係を歴史的背景等にも関連させながら総合的に検討。もう一つの学校としてフリースクール等の現状にも眼を向け，特論として情報社会と学校，学社連携を論じた。
1207-6 C3337

鈴木眞理・小川誠子編著
3 生涯学習をとりまく社会環境
A5判 248頁 本体 2300円

社会教育を中心とする生涯学習支援の社会的文脈について総合的に検討。国際化・多文化社会，人権問題，男女共同参画社会，少子・高齢社会，看護，科学技術等，各社会的側面と生涯学習との関連を論じた。
1208-4 C3337

鈴木眞理・永井健夫編著
4 生涯学習社会の学習論
A5判 208頁 本体 2300円

生涯学習支援の一環としての社会教育における学習論について，成人学習者を念頭に置きながら，これまで見落とされていた領域へも注目しつつ検討を加えた。
1209-2 C3337

鈴木眞理・津田英二編著
5 生涯学習の支援論
A5判 256頁 本体 2300円

社会教育を中心とした生涯学習支援の諸形態について，旧来の社会教育行政中心の支援にとどまらず，より広範囲な視野で検討した。民間営利・非営利団体の役割，財政基盤，生涯学習の評価認証システムほか。
1210-6 C3337

鈴木眞理・守井典子編著
6 生涯学習の計画・施設論
A5判 224頁 本体 2300円

生涯学習推進計画・社会教育計画の諸問題と，生涯学習支援のための公民館から博物館，女性センターなどまで，各社会教育施設の活動・経営に関する諸問題について総合的にかつ幅広く検討を加えている。
1211-4 C3337

鈴木眞理・梨本雄太郎編著
7 生涯学習の原理的諸問題
A5判 240頁 本体 2300円

生涯学習・社会教育の領域における原理的な諸問題について，様々な事実や言説をとりあげて執筆者それぞれのスタンスで論点を摘出。一つの実験的な試みであり，生涯学習・社会教育研究の今後を見据えた。
1212-2 C3337